Espero (... tu

Amado,

corazón
indestructible

Feliácdodebs
en tus 5 año
fofa

Algunas personas viven,

otras se conforman

con sobrevivir...

jaime fernández garrido

La misión de Editorial Vida es ser la compañía líder en comunicación cristiana que satisfaga las necesidades de las personas, con recursos cuyo contenido glorifique a Jesucristo y promueva principios bíblicos.

CORAZÓN INDESTRUCTIBLE
Edición en español publicada por
Editorial Vida – 2010
Miami, Florida

Copyright © 2010 Jaime Fernández Garrido

Edición: *Marta Recamán Gago*
Diseño interior y de cubierta: *Cristina Fernández Mershon*

ISBN: 978-0-8297-5023-2

CATEGORÍA: Vida cristiana / Crecimiento personal

IMPRESO EN ESTADOS UNIDOS DE AMÉRICA
PRINTED IN THE UNITED STATES OF AMERICA

11   12 ❖ 6   5   4   3   2

dedicado...

A mi Padre que está en los cielos: Jamás sabré la razón por la que me amaste tanto (¡Y me sigues amando!) como para darme un corazón nuevo. Todos mis sueños se cumplen si mi corazón puede parecerse lo máximo posible al tuyo. Jeremías 24:7 es la promesa que me llena de esperanza.

A mi mujer, Miriam, y a nuestras hijas, Iami, Kenia y Mel: No hay un solo rincón de mi corazón en el que no estéis brillando. No pasa un solo momento sin que mis pensamientos os abracen. Habéis llenado de amor mi vida de tal manera que me siento como un niño inmensamente agradecido, asombrado y feliz.

A mis padres, Jaime y Carmiña, muchas gracias por alimentar mi corazón con la Palabra de Dios y por enseñarme a vivir siempre dependiendo de su Espíritu.

A todos mis amigos y hermanos en el Señor, a quienes Dios ha usado cientos de veces para enseñarme cómo su Gracia y su Amor son infinitos conmigo.

A Cristina y Marta, vuestra creatividad y ayuda para entender, no sólo lo que escribo sino también lo que imagino, no tiene límites.

A la gente de Editorial Vida por animarme siempre en todos los proyectos. Pido a Dios que bendiga siempre vuestro trabajo y vuestra dedicación a Él.

A ti que estás leyendo ahora mismo: tu corazón es mucho más valioso de lo que crees, el Señor Jesús te ama mucho más de lo que puedas imaginar, y su Amor va mucho más allá de todos los límites.

¡Compruébalo!

contenido

introducción

Cuando era adolescente, tenía un póster colgado en mi habitación: «Si tienes que elegir entre dos caminos, escoge el que tenga corazón. El que elige el camino del corazón no se equivoca nunca» Aunque sabía que no era del todo cierto, me encantaba. En esos mismos años fui aprendiendo lo que Dios dice, y comparando todas las cosas que leía a la luz de la Palabra de Dios. Entonces encontré aquel versículo de Proverbios *«Sobre toda cosa guardada, guarda tu corazón; porque de él mana la vida»* (4:23, RVR 1960) y comencé a comprender que el corazón es la «clave» de la vida en muchos sentidos. Ese es el lugar en donde se dirime la pelea más importante del universo, porque en nuestro corazón cada uno de nosotros decidimos lo más importante de cada día.

Conforme fueron pasando los años y después de conocer a mucha gente diferente en casi todos los países y culturas del mundo, comprendí que muchos de los problemas que tiene la gente aparecen por vivir con su corazón esclavo, limitado. A veces incluso después de creer en Dios, seguimos dejando que muchas cosas limiten nuestro corazón.

Muchas personas creen que están disfrutando de la vida, pero en realidad, lo único que hacen es sobrevivir, porque su corazón está atado a cosas materiales, limitado por circunstancias o por otras personas; están esclavizados casi sin saberlo por diferentes situaciones o incluso por sí mismos. Y desgraciadamente los días pasan sin que sepan lo que significa realmente vivir.

Una de las personas más sabias de la historia de la humanidad fue Salomón. Creo que todos conocen su historia: un día Dios le dio la posibilidad de escoger un regalo, lo que quisiera, y el rey Salomón escogió la sabiduría. Quería ser sabio para guiar al pueblo y para vivir de una manera responsable. Dios se lo concedió:

«Dios dio a Salomón sabiduría, discernimiento en todas las cosas y un corazón sin límites como la arena que está a la orilla del mar» (paráfrasis 1 Reyes 4:29).

Ser sabio y disfrutar de lo que Dios nos ofrece en la vida no es cualquier cosa. Si nos fijamos en cada detalle, encontramos que el Creador regaló a Salomón...

▶ **Sabiduría,** es decir, conocimiento de las cosas y las razones. Ese conocimiento en sí es bueno, pero no lo es todo. El mismo Salomón se dio cuenta en muchos momentos de su vida, que conocer por conocer no tiene límites, y está muy lejos de eliminar las frustraciones del alma. Si todo lo que tenemos es conocimiento teórico, nuestra mente se va a ir llenando casi en la misma proporción que se vacía nuestra alma.

▶ **El discernimiento** es un segundo paso imprescindible: se trata de llevar el conocimiento a lo práctico, saber tomar decisiones sobre lo que podemos o no podemos hacer, lo que es bueno y lo que no, es decir, aplicar los principios de sabiduría a nuestra vida. Si no tenemos discernimiento, nuestra mente está llena de conocimiento y conceptos en su mayor parte inútiles.

▶ En tercer lugar, Dios le promete a Salomón un **corazón sin límites**. Puede parecer una concesión a la belleza del texto, o una manera de hablar que se acerca al romanticismo, pero no es así. Cuando examinamos todo lo que Dios nos dice en su Palabra nos damos cuenta de que es imposible ser sabio en la vida si nuestro corazón está limitado.

Un corazón libre es el fin de las demás cosas. No sólo saber y aplicar lo que sabemos; sino sobre todo que nuestro corazón no esté esclavizado ni limitado, que nadie ni nada pueda destruirlo. El corazón no debe tener límites en el conocimiento, en las decisiones, ni tampoco en lo que siente. Tener un corazón indestructible es vivir de una manera diferente, es disfrutar de la libertad, soñar, crear, tener una vida que merece la pena... Es, para decirlo de una manera muy sencilla, ser como nuestro Creador y parecernos a Él, porque Él no tiene límites en la esencia de su Ser.

Un corazón sin límites, indestructible

«Amplitud de corazón», dice literalmente; aprender a vivir con un corazón que no esté esclavizado. Si me acompañas en los próximos capítulos, vamos a recordar juntos algunas de las cosas que limitan nuestro corazón y nos hacen vivir lejos de la voluntad y el carácter de Dios. Oraremos y le pediremos a Dios que rompa todos esos límites, porque Él nos creó con un corazón amplio, indestructible, un corazón hecho para soñar, para romper barreras, para crecer en todas direcciones. Un corazón para conocerle a Él y tenerle a Él en su interior.

Un corazón que vive en la voluntad de Dios porque quiere ser como Él. Un corazón que quiere parecerse al corazón de su Creador.

A todos nos encanta soñar, imaginar situaciones y logros a los que queremos llegar, y sobre todo, ser nosotros mismos, porque sólo a cada uno de nosotros pertenecen nuestros sueños. Dios menciona esos deseos una y otra vez en su Palabra. Nos dice que quiere cumplirlos, porque Él, que nos creó, sabe cuáles son nuestros sueños, los que ningún otro ser humano conoce. Cuando nuestro corazón sueña, se extiende mucho más allá de todas las cosas e intenta abrazar a Dios, porque quiere llegar más allá del espacio y el tiempo.

Dios nos hizo de una manera tal que nadie pudiera limitar nuestra vida. Nosotros rechazamos a Dios cuando nos rebelamos contra Él y creemos que podemos vivir más felices con nuestro pecado y nuestras propias decisiones en lugar de dejar nuestra vida en sus manos. La única manera de volver a vivir con un corazón sin límites es volver a nuestro Creador, dejar a un lado todo lo que nos ata y sumergirnos por completo en la Fuente de la Vida.

Así, nadie podrá hacernos daño. Como Justino, uno de los mártires de los primeros tiempos de la vida de la iglesia gritó poco antes de ser ejecutado: «Pueden matarnos, pero no pueden quitarnos la vida».

El corazón del hombre fue hecho para adorar, para abrazar la eternidad, para soñar y buscar siempre nuevos desafíos…

El corazón de cada ser humano fue creado para no tener límites, para que nadie pueda destruirlo.

Dios mismo nos dice que puso «eternidad» dentro de nuestro corazón (Eclesiastés 3:11, RVR 1960): el deseo y la sensación de lo infinito, de lo eterno, de lo que no puede tener fin ni está limitado. Cuando nos alejamos de Dios limitamos nuestro corazón. Ese es el problema de muchos hoy: que no comprenden o no quieren comprender el hecho de que lejos de Dios nuestro corazón estará limitado siempre. Separado de Dios nuestro corazón jamás vivirá la gloria de la eternidad.

Una sociedad que esclaviza el corazón

A lo largo de nuestro viaje juntos, iremos descubriendo muchas de las situaciones que limitan nuestro corazón. Algunas de ellas son tan peligrosas, que necesitamos desenmascararlas de una manera radical, porque viven en lo más profundo de nuestro interior y han crecido en la cultura que nos rodea:

▶ La cultura del egoísmo: el «yo» es el rey. La mayoría de las personas sólo se preocupan de sí mismas y de lo que tienen.

▶ La cultura de la soledad: nos enseñan a vivir bien de un modo individual y a no preocuparnos de lo que le ocurre a los otros.

▶ La cultura de la apariencia: gastamos nuestro tiempo y nuestro dinero en cosas y situaciones inútiles que sólo sirven para maquillar nuestra vida, para aparentar felicidad.

▶ La cultura de la frustración: porque siempre se nos dice que podemos cumplir nuestros sueños y tener lo que queremos, llenando de mentiras nuestra vida.

▶ La cultura de la desesperanza: en una sociedad que vive llena de ansiedad y falta de alguien en quien confiar y en quien podamos descansar nuestra vida.

▶ La cultura del espectáculo: en la mayoría de las actividades que nos gustan y hoy son llamadas como «cultura del ocio» sólo somos espectadores: cine, tv, internet, música, deportes... Dios nos hizo para que juguemos, hagamos música, viajemos, vivamos aventuras, participemos, leamos, ¡para que seamos nosotros mismos! La cultura del primer mundo ha conseguido engañarnos y domesticarnos de tal manera que sólo queremos estar sentados viendo lo que otros hacen. De esa manera limitamos y esclavizamos nuestro corazón cada día.

La clave de la victoria

En cada capítulo vamos a pedir a Dios sabiduría y poder para vencer cada una de las situaciones que nos limitan. Para eso necesitamos ir todos los días a la fuente. Nuestro corazón necesita beber de la Palabra de Dios en cada momento. David lo comprendió muy pronto en su vida: *«Por el camino de tus mandamientos correré, porque tú ensancharás mi corazón»* (Salmo 119:32, LBLA), esa fue una de las razones por las que Dios dijo que era un hombre de acuerdo a su corazón. La Palabra de Dios ensancha nuestra vida, quita los límites de nuestro corazón, amplía nuestro modo de pensar. Las promesas de Dios traen libertad incondicional.

Cada vez que Dios nos habla por medio de su Palabra nuestro corazón se siente lleno, feliz, libre. Cuando escuchamos a nuestro Creador comprendemos cómo Él se siente feliz con nosotros: «*Me sacó a un amplio espacio, me libró porque se agradó de mí*» (Salmo 18:19, NVI). Cuando pensamos en nuestra libertad siempre sentimos que necesitamos un lugar grande, ilimitado. Siempre queremos vivir con la sensación de que nada nos oprima. Esa es exactamente la definición que Dios nos da en su Palabra, lo que Él quiere hacer en nuestra vida. Nosotros vivimos a veces de una manera limitada porque parece que estamos encerrados entre cuatro paredes, que todo «se viene» encima de nosotros.

Dios quiere que vivamos en un espacio amplio, que podamos ver el horizonte, que nuestros ojos se pierdan en la inmensidad de lo infinito. Que nuestros sueños sean como las estrellas que Él creó, brillando aún a miles de años luz de distancia. Los límites no fueron creados para Dios, ni tampoco para sus hijos. Los límites que dañan nuestro corazón son un resultado del mal.

Esa es la razón por la que en todos los capítulos vamos a terminar hablándole a nuestro Padre y comprometiéndonos con Él. Necesitamos pedirle un corazón como el suyo, porque ése es su mayor deseo. No hay ninguna duda:

«*Me regocijaré en ellos haciéndoles bien, y ciertamente los plantaré en esta tierra, con todo mi corazón y con toda mi alma*» (Jeremías 32:41, LBLA).

Dios desea con todo su corazón que nosotros recibamos el bien, que disfrutemos de Su presencia y de todo lo que Él hace por nosotros. ¡No hay nadie con más «ganas» de hacer bien, de bendecir y de dar libertad que Dios mismo!

¿Estás dispuesta/o? ¡Vamos juntos con nuestro Dios a romper los límites del corazón!

día 1

la clave de la victoria: cómo liberar un corazón esclavo

Alguien dijo un día que si quieres hacer feliz a un niño, tienes que llevarlo a un circo. Parece que esa idea se cumple en todas las culturas y los países de todo el mundo. Nosotros, como no podía ser de otra manera, también intentamos llevar a nuestras niñas a ver el circo cada vez que alguno llega a la ciudad.

En una de estas ocasiones, mientras esperábamos a que la función comenzara, dimos una vuelta alrededor de las instalaciones para que las niñas pudiesen ver los animales antes de entrar. En un extremo del circo, cerca de los carromatos en los que los payasos se cambiaban de ropa encontramos a los elefantes. Es imposible verlos sin impresionarse; grandes, muy muy grandes, basta que comiencen a bramar para que todo el mundo se quede asustado.

Lo curioso es que ese animal que mide varios metros de alto y que es capaz de tirar un camión casi sin «despeinarse» estaba atado con una pequeña cuerda en una de sus patas que se extendía hasta una estaca clavada en el suelo. Me pareció que hasta nuestra niña pequeña, Mel, de sólo dos años, podría liberarse de una atadura así, pero el grandioso elefante simplemente se sentaba y nos miraba sin ninguna posibilidad de buscar su propia libertad.

A muy pocos metros de distancia estaba uno de los encargados de los animales, así que cuando las niñas me preguntaron la razón por la que el elefante no se escapaba, pensé que lo mejor era pasarle la pregunta a un experto. De no ser así, ¿qué le hubieras respondido tú?; el domador nos explicó:

«Casi siempre criamos a los elefantes desde que son muy pequeños. Los atamos a esa pequeña estaca y saben que no pueden salir aunque lo intentan… con el paso del tiempo interiorizan que no pueden liberarse de esa cuerda porque lo han intentado muchas veces cuando tenían muy poca edad, y simplemente crecen creyendo profundamente que esa estaca es más fuerte que ellos. Nunca más intentan liberarse. En cierta manera es como si estuvieran vencidos en su interior, llegan a creer que es imposible tirar la estaca, y aunque pase el tiempo y se hagan grandes y poderosos nunca más vuelven a intentarlo».

Cuando volvimos a casa toda la familia, teníamos muchas cosas de qué hablar. Una tarde en el circo da para mucho: los acróbatas, los payasos, los tigres, aquella mujer que se doblaba y era capaz de meterse dentro de una caja… pero lo que más nos llamó la atención fue la manera en la que se «esclaviza» a un elefante desde que es pequeño. La sensación de que cuando has estado «atado» por varios meses, al final decides no luchar más y dejarte llevar. Terminas creyendo que es imposible liberarse, que no merece la pena gastar más energía. No importa si el elefante es inmensamente grande y poderoso y está atado por una pequeña cuerda a una simple estaca medio clavada en el suelo. Nunca lo sabrá. Nunca probará a liberarse. En su interior ha decidido que es imposible, y si él lo cree, es imposible.

¿Y eso lo «piensan» sólo los elefantes?

Conozco cientos de personas que viven esclavizadas. Las «estacas» a las que están atados son casi innumerables. ¿Puedes ayudarme a recordar? Algunas tienen que ver con sustancias o actividades: alcohol, drogas, juego, placer, dinero, poder, trabajo… Otras las tenemos grabadas en nuestra mente: el pasado, amarguras, envidias, sueños, frustraciones. Puede que sean los demás los que nos atan: algo que han dicho o que nos han hecho; alguien que nos quiere o que no nos quiere puede esclavizarnos también.

Muchos terminan creyendo que es imposible liberarse, que no merece la pena luchar más.

Las circunstancias que nos rodean también pueden ser el motivo de nuestra «esclavitud», el lugar donde nacimos, nuestro trabajo, nuestro físico o nuestro carácter; podemos seguir escribiendo casi sin final, porque las ataduras de nuestro corazón son de lo más variado. Cada uno sabe lo que puede dominarlo. Y es obvio que mientras vivimos así, nuestro corazón está limitado y esclavizado. Más limitado y más débil que nunca.

Corazón atado, limitado, esclavizado. Lo que tenemos dentro de nuestro corazón es lo que nos vence. Las «imágenes» que aparecen en nuestra mente cuando menos lo esperamos son las que nos dominan. Los pensamientos y deseos que no podemos controlar son los que nos esclavizan. Nuestro corazón y nuestra mente viven atados a vicios, pensamientos e imágenes que no sólo nos hacen esclavos, sino que nos impiden llevar una vida tranquila.

Puede que nos hayamos dejado llevar por la fuerza de nuestros sentidos. Dios nos hizo así, para apreciar todo, para disfrutar de lo que vemos, lo que oímos y lo que tocamos. Somos un reflejo de su imagen porque Dios también disfruta de todo lo que ha creado. El problema comienza cuando nos dejamos dominar por lo que sentimos. La búsqueda descontrolada del placer en sus muchas vertientes puede llegar incluso a destruirnos. Siempre nos esclaviza porque cuando lo más importante en nuestra vida es llegar lo más lejos posible en nuestras sensaciones, jamás nos satisfacemos.

El mal siempre te arrastra, jamás «cumple» lo que promete, porque siempre te lleva a lo más profundo, a lo más oscuro. El mal te esclaviza de tal manera que siempre crea en ti la necesidad de querer satisfacer lo imposible.

Nuestro corazón se esclaviza a sí mismo cuando vive pensando «si sólo tuviera tal cosa« o «si tuviera una relación con tal persona sería feliz» o «si cambiase tal circunstancia, o consiguiese esto o aquello…». Una de las mayores fuentes de infelicidad es fijarnos en lo que nos falta; siempre queremos algo más, siempre necesitamos algo más. Siempre pensamos en el otro o en la otra… Somos los únicos seres que podemos vivir esclavizados no sólo por lo que tenemos, sino también ¡por lo que no tenemos y queremos conseguir!

Cuando nuestro corazón está atado a algo, no podemos disfrutar de la vida. No somos felices, porque nuestra adicción nos domina y nos impide ver todo lo demás. Ningún adicto se siente bien consigo mismo o con los demás, o con sus circunstancias, o con Dios, ni siquiera con su propio mundo o con su vida. Todo lo que quiere es más de aquello que le domina. Y así siempre. Jamás se sacia. Su corazón está atado, y parece que sin remedio.

Muchos se saben culpables. Aunque no lo reconozcan, saben que han ido lejos de Dios y que viven huyendo. Puede que le hayan hecho daño a otros o que se estén haciendo daño a sí mismos con su estilo de vida. Saben que no deberían seguir así, pero sólo logran reaccionar de dos maneras: la primera pensando que no tienen remedio, y la segunda negando la culpabilidad de vivir «como les da la gana».

Las dos respuestas destruyen nuestro corazón, porque nos hacen dar tumbos entre la desesperanza y la locura. Lo que tenemos que hacer es reconocer nuestra limitación y buscar la solución de Dios.

¡Hay que decidirse!

La Biblia dice que el final para los culpables es la condenación eterna. A veces nos gustaría que fuera de otra manera, pero nuestro rechazo al Dios eterno sólo puede verse «recompensado» con su lejanía eterna. Si queremos vivir como esclavos pasaremos toda la eternidad así. Muchos piensan que eso de la esclavitud no va con ellos, porque viven como quieren y hacen lo que quieren, pero recuerda que Dios mismo nos ha dicho que «cada *uno es esclavo de aquello que le ha vencido*» (2 Pedro 2:19, LBLA). Si nuestro corazón está atado, de nada vale que lo neguemos o que intentemos vivir como si no fuera cierto. Tarde o temprano nuestra locura nos alcanzará.

Un corazón que se sabe culpable suele reaccionar pensando que no tiene remedio, o negando su culpabilidad. Las dos reacciones terminan destruyéndolo.

Dios quiere liberar nuestro corazón, y la única manera de encontrar la libertad es vivir en lo infinito y lo eterno; disfrutar de la presencia de Dios en nuestro corazón y entregárselo por completo.

Quitar los límites del corazón es saber decir que no. Aprender a vivir en libertad significa renunciar a todo aquello que nos limita, nos hiere o nos destruye. Para que nuestro corazón sea indestructible, no puede haber nada que le domine: no importa si es una sustancia, una costumbre, una persona, su propio carácter o ¡incluso algo que parezca bueno! Decir que «no» a algunas cosas, a algunas personas o a nosotros mismos muchas veces, es la clave para que nuestro corazón no viva esclavizado de por vida.

En segundo lugar, romper los límites de nuestro corazón significa venir delante de Dios y confesar todo lo que hay en nuestra vida que nos están destruyendo. No necesitamos vivir condenados para siempre. La culpabilidad tiene remedio porque Dios nos limpia por completo. Mucho más allá de lo que podemos pensar o comprender: «*Yo, yo soy el que borro tus transgresiones por amor a mí mismo, y no recordaré tus pecados*» dice el Señor (Isaías 43:25, LBLA).

De eso se trata el perdón, de ir más allá de los límites. Dios nos perdona y nos limpia de tal manera que olvida todo lo que hemos hecho, aunque eso suene a un imposible «espiritual», porque Dios es perfecto y su mente ve y conoce todas las cosas. El perdón de Dios es ilimitado. De una manera que no podemos comprender, Dios es capaz de olvidar todo lo que hemos hecho cuando venimos delante de Él y le pedimos perdón. Por muy esclavizado que esté nuestro corazón, Dios lo restaura por completo.

> «No dejaré que nada me domine» (1 Corintios 6:12, NVI).

Para nosotros sí es difícil perdonar. No sólo a los demás sino a nosotros mismos. Podemos pasar toda nuestra vida renunciando a lo que somos y a lo que Dios tiene preparado para nosotros por sentirnos culpables, y esa culpabilidad no resuelta limita y destruye nuestro corazón. Es el momento de recordar que quizás para nosotros es imposible olvidar lo que hemos hecho mal, pero Dios sí lo hace. Las promesas de Dios para nosotros son impresionantes:

«Y no tendrán que enseñar más cada uno a su prójimo y cada cual a su hermano, diciendo: "Conoce al SEÑOR", porque todos me conocerán, desde el más pequeño de ellos hasta el más grande—declara el SEÑOR—pues perdonaré su maldad, y no recordaré más su pecado» (Jeremías 31:34, LBLA).

Sabemos ya que necesitamos dejar lo que nos domina y venir a la presencia de Dios para liberar nuestro corazón. Ahora estamos listos para el paso definitivo: pedir al Señor Jesús que entre en nuestra vida y la tome por completo, que Él haga nuevo nuestro corazón y quite sus límites.

Ese es el paso imprescindible, porque a veces se nos olvida que limpiar nuestro corazón e intentar vivir una vida diferente no sirve de nada si no la llenamos con la presencia del Señor. ¿Recuerdas la historia que el Señor Jesús contó sobre el espíritu inmundo que se fue de la vida de una persona, y como esa persona no llenó su vida vinieron siete espíritus peores para hacer su vida peor que antes? (Cf. Lucas 11:24-26).

> Aprender a vivir en libertad significa decir «no» a todo aquello que nos limita, nos hiere o nos destruye.

Volver al Señor Jesús es lo más importante que debemos hacer para que nuestro corazón sea libre, no se trata sólo de limpiar nuestra vida o nuestro corazón; tenemos que llenarlo de Él.

El Señor Jesús es lo que necesita nuestro corazón. Él es la llave de la libertad. No sólo lo que ha hecho, hace o hará, sino Él mismo; su presencia, todo lo que Él es.

Hay una hermosa ilustración mitológica griega en la que se nos narra la historia de las llamadas «sirenas», y de cómo éstas atraían a los marineros con sus cantos; cuando ellos se acercaban con sus barcos para escucharlas, morían al hacerse pedazos los barcos contra las rocas. En el sur de Grecia la navegación es dificilísima por la cantidad de islas y rocas que hay, y muchos barcos encallaban, así que alguien inventó la historia de las sirenas para espiritualizar una realidad física: la gran dificultad de navegar sin encallar.

> No sirve de nada que limpiemos nuestra vida si el Señor Jesús no la llena.

Muchos intentaron cruzar el lugar con toda suerte de estratagemas, pero no lo consiguieron, los cantos de las sirenas siempre les atraían. Uno se tapó los oídos con cera para no escuchar el canto, pero éste era demasiado profundo. Otros se ataron al mástil pidiendo que nadie los desatase a pesar de la belleza de los cantos, pero no fue posible. Al final, a uno se le ocurrió llevar a bordo de su barco a Orfeo, un músico excepcional que cantó y tocó tan maravillosamente que las voces seductoras de las sirenas quedaron apagadas, y el barco llegó seguro a buen puerto.

Vencieron porque escucharon una canción mejor que aquella que les llevaba a la destrucción. Cuando luchamos contra el mal que nos esclaviza, todo tipo de mal por muy grande o muy pequeño que sea, sólo una canción más dulce y más bella que la del maligno puede hacernos vencer: la canción del Señor Jesús. No hay otra manera de ser libres. No lo lograremos con disciplina o «tretas» espirituales. Sólo la belleza de nuestro Señor nos puede hacer triunfar.

Sólo la belleza del Señor Jesús liberta nuestro corazón.

día 2

¿dónde está tu corazón?

Cada noche vivimos momentos irrepetibles en nuestra familia. Aunque tengamos poco tiempo, nos las arreglamos para reunirnos los cinco (Miriam, nuestras tres hijas, Iami, Kenia, Mel; y yo) para leer la Biblia, orar, y responder a todas las preguntas que se les ocurren a las pequeñas. Kenia tenía sólo cinco años cuando nos dijo:

—*¿Cuántos Señor Jesús hay?*

—*Uno sólo*, le respondimos. —*"¿Por qué lo preguntas?"*

Porque yo lo tengo aquí, dentro de mi corazón, y vosotros también, y muchas personas más…

Explicarle a un niño que Dios puede estar en muchos más lugares al mismo tiempo no es complicado, parece que los pequeños entienden las cosas espirituales mejor que los mayores. Lo que sucede dentro de nosotros después de que los niños nos hacen sus preguntas, ya es otro cantar, porque esas preguntas son más profundas de lo que pensamos. «Lo tengo aquí, dentro de mi corazón…». ¿Cuántas personas podrían hacer la misma afirmación de una manera tan sencilla? ¿Dónde está realmente nuestro corazón? ¿Qué hay en él?

Cuando leemos la Biblia nos damos cuenta de que el corazón es mucho más que un órgano físico que bombea sangre a todo el cuerpo, o la diana perfecta de una «flecha» cuando nos enamoramos. Dios nos dice que nuestro corazón es el eje en la toma de decisiones y en nuestra conducta, la fuente de la vida de una persona; y en cierta manera, la base de nuestra espiritualidad. Se cree con el corazón, y no sólo con la mente. Se vive de acuerdo a los dictados del corazón, y lo que realmente nos importa en la vida es lo que hay dentro de él. Todo lo demás son sólo palabras o buenas intenciones. La Biblia lo enseña claramente:

«Con toda diligencia guarda tu corazón, porque de él brotan los manantiales de la vida» (Proverbios 4:23, LBLA).

«Con toda diligencia», otras versiones señalan: «Sobre toda cosa guardada». Es decir, más que de ninguna otra cosa, preocúpate de guardar tu corazón, mira hacia adentro, pasa tiempo comprobando cómo está tu vida interior, lo más profundo del alma; porque del corazón brota la vida.

Cuando Dios habla del corazón se refiere a algo mucho más grande y complejo que el órgano físico. La Biblia define a nuestro ser interior, la fuente de la espiritualidad y la decisión, lo más profundo del alma como el «corazón». Es algo que todos entendemos bien rápido. Cuando queremos a alguien le decimos que le amamos con todo el corazón. Cuando nos entusiasma alguna cosa, es porque ponemos todo nuestro corazón en ella. Cuando estamos a las puertas de la muerte decimos que nuestro corazón se está apagando… ¡Y todos sabemos que estamos hablando de algo mucho más profundo que el simple órgano físico! ¿Verdad que lo entendemos? Dios habla del corazón como la fuente de la vida física, emocional, moral y espiritual (cf. Salmo 4:7). Como vamos a ver durante los próximos días, algunas veces estamos definiendo nuestros pensamientos, otras las emociones, en ocasiones las decisiones y en muchas otras la razón de nuestra propia conducta.

En cierta manera podemos decir que comprometer el corazón es comprometer la vida entera, no sólo la emoción y el entusiasmo (que son imprescindibles) sino también los pensamientos, la conciencia, las decisiones y las acciones. Ahora podemos entender la trascendencia de la pregunta:

«¿Dónde está nuestro corazón? ¿Qué tenemos dentro de él?». Necesitamos mirar hacia adentro de nosotros mismos y responder de una manera sincera. No estamos hablando de religión, costumbres, asistencia a la iglesia o tradiciones familiares. No; lo único que realmente importa es lo que hay dentro del corazón. Vez tras vez Dios nos recuerda en su Palabra que no hay nada más trascendental en la vida que darle nuestro corazón, porque eso significa entregarle todo lo que somos.

El evangelio no trata acerca de conocer cosas de Dios, ni tampoco de intentar reformar nuestra vida para no ser tan «malo» como… Lo que Dios quiere es una relación personal. Lo que Dios ofrece es no sólo creer sino vivir. La única respuesta posible al ofrecimiento de Dios es entregarle completamente nuestro corazón. Se trata de vivir una vida completamente diferente: la que Dios ofrece. Se trata de creer y vivir… de todo corazón.

La decisión más importante de tu vida

Si no has tomado nunca antes la decisión de entregar tu vida a Dios, éste es el momento. Deja de seguir leyendo y habla con tu Creador. Tal como la Biblia lo dice, acepta la muerte y resurrección del Señor Jesús en tu lugar y pídele que venga a vivir a tu corazón, llene de perdón tu pasado-presente-futuro y haga de ti una persona nueva. Recuerda que nunca podrás tener un corazón nuevo si Él no lo restaura.

Eso precisamente es lo que Dios ha prometido, transformar nuestro corazón de piedra y hacerlo de carne, porque lo que necesitamos no son reformas o «maquillajes» sino un cambio trascendental y absoluto.

> Dios habla del corazón como la fuente de la vida física, emocional, moral y espiritual.

Todos tenemos dentro de nosotros un hueco hecho a la medida de Dios, y sólo Él puede llenarlo. Cualquier otra cosa que intentamos poner en ese lugar no nos satisface, al contrario, todavía nos frustra más, de ahí la insatisfacción de muchas personas. Poder, dinero, sexo, placer, conocimiento, posesiones, relaciones… no importa lo que sea lo que colocas en tu corazón, para llenarlo, sólo te pedirá más. Todo aquel que busca el placer siempre querrá más. El que tiene dinero jamás estará satisfecho con lo que tiene. Los que buscan el sentido de su vida en las relaciones siempre se sentirán defraudados por otros. Todo el que niega a Dios creará para sí mismo cientos de dioses pequeños para llenar su vacío.

Sólo lo infinito puede llenar un corazón como el nuestro, que anhela lo infinito. Algunos llegan a estar satisfechos porque mutilan la sed de su corazón creyendo que con lo que sienten o lo que hacen ya merece la pena la vida, pero cuando el tiempo pasa, el corazón sigue pidiendo lo infinito, y sólo Dios puede llenar ese hueco infinito hecho a Su medida.

No reconocer algo tan sencillo es una de las razones por las que tantas personas, en nuestro llamado primer mundo, deciden acabar con su vida. El suicidio es la segunda causa de muerte en jóvenes con edades comprendidas entre los quince los treinta años. Estamos hablando de algo terrible a lo que muchos le dan la espalda. Todos los que quieren echar a Dios no sólo de sus vidas sino también de la de los demás, deberían pensar mucho antes de decir o hacer ciertas cosas, porque no hay nada peor para una persona que no saber (¡o no querer!) satisfacer su corazón con lo infinito.

Cuando nos volvemos a Dios, nuestro corazón sabe lo que es realmente vivir. El Señor Jesús lo prometió: «*Yo he venido para que tengan vida, y la tengan en abundancia*» (Juan 10:10, NVI). Necesitamos recordar que muchas personas no pueden disfrutar de la vida porque su corazón está limitado. Aunque no quieran reconocerlo.

Limitado por lo que han dicho o hecho otros: la familia, los compañeros o amigos, los enemigos, los medios de comunicación o los que trabajan con ellos… personas con límites en lo que piensan y sienten, no sólo en decisiones concretas sino incluso en su negación de lo espiritual.

Otros viven en su propia esclavitud porque por su carácter o por diferentes situaciones que han vivido en el pasado se ponen límites a sí mismos. La lista puede ser tan larga como quieras, porque son muchas las personas, cosas o circunstancias que a veces limitan nuestro corazón, pero déjame decirte que de nosotros depende vivir sin esos límites. En nosotros está la decisión de liberar nuestro corazón.

No estamos hablando de una vida perfecta, ni «victoriosa» como algunos la entienden: éxito, dinero, fama, poder… Lo que necesitamos comprender es que Dios ha puesto a nuestro alcance una vida nueva, diferente, ilimitada, una vida llena de Su presencia sean cuales sean las circunstancias exteriores y nuestras propias condiciones. Una vida que no se deja limitar por otros o por las circunstancias. Una vida indestructible, una vida a la imagen de Dios. (Cf. Hebreos 7:16).

La decisión más importante que puedes tomar (y que estás tomando en cada momento, en miles de decisiones pequeñas) es si vas a vivir según el poder de la vida que Dios ofrece, o si continúas viviendo por tus propias fuerzas. Si aceptas la libertad o sigues con tus limitaciones.

Cuando Abraham Lincoln asumió la presidencia de los Estados Unidos, en los momentos más difíciles de la llamada Guerra de Secesión, promulgó la libertad de todos los esclavos en el país. A partir de ese momento, no sólo estaba prohibido tener esclavos, sino que todos los que lo habían sido eran declarados personas libres, y nadie tenía ningún derecho sobre ellos. Fue un paso trascendental no sólo para el país, sino para todo el mundo; pero se tardó muchos años en abolir la esclavitud por completo. ¿Sabes lo que ocurrió? Por una parte, algunos de los que tenían esclavos negros jamás dejaron que sus esclavos supiesen que se había proclamado la libertad.

Por otra parte, algunos de los esclavos jamás creyeron que eran libres, así que siguieron con sus amos a pesar de que sabían que la ley había sido promulgada. No creían que fuera verdad. Pensaban que era demasiado bueno como para ser cierto.

Mucha gente no sabe que existe una vida diferente. Quizás nunca han oído que todo puede cambiar, que su corazón puede ser libre. Nunca han escuchado que Dios puede hacer nuevas todas las cosas. Otros quizás han oído mucho de Dios, incluso puede que hayan llegado a creer en Él; asisten a la iglesia, trabajan o creen que viven bajo la voluntad de Dios, pero lo que realmente hacen es controlar y gobernar su propia vida hasta límites insospechados. Y nunca mejor dicho, porque en ese querer tener la vida controlada, esclavizan y limitan a su propio corazón.

> *Cuando nos volvemos a Dios, nuestro corazón sabe realmente lo que es vivir.*

Cuando el Señor Jesús enseñaba, iba siempre a la raíz de los problemas. No se andaba con rodeos, sabía exactamente qué decir o preguntar para que nadie quedara impasible. Cuando comenzó a hablar sobre lo que había en el interior de cada uno de nosotros, dijo algo verdaderamente sorprendente:

«Dónde esté vuestro tesoro, allí estará también vuestro corazón» (Mateo 6:21, RVR 1960)

Piensa en lo que hay dentro de tu corazón. Dedica unos momentos a recordar lo que amas más que ninguna otra cosa. Dios nos hizo de tal manera que todos terminamos siendo transformados en aquello que amamos. Lo que es un tesoro para nosotros es lo que determina nuestra vida, lo que «manda» en nuestro corazón. Si lo que amamos en primer lugar es algo material (aunque sea bueno), nuestro corazón siempre tendrá límites materiales. Si es una persona, nuestra vida estará limitada por esa persona. Si lo que queremos es conseguir un sueño, estaremos esclavizados por él, y cuando lo consigamos se habrá terminado nuestra motivación en la vida. Si es Dios a quien amamos, descubrimos que nuestro corazón tiene que perder sus límites para que Dios pueda vivir en él, porque el Creador no puede estar limitado.

Cuanto más amamos a Dios, más se ensancha nuestro corazón. Cuanto más le conocemos, más descubrimos su grandeza.

Necesitamos recuperar su belleza, entusiasmarnos con Él, porque no hay nada que pueda llenar nuestro corazón como el Señor Jesús. Cuando hacemos eso, todas las demás cosas ocupan su lugar. Incluso aprendemos a disfrutar mucho más de todo lo que nos rodea, porque cuantos menos límites tenga nuestro corazón más «espacio» vamos a tener para personas, cosas y circunstancias que merecen la pena. Cuanto más dejamos que Dios engrandezca nuestro corazón más crecerá nuestra capacidad de disfrutar de todo.

Lo que hay en nuestro corazón es lo que controla y domina nuestra vida. Podemos aparentar muchas cosas. Intentar vivir de muchas maneras diferentes. Podemos incluso llegar a construir una manera de ser y de comportarnos delante de los demás; pero en último término, lo que realmente somos es lo que hay dentro de nosotros. Lo que tenemos en nuestro corazón es lo que decide nuestra manera de ser.

«¿Cómo podéis hablar cosas buenas siendo malos?». Esa es una pregunta directa y no sólo difícil de contestar, sino que es hiriente en sí misma. El Señor Jesús añadió a esta pregunta una frase que no deja lugar a dudas: *«Porque de la abundancia del corazón habla la boca»* (Mateo 12:34. LBLA). Déjame decirte que la única manera de disfrutar de una vida extraordinaria es hacerse preguntas extraordinarias. Dios no quiere quedarse en la apariencia de las cosas, y de nosotros depende que nosotros tampoco lo hagamos. Lo realmente extraordinario es querer llegar al fondo de las cosas, y en ese sentido, lo que hay en nuestro corazón es lo que controla nuestra vida. De la abundancia del corazón habla la boca y piensa el cerebro y hacen las manos y van los pies. De lo que hay en nuestro corazón vivimos y somos. De lo más profundo de nuestra alma sale lo que dirige nuestra vida.

Mucha gente no sabe que existe una vida diferente. ¡No saben que pueden ser libres!

La batalla por ganar nuestro corazón se está disputando hoy en las cosas que se ven. Publicidad, objetos, cosas que podemos comprar, negocios…. Todo esto puede ser bueno, pero no satisface el corazón porque son cosas materiales, y sólo lo espiritual puede satisfacerlo. Lo comprobamos cuando estamos con un amigo, cuando recibimos una buena noticia, cuando tenemos paz, cuando estamos adorando, o cuando Dios nos habla de alguna manera (aunque muchos no crean en Él, a veces sienten que Alguien superior les habla); es entonces cuando nos damos cuenta de que nuestro corazón se mueve y disfruta sobre todo de lo espiritual. Lo aprendemos sólo durante unos pocos minutos, porque rápidamente volvemos a la publicidad, a los medios de comunicación, al poder, a la avaricia, a las cosas que se ven.

Nosotros no podemos controlarlo, es él el que nos controla a nosotros. Nuestro corazón se convierte en aquello que ama. «Glorifica» lo que tiene adentro de sí, aquello a lo que le da importancia. Si amas el dinero, tu corazón querrá verse lleno de dinero. Si tus sueños tienen que ver con tener más cosas o más poder, tu corazón estará lleno de cosas materiales o de poder. Nuestro corazón acaba convirtiéndose en aquello a lo que amamos. Si amamos a Dios, nuestro corazón se volverá como Él.

Dios conoce nuestro corazón

«Escucha tú desde los cielos, el lugar de tu morada, y perdona, actúa y da a cada uno conforme a todos sus caminos, ya que conoces su corazón (porque sólo tú conoces los corazones de todos los hijos de los hombres)» (1 Reyes 8:39, LBLA).

Dios escudriña hasta lo más profundo de nuestro ser. Aquello que nadie conoce de nosotros, Él lo sabe. Incluso lo que a nosotros mismos nos cuesta descubrir, Dios lo sabe. La Biblia dice que Él conoce perfectamente nuestro corazón. Es curioso que pocas veces menciona que sabe lo que hay en nuestra mente (lo cual es cierto, Él conoce cada uno de nuestros pensamientos), pero una y otra vez nos recuerda que nuestro corazón no tiene secretos para Él… *«¿No se habría dado cuenta Dios de esto? Pues Él conoce los secretos del corazón»* (Salmo 44:21, LBLA).

Puedes engañar a los demás o incluso intentar engañarte a ti mismo, pero jamás podrás engañar a Dios. Más vale no esconderse. Si estás leyendo este libro ya es algo bueno para ti, ¡no por lo que yo pueda decirte!, sino porque has tomado la decisión de examinar tu corazón. Ese siempre es uno de los pasos más importantes en la vida.

Los secretos del corazón, el interior de cada uno al descubierto delante de Dios… Siempre me quedo admirado al saber que Dios es quien conoce completamente nuestro interior y quien más nos ama. Si alguien supiese lo que hay en el fondo de nuestro corazón, no podríamos salir a la calle jamás. Estaríamos avergonzados para siempre. La persona que lo conoce TODO, es quien más nos ama.

La mejor decisión que podemos tomar en nuestra vida es dejar nuestro corazón en Sus manos. Es un paso imprescindible. Deja de luchar contra ti mismo/a y descansa en Dios. Reconoce delante de Él lo que ocurre en tu corazón y extiende tus manos hacia Él. Uno de mis maestros en el Señor, Francisco Lacueva, me dijo cuando sólo era un adolescente: «¿Tienes miedo de Dios? ¡Échate en sus brazos!» Eso es lo mejor que podemos hacer. Querer ocultar las cosas no sirve de nada. Aparentar que somos mejores de lo que somos, sólo nos lleva al fracaso. Vivir como si no necesitáramos nada es la mejor manera de perder nuestra vida por completo.

A veces podemos atravesar etapas en nuestra vida en las que el corazón se siente atado por alguno de los límites que vamos a ir descubriendo. Pueden pasar días, semanas o meses, incluso más tiempo cuando nos sentimos derrotados. Le pido a Dios que sepamos ponernos en sus manos para que Él cure nuestro corazón lo más rápido posible. A veces alguna noticia, algo que otras personas hacen, el mismo cansancio o las circunstancias pueden herir nuestro corazón. Necesitamos volver al Señor para restaurarlo. Él conoce lo que hay en lo profundo de nuestro corazón y va a sanarnos. Te lo aseguro.

rompiendo los límites

Buscando al Señor de todo corazón

«Me buscaréis y me encontraréis, cuando me busquéis de todo corazón» (Jeremías 29:13, LBLA), es la promesa que Dios nos recuerda una y otra vez. Buscar a Dios de todo corazón es el paso imprescindible para vivir sin límites, para disfrutar de una vida abundante.

Buscar a Dios es la decisión más importante de nuestra vida, pero debe hacerse con todo el compromiso de nuestro ser. Para buscar a Dios hay que hacerlo casi con desesperación. Dejar todas las demás cosas para estar a solas con Él y escucharle. Leer su Palabra para que el Espíritu de Dios nos hable en cuanto a lo que necesitamos, y lo que Él quiere de nosotros. Nuestro corazón necesita hacerlo así.

> *De la abundancia del corazón habla la boca y piensa el cerebro y hacen las manos y van los pies.*

Para encontrar a Dios hay que buscarlo sin condiciones; buscarlo sin calcular el costo, en cierta manera a ciegas y sin importar lo que pueda ocurrir. Con la misma determinación y decisión que sentimos cuando amamos a alguien. Como cuando nuestro amor nos mueve a hacerlo todo casi sin pensar, porque lo que amamos tiene el máximo valor para nosotros.

Buscar al Señor con todo el corazón es querer agradarle a Él por encima de todo… *«Sino que así como hemos sido aprobados por Dios para que se nos confiara el evangelio, así hablamos, no como agradando a los hombres, sino a Dios que examina nuestros corazones»* (1 Tesalonicenses 2:4, LBLA). Dios conoce nuestras motivaciones. Él examina nuestro corazón, y esa es la mejor evaluación que podemos pasar en nuestra vida. No podemos ni queremos engañarle, así que para que nuestro corazón sea indestructible, necesitamos tener el deseo de agradarle a Él por encima de todos los demás.

Sea por el tiempo que sea que tu corazón ha estado limitado, Dios quiere obrar en ti hoy mismo. No importa tanto si es en treinta días o si Dios quiere restaurar tu corazón en un solo momento. No es tan trascendental que cada día hagas lo que dice cada capítulo como que descanses completamente en lo que Dios quiera hacer en tu vida. Lo importante es buscarle a Él.

A veces Dios quiere trabajar más tiempo dentro de nosotros, no tanto porque Él lo necesite, sino porque nosotros lo necesitamos. ¡Recuperar nuestro corazón no es cualquier cosa!

Esa es la razón por la que una y otra vez Dios nos dice en su Palabra: *«Dame, hijo mío, tu corazón»* (cf. Proverbios 23:26). Él está esperando que pongamos toda nuestra vida en sus manos para restaurarla por completo. Esa es la decisión de un día feliz en nuestra vida (¡tiene que haber una primera decisión!), pero es también la decisión de cada día. Vivir poniendo nuestro corazón en sus manos de una manera constante, en todas las circunstancias, en todos los momentos, en las dificultades y en la alegría; cuando entendemos y cuando no entendemos lo que está pasando. Cuando creemos y cuando dudamos.

Un detalle más, puede que en alguno de los capítulos necesites detenerte más de un día. Orar más, hablar con el Señor, volver a leer los textos bíblicos porque necesitas a Dios. Hazlo… No dejes un límite dentro de tu corazón hasta que Dios lo venza en tu vida. No leas sólo por leer, no sigas adelante si crees que Dios no está tocando tu corazón. Háblale y descansa en Él…

hablando con Dios

Poniendo nuestro corazón en sus manos

Si escuchar a Dios cada día leyendo su Palabra es trascendental para nosotros, hablarle es imprescindible para que Él renueve nuestro corazón. Necesitamos acercarnos a nuestro Creador en cada momento: Eso es mucho más que una obligación o una costumbre. Es mucho más incluso que un deseo, ¡es una actitud de vida!

Después de leer cada capítulo y saber lo que Dios dice en cuanto a nuestro corazón, tenemos que ponernos «manos a la obra». No sirve de mucho si conocemos lo que necesita nuestra vida y no lo aplicamos. Imagínate yendo al médico, y una vez que sabes lo que te pasa, te dice lo que debes hacer o qué medicinas tomar, que hábitos cambiar, qué costumbres adquirir, etc. tú vuelves a casa y no haces absolutamente nada… De poco habrá servido conocer tus males.

> Dios nos escucha aun cuando no digamos nada.

Dios nos escucha aun cuando no digamos nada. Nuestra oración llega a nuestro Padre aun sin pronunciar una sola palabra, porque Él conoce nuestro corazón. Esa es la buena noticia, ¡la gran noticia! Lo que no nos gusta tanto escuchar es que no podemos engañarle, y más vale que tengamos la actitud también de no querer engañarle. Dios no puede ser burlado. Tenemos que ser transparentes, no querer «engañar» a Dios, primero porque es imposible. Segundo, porque a quien más daño hacemos es a nosotros mismos…

Cada vez que oramos es bueno recordar que el Señor nos enseñó a hacerlo dirigiéndonos a Él como a nuestro Padre. Nuestro papá en los cielos. No son palabras aprendidas ni rezos, Dios quiere escucharte a ti, quiere que le abras tu corazón.

> *A veces Dios trabaja durante más tiempo dentro de nosotros. No porque Él lo necesite, sino porque nosotros lo necesitamos.*

Tenemos muchas oraciones escritas en la Biblia. Nos enseñan lo que otras mujeres y hombres dijeron, y cómo Dios los escuchó. ¡Qué bien nos hace conocer lo que otros le dijeron al Señor! ¡Qué bueno es saber que Él nos escucha siempre…! Aun así, lo más importante es hacer de la oración algo personal e íntimo. Si lo que escribo te ayuda a orar, ¡perfecto! Si no, olvida lo que está escrito y dile al Señor lo que siente tu corazón. Recuerda que las palabras no son lo más importante. De la misma manera que aunque podamos repetir las oraciones escritas en la Palabra de Dios, sin hacerlo con el corazón no nos sirve de mucho, tampoco sirve hacer lo mismo con las que están aquí escritas. Cuando leas cada uno de los capítulos, habla con el Señor y dile lo que hay en tu corazón. Es lo mejor que puedes hacer en la vida…

«Padre que estás en los cielos, quiero conocerte más. Necesito entregar mi corazón y toda mi vida en tus manos cada día. Quiero que quites los límites de mi corazón para que pueda amarte cada vez más. Necesito disfrutar de Tu presencia, de lo que eres, de tu carácter, de cada momento que me regalas en la vida… De todo lo que haces por mí. ¡Que Tu Espíritu llene mi vida de tal manera que no pueda olvidarme de Ti ni un solo momento! En el nombre del Señor Jesús. Amén».

día 3

corazón indeciso, corazón dividido

Un hombre va pedaleando subido en su bicicleta sin tiempo ni siquiera para pensar en la prisa que tiene. En pocos minutos tiene que estar predicando en la iglesia y por un cúmulo de circunstancias todo se ha puesto en contra de él para no llegar a la hora, así que, en una decisión casi desesperada ve que puede recortar casi cinco minutos en su viaje si se mete por una calle de dirección prohibida. Con todo cuidado va pedaleando calle arriba y aparentemente todo sale a pedir de boca, porque en pocos momentos estará allí donde tiene que estar, en la iglesia. Lo que jamás imaginó es que al final de la calle un policía de tráfico le estaba esperando para hacerle una pregunta más o menos indiscreta: «¿No ve que esta calle es de sentido único y usted está yendo por dirección prohibida? ¡Tengo que multarle!».

¡Definitivamente ahora es imposible llegar a tiempo!, así que nuestro amigo pensó que por lo menos podría librarse de la multa, explicando al policía algo que muchos podríamos entender perfectamente:

—¡Mire Señor agente, el problema es que tenía mucha prisa por llegar, y cuando vi la señal, el hombre nuevo que hay dentro de mí me decía: «No puedes ir por dirección prohibida porque va contra la ley»; pero el hombre antiguo gritaba: «¡es sólo una vez, tienes prisa, aunque infrinjas la ley no pasa nada!». Y claro, discutimos el nuevo hombre con el viejo hombre, y al final el viejo me convenció para ir por la dirección equivocada.

El policía escucha con atención y le mira fijamente. No es cristiano, así que todo lo que aquel hombre le está contando le suena a «chino». Pero ve que es sincero, y lo que es peor (piensa él) ¡que realmente se cree lo que está diciendo! Así que comienza a escribir en su libreta y le dice:

Nuestro corazón indeciso nos impide ser felices en ningún lugar.

—Le voy a quitar la multa por ir por dirección prohibida, pero va a tener que pagar un castigo mayor por ir con dos personas más en la misma bicicleta.

Siempre creí que las historias que más nos ayudan a comprender la realidad son las que nos hacen sonreír. Esta es una de ellas. Déjame decirte que casi nada nos causa tantos problemas en nuestro interior como nuestro corazón cuando está dividido. Hay muchas personas que son infelices con Dios y al mismo tiempo no son felices con el «mundo». Viven una doble vida, una esquizofrenia espiritual. Demasiado santos como para disfrutar en algunos lugares y demasiado mundanos como para ser felices en la presencia de Dios.

Mientras van intentando vivir de esta manera, su corazón se divide cada vez más y se vuelve indeciso ante muchas situaciones, porque no sabe tomar decisiones. Uno de los ejemplos más claros en la Biblia fue el mismo pueblo escogido por Dios, el pueblo de Israel; aún siendo amados de una manera incondicional por el Creador, no fueron capaces de decidirse por seguir a Dios o ignorarlo. El profeta fue muy claro en sus palabras: «*¿Hasta cuándo claudicaréis vosotros entre dos pensamientos? [...] Si el SEÑOR es Dios, seguidle [...]*» (1 Reyes 18:21, RVR 1960).

Mientras nuestro corazón no se decide, no solamente perdemos de vista lo que Dios quiere de nosotros, sino que además somos incapaces de disfrutar de la vida que Él nos regala, porque no sabemos seguirle a Él.

El problema de los que tienen un corazón dividido e indeciso, es que jamás pueden ser felices. Siempre están pensando en lo que podría haber sido si hubiesen tomado la otra decisión, el otro camino. A veces no han tomado malas decisiones, pero el corazón indeciso les dice una y otra vez que quizás estuvieron equivocadas.

Ese remordimiento por malas decisiones en el pasado nos influye de tal manera que somos incapaces de disfrutar de las buenas decisiones que estamos tomando ahora.

El corazón indeciso o dividido vive una doble vida

La mayor tragedia para nosotros ocurre cuando intentamos vivir con un corazón dividido. La indecisión surge porque nuestro corazón está con la vista en dos cosas diferentes. El Señor Jesús lo explicó perfectamente cuando dijo aquello de que «si tu ojo es malo...» (cf. Mateo 5) y lo conectó con lo de servir a dos señores. Cuando tratamos de mirar en dos direcciones, nuestro corazón se divide, queremos ir por dos caminos diferentes e intentamos servir a dos amos diferentes. En mi tierra, Galicia, hay un refrán que lo explica perfectamente porque expone lo que muchos piensan y la manera en la que viven: *«Dios es bueno y el diablo no es malo».*

Por más vueltas que le demos es imposible vivir así. El Señor Jesús nos enseñó que lo único que logramos es dividir nuestro corazón. El corazón dividido crea indecisión, y el corazón indeciso se va resquebrajando poco a poco, rompiéndose hasta no saber lo que realmente quiere, y en ese proceso se autodestruye porque no puede ser feliz en ningún lugar y de ninguna manera.

> *Un corazón dividido crea indecisión, porque no sabe qué dirección seguir ni cual de las dos opciones prefiere*

El problema no es nuevo. Desgraciadamente se ha extendido en la vida de muchos que se llaman cristianos, pero ya existía desde muy antiguo, no lo inventamos nosotros. El mismo Señor Jesús lo afirmó de los responsables religiosos de su tiempo: *«Este pueblo de labios me honra, mas su corazón está lejos de mí»* (Marcos 7:6, RVR 1960). Ese era el mayor pecado del pueblo de Israel y puede que de muchas personas hoy mismo.

Podemos estar diciendo algo con nuestros labios y negarlo con nuestro corazón. Podemos incluso vivir de una manera algunos días de la semana, dependiendo en el lugar donde estemos, y de otra muy diferente cuando nadie nos ve o nos conoce. Un niño lo definió perfectamente cuando dijo: «Un hipócrita es una persona que los domingos es diferente».

Nos sonreímos, pero de esa hipocresía nace el mayor peligro para una persona: creer que está siguiendo a Dios cuando sólo se sigue a sí mismo. ¿Recuerdas las palabras del Señor Jesús? *«Cuántos dirán "Señor, Señor"; y yo diré "No os conozco"»* (paráfrasis Mateo 7:21-23). No ser conocidos por Dios es el mayor mal que una persona puede tener; ¡lleva a la condenación eterna!

Ese es, sin ninguna duda, el peligro mayor: que estemos viviendo una doble vida, engañándonos a nosotros mismos y tratando de engañar a los demás. Si no dejamos que Dios nos examine y nos sane podemos llegar a perdernos por completo, porque si Dios nunca ha estado en nuestro corazón, es porque nunca le hemos buscado ni hemos dejado que Él nos encontrase. Si Él no nos conoce, es porque nosotros nunca le hemos conocido a Él. Aunque vivamos aparentando lo contrario.

rompiendo los límites

Dios quiere transformar nuestro corazón. No se trata de una simple reforma, sino de un cambio radical. Dios quiere no sólo romper los límites de nuestro corazón, sino renovarlo por completo. Tenemos que nacer de nuevo, de arriba, de Dios (cf. Juan 3), para que nuestro corazón viva en libertad.

«Enséñame, oh Señor, tu camino; andaré en tu verdad; unifica mi corazón para que tema tu nombre» (Salmo 86:11. LBLA).

No podemos mirar en dos direcciones. Si queremos que nuestro corazón deje de estar dividido, tenemos que caminar en la verdad de Dios. Tenemos que tomar la decisión de amarle a Él, buscarle a Él cada día, y pedirle sabiduría en cada momento para que lo que hagamos sea seguir la verdad.

Recordábamos hace poco lo que el Señor Jesús dijo: *«No podéis servir a dos señores»*. Si nuestro corazón está dividido, nadie va a sufrir más que nosotros mismos. Jamás sabremos qué dirección tomar ni cuál decisión es la correcta. Tenemos que dejar de mirar a lo que no es importante y aprender a confiar cien por cien en Dios. Si quieres tomar alguna decisión descansando el noventa por cien en Dios y el diez por cien en alguna otra cosa, ya estás mirando en dos direcciones; y ningún corazón puede ser libre poniendo su vista en dos lugares diferentes a la vez. Si lo hace, siempre estará confundido, siempre dudando.

«Ahora pues, quitad los dioses extranjeros que están en medio de vosotros, e inclinad vuestro corazón al SEÑOR, Dios de Israel» (Josué 24:23 LBLA).

Lo que Dios nos pide siempre es sencillo y claro: uno, quitar lo malo de en medio de nosotros; dos, inclinar nuestro corazón a Él. Son imprescindibles las dos cosas, porque aunque inclinemos nuestro corazón al Señor, si no quitamos lo malo de en medio, seguiremos con nuestro corazón dividido… Y si quitamos lo malo pero no miramos al Señor, quedaremos vacíos y tarde o temprano algo malo volverá a introducirse en nuestra vida. Y esa decisión es no sólo para nosotros, sino también para nuestra familia, porque cuando vivimos con nuestra mirada sólo en Dios, sus promesas son muy claras: «*El señor tu Dios quitará lo pagano que haya en tu corazón y en el de tus descendientes, para que lo ames con todo tu corazón y con toda tu alma, y tengas vida*» (Deuteronomio 30:6, NVI).

Santiago, que siempre escribe de una manera clara y directa, no deja escapar la ocasión para explicar exactamente cómo liberar un corazón dividido: «*Vosotros los de doble ánimo, purificad vuestros corazones*» (Santiago 4:8, RVR 1960).

Un corazón enamorado

Podemos estar mirando en la dirección correcta, tomando las decisiones de una manera correcta, y aun así tener limitado nuestro corazón.

Para que Dios libere nuestro corazón tenemos que estar enamorados.

Cuando amamos a alguien, nuestra mente y nuestro corazón están siempre con esa persona. No podemos «quitárnosla» ni un solo momento de nuestros pensamientos. La persona que ama profundamente no vive en la indecisión, porque siempre «se lanza» hacia aquel a quien ama.

Cuando amamos a alguien vivimos pensando y sintiendo de acuerdo a ese amor. Cien por cien. No hay doble mirada; prácticamente se puede decir que no tenemos ojos para nadie más.

> Si no amamos a Dios todo tiene poco valor, aunque estemos haciendo lo correcto.

Cuando amamos así a Dios, nuestro corazón se vuelve indestructible. Cuando amamos al Señor con toda nuestra mente, con todo nuestro corazón, con todo nuestro cuerpo y con todas nuestras fuerzas, sabemos lo que significa vivir una vida sin límites, porque es la misma vida que Dios vive dentro de nosotros. Si queremos liberar nuestro corazón, necesitamos tomar la decisión de amar a Dios incondicionalmente.

Si no amamos a Dios, lo demás tiene muy poco valor. Aunque estemos haciendo lo correcto, aunque estemos luchando por lo correcto. Aunque nuestra vida sea casi «intachable». La medida de nuestro corazón será siempre el amor al Señor.

Y una cosa más. Puede que una de las más curiosas en la vida, la paradoja por excelencia: El corazón toma la decisión de amar de una manera libre, escoge a quién ama, pero cuando lo hace, se vuelve «esclavo» de ese amor. Ya no quiere ni puede amar tanto a ninguna otra persona, se ha sometido a sí mismo a la dictadura del amor. Y cuanto más ama, más libre se siente aunque se haya atado más que nunca.

Nuestro corazón rompe todos sus límites y pasa a ser completamente libre cuando vive dentro del Amor con mayúsculas. Ya no quiere otra cosa, no busca nada más, no decide de otra manera que no sea estar cara a cara con quien ama. Cuando amamos y nos sabemos amados por Dios, los límites de nuestro corazón desaparecen porque aprendemos a vivir dentro de un amor infinito y eterno.

Y recuerda que en lo Infinito y lo Eterno no existen los límites.

✳hablando con Dios

Padre Nuestro que estás en los cielos, ilumina mi vida. Que tu Espíritu me haga ver los secretos de mi corazón para vivir de una manera íntegra. No quiero tener dos caras. No quiero vivir preocupado por lo que otros puedan pensar. Sólo quiero honrarte a Ti y vivir cerca de Ti.

Te entrego mi corazón por completo. Que no haya nada en él que te desagrade. Entra hasta lo más profundo, examina mis pensamientos más íntimos y enséñame a vivir cerca de Tí. Quiero abandonar todo lo que te desagrade.

Quiero amarte más y más cada día. Ayúdame a enamorarme de Ti de tal manera que todos los días seas lo más importante en mi vida, ayúdame a quererte tanto que te recuerde a cada momento.

No permitas que engañe a nadie… No dejes que me engañe a mí mismo. De alguna manera háblame o déjame al descubierto para que me dé cuenta de que no puedo tener un corazón dividido.

Mi corazón te pertenece sólo a Tí. En el nombre del Señor Jesús. Amén.

día 4

corazón inconstante, corazón inmaduro

Hace unos meses hablaba con uno de los líderes de una conocida iglesia y me confesaba: «A veces me siento con fuerzas para hacer mi trabajo, pero otras, basta que algo muy sencillo salga de su lugar, para que me dé la impresión de que no estoy haciendo nada que merezca la pena; es como si los días se escapasen poco a poco, y estoy viviendo la vida de todos y no la mía propia; todos tienen derecho a decirme lo que tengo que hacer, a dónde tengo que ir, las decisiones que tengo que tomar. Parece como si estuviese en una montaña rusa; unos días en el cielo y otros en el suelo; hay días en los que podría hacer cualquier cosa, parece que tengo fuerzas para vencer el mundo. Otros, no quiero ni levantarme de la cama por la mañana».

Algunos lo admiten y ese es ya el primer paso para «reparar» un corazón inconstante. Otros viven así, pero piensan que esto es absolutamente normal. Es curioso, pero cada día que pasa más personas nos piden ayuda, muchos incluso desde el liderazgo de la iglesia, desde algún ministerio o incluso desde alguna empresa de carácter secular. La gran mayoría de ellos son jóvenes y son lo suficientemente sinceros cómo para reconocer que su vida sufre continuos altibajos. Sin ninguna razón aparente, un día todo va bien y al siguiente todo se desmorona.

Muchos viven con esa sensación de «no saber qué ocurre» pero que, en cierta manera, les da la impresión de que son las circunstancias y las otras personas las que determinan sus vidas. Es como si no fuéramos dueños ni siquiera de nuestros pensamientos o nuestros sentimientos. No sólo son otras personas las que deciden por nosotros (¡a veces las mismas circunstancias!), sino que también nos «obligan» a sentir de una manera u otra. Es como si no fuéramos dueños de nosotros mismos. Los altibajos de la vida y de las circunstancias hacen que nuestro corazón viva siempre esclavizado a lo que ocurre. Un día estamos en el cielo, al día siguiente en el infierno; nuestro corazón se deja llevar y se vuelve cada día más inestable.

Un día todo es impresionante, al día siguiente gobierna el aburrimiento. ¡A veces incluso ocurre en el mismo día!

Ese llega a ser uno de los mayores problemas para muchos: no saber dominar sus sentimientos, sus reacciones y por lo tanto, tampoco sus decisiones. No saber qué hacer ante las circunstancias o ante lo que otras personas hacen o dicen. Un día todo es impresionante, al día siguiente gobierna el aburrimiento. ¡A veces incluso sucede en el transcurso del mismo día!

Un corazón inconstante se descubre enseguida: lo puedes encontrar en la gente que un día te saluda, habla y no deja de hablar, y al día siguiente te ignora. Si las cosas van bien, son las personas más extraordinarias del mundo; cuando algo se tuerce no quieren ver a nadie. Su relación con Dios va en la misma dirección: cuando se sienten bien, Dios es bueno. Cuando las cosas van mal no quieren verlo «ni en pintura».

Corazón inconstante, inmaduro. Corazón que no es capaz de vivir por encima de las circunstancias de la vida. Corazón al que todos dominan, porque se deja llevar por casi todo y casi todos. Corazón inconstante en sus sentimientos, porque llega a enfadarse por cualquier cosa. Puede entristecerse por cualquier situación. Cualquier problema de apariencia, cualquier mínimo detalle, cualquier frase que alguien diga es capaz de arruinarle el día.

Con el tiempo, el corazón inmaduro se vuelve inseguro también. Las personas que no son capaces de vencer esa inmadurez viven siempre como niños, siempre aprendiendo, siempre dependiendo de las decisiones de los demás. A veces dependen de otras personas, en ocasiones de las circunstancias, de lo que ocurra; ¡incluso el día (según como esté, o como se hayan levantado) puede tener más importancia en una decisión que lo que ellos mismos han pensado! Cuando cualquier cosa influye para tomar una decisión, lo más normal es que sea una mala decisión.

Esa inseguridad termina «matando» al corazón. Cualquier frase le hace daño, cualquier mirada, cualquier circunstancia… Cuando nuestro corazón vive en la inseguridad, es capaz de ver enemigos por todas partes. Lo que escuchamos que alguien dijo, pensamos inmediatamente que es culpa nuestra, y creemos que lo que otros planean es para hacernos daño. El mundo se vuelve en contra nuestra y terminamos siendo víctimas de una confabulación universal. Todos quieren hacernos daño, ¡incluso los que no nos conocen!

Cuando las cosas van bien, Dios es bueno. Cuando las cosas van mal no quieren verlo ni en pintura.

Si vivimos mucho tiempo bajo las «órdenes» de un corazón inconstante, la inestabilidad pasa a ser nuestra compañera permanente. Al corazón inmaduro es la vida la que lo controla, en lugar de controlar él mismo la vida. Cuando todo va bien, sonríe, vive, disfruta; cuando algo se tuerce, mejor que nadie se cruce en su camino. El corazón inconstante pocas veces termina lo que comienza. Inconstante en las relaciones, siempre espera que los demás den el primer paso (y a veces el segundo, el tercero…). Inconstante en las decisiones: un día te dice que sí, al día siguiente que no en la misma situación; al otro ni sabe qué decir.

La inmadurez se ve también en nuestra reacción ante las circunstancias. No sólo somos capaces de tomar decisiones sin pensarlas, sino que también lo hacemos cuando algo nos emociona, o ¡peor aún!, cuando estamos enfadados. Más tarde nos arrepentimos de las decisiones que hemos tomado, pero nuestro corazón sigue de un lugar a otro sin saber qué hacer por haberse dejado llevar una vez más.

En vez de controlar nosotros la vida, la vida nos controla a nosotros.

Un corazón inmaduro va perdiendo incluso a sus mejores amigos. Un día no existe nadie como nosotros, al día siguiente nos ignora. El corazón inconstante no es capaz de sobreponerse a las circunstancias y valorar la amistad. Siempre vive de lo que ha ocurrido en los últimos momentos, siempre tiene que decidir sobre la marcha porque todo le sobrepasa. Es incapaz de decidir por sí mismo lo que quiere o lo que no quiere hacer. Con quién quiere o no quiere estar.

El corazón inmaduro, además, trata de una manera diferente a cada persona. Si considera que son personas «importantes» porque tienen dinero, una determinada posición o poder… les dedica todo el tiempo del mundo. Si son personas que nadie conoce, o aparentemente no tienen nada, casi las desprecia. Cuando encontramos a alguien que vive haciendo acepción de personas de esta manera es señal de la inmadurez de su corazón, porque eso es completamente contrario al carácter de Dios.

El corazón inmaduro casi nunca toma sus propias decisiones.

Y eso siempre nos limita, porque un corazón inmaduro pocas veces comprende lo que Dios quiere de él. Vive terriblemente infeliz al no conocer el carácter de Dios, al no darse cuenta de que Dios es fiel, paciente, constante, decisivo, maduro… Si el corazón no está cerca de su Creador, jamás termina lo que comienza, siempre se queda a medio camino. El corazón inconstante siempre encuentra algo que le hace desistir. No importa si es una relación, un trabajo, un proyecto, un sueño… siempre aparece algo que estorba y le hace desistir. Algo que le hace desembarcar en el desánimo para no volver a intentarlo. A veces no se trata sólo de inmadurez, sino también de desidia, de una cierta holgazanería que viene de no esforzarse y luchar, de no seguir adelante cuando las circunstancias o las personas se oponen a lo que es correcto.

El corazón inmaduro vive continuamente un «sinvivir». Nadie se siente más infeliz que él, porque al final del día se siente frustrado por haberse dejado arrastrar una vez más, y muchas veces su propia inconstancia le impide tomar decisiones que merecen la pena.

rompiendo los límites

Un corazón inmaduro se asusta cuando tiene que tomar decisiones. Prefiere dejar pasar las cosas, y se siente seguro en la indecisión y la desgana, aunque no comprenda exactamente la razón por la que vive así. Cuando en una familia los que lideran son corazones inmaduros, siempre van a esconder muchas cosas «debajo de la alfombra». Cuando en una iglesia los dirigentes son inmaduros, reaccionarán a cada problema dejando pasar el tiempo, «porque el tiempo lo cura todo», piensan; sin darse cuenta que lo único que hace el tiempo en una situación sin resolver es agravarla más cada día.

El corazón inmaduro es dominado por su propia inconstancia. Esa es la razón por la que muchos son capaces de escuchar llamados del Señor, asistir a la iglesia por años, o leer la Palabra de Dios, sin que eso afecte a su vida. Se han acostumbrado a dejar pasar todas las responsabilidades. Como niños pequeños piensan que en su inmadurez está la felicidad. Jamás quieren crecer. No importa el tiempo que hayan pasado oyendo la voz del Señor o lo mucho que conozcan las palabras y los ritos del cristianismo, los inconstantes son incapaces de decidir por sí mismos.

El primer paso para liberar nuestro corazón es comprometerse. Es un paso imprescindible, porque no sólo tenemos que buscar a Dios y escuchar lo que Él dice, sino también comprometernos con Él. Tomar decisiones firmes. Una tras otra, de tal manera que Dios nos ayude a vencer nuestra propia inconstancia. Algo tan sencillo (¡y tan importante!) como hacer un pacto con Dios, un pacto que sea constante cada día de nuestra vida. Cuando Dios nos habla por medio de su Palabra tenemos que comprometernos con Él, no sirve de nada escucharle y olvidarnos.

«*Yo te busco con todo el corazón [...]*» (Salmo 119:10, NVI).

«*Hicieron pacto para buscar al SEÑOR, Dios de sus padres, con todo su corazón y con toda su alma; y que todo el que no buscara al SEÑOR, Dios de Israel, moriría, ya fuera pequeño o grande, hombre o mujer [...] Y todo Judá se alegró en cuanto al juramento, porque habían jurado de todo corazón y le habían buscado sinceramente y Él se dejó encontrar por ellos*» (2 Crónicas 15:12-15, LBLA).

Para romper los límites de la inmadurez y la inconstancia no podemos tomar decisiones «a medias». O buscamos a Dios con todo el corazón, o vamos perdiendo nuestro camino poco a poco. El pueblo juró con todo su corazón y buscó sinceramente al Señor, habían comprometido su vida en hacerlo. ¿Las consecuencias? Dios se dejó encontrar, porque ese era el mayor deseo del corazón del Creador. Imagínate que hiciéramos hoy lo mismo: ¡que todo el que no buscara al Señor tuviera que morir! Es sin ninguna duda la lealtad llevada al extremo, pero de alguna manera tenemos que aprender del pueblo de Israel que, o buscamos a Dios de esa manera o sólo estamos «jugando» a ser religiosos.

El primer paso para liberar nuestro corazón inconstante es comprometerse.

Dios quiere liberar nuestro corazón, porque sabe que cuando somos inmaduros e inconstantes, vivimos casi siempre dudando de Él. No sólo somos incapaces de confiar completamente en sus palabras o en sus promesas, sino que incluso llegamos a dudar de su cuidado. En nuestra inconstancia e inmadurez llegamos a creer que Dios se comporta de la misma manera, que nos olvida, que se aleja de nosotros. Llegamos a dudar de su fidelidad. Olvidamos que Dios entra en nuestra vida y no se va jamás, aunque nosotros a veces le «perdemos» de vista con nuestras dudas y desvaríos.

Necesitamos buscar al Señor como una actitud de vida. Cuando lo hacemos, Él se «deja» encontrar. Ese es el deseo más profundo de su alma. Todo el plan de la redención fue ideado por el corazón de Dios con el fin de establecer una relación eterna con cada uno de nosotros. No porque Dios lo necesitara, sino porque NOSOTROS lo necesitábamos.

Esa necesidad de vivir con Dios no muere jamás dentro de nosotros. No importa si crees en Él o no, la necesidad de tener a Dios crece cada día. Esa es la mayor desgracia de los que le rechazan, que vivirán con ese rechazo por toda la eternidad. ¡Con la frustración de no verse satisfechos con la presencia de Dios porque ya no habrá remedio! Nuestro corazón sólo obtiene satisfacción en el proceso de buscar y encontrar al Creador. Nuestra alma sólo descansa cuando está cara a cara con el Maestro. Nuestro Espíritu sólo puede ser renovado cuando es moldeado por el Espíritu de Dios. (Cf. El párrafo del libro *Cara a cara*, Editorial Vida, Jaime Fernández Garrido, página 40).

Un corazón firme

Dios rompe los límites de un corazón inmaduro e inconstante haciéndolo vivir de una manera firme. En el hebreo, la palabra que se utiliza para «firme» se refiere no solamente a un corazón que sabe dónde está y no es llevado de un lugar para otro, sino que además tiene la idea de estar siempre dispuesto y pronto para hacer las cosas. Un corazón decidido. Cuando nuestro corazón está firme, respondemos siempre alabando a Dios. ¡Es impresionante la trascendencia y el poder que vienen de alabar a Dios en los días difíciles e inconstantes!

> «Firme está mi corazón, oh Dios, mi corazón está firme; ¡cantaré y entonaré salmos!» (Salmo 57:7, LBLA).

Cuando vivimos de una manera firme, constante y alabando a Dios, las sensaciones, los sentimientos, las circunstancias o lo que otros puedan pensar o hacer no nos influyen de la misma manera. Necesitamos servir a Dios de una manera firme, sin añadir nada, sin irnos detrás de nada más… sin tener doble motivación o dudas sobre lo que hacemos.

Cuando nuestro corazón está firme no piensa tanto en lo que pueda perder o ganar, sino en hacer lo correcto viviendo en la voluntad de Dios. El corazón dispuesto no sufre tanto los altibajos de la vida sino que aprende a disfrutar del Señor. Las circunstancias pueden ser muy difíciles, pero al darnos cuenta de que la relación con Dios es una fiesta nuestro corazón se «apega» a Él, y de esa manera aprendemos a no dejarnos llevar arriba y abajo por cualquier cosa. Un corazón firme alaba a Dios porque se da cuenta que lo importante es Él y no tanto sus bendiciones. Se entusiasma con Dios y no sólo con lo que Él hace por nosotros.

A veces nos dejamos llevar porque no comprendemos que Dios nos ama independientemente de lo que hagamos. Lo que Él quiere es estar con nosotros. No podemos hacer nada tan bueno para que Él nos quiera más o tan malo para que Él nos ame menos. Dios nos ama en primer lugar por lo que somos, mucho más que por lo que hacemos. Cuando comprendemos esto, nuestro corazón vive por lo que Dios es y sabe que es importante por lo que él es.

No necesita más. No necesita que otros lo halaguen o lo adulen. No piensa que su valor está en lo que otros piensen. No es inconstante porque las circunstancias lo sean.

Cuando nuestro corazón está firme en el Señor es porque ha aprendido a disfrutar de la presencia de Dios, ocurra lo que ocurra a nuestro alrededor. Cuando somos constantes en nuestra relación con Dios y disfrutamos con Él, estamos aprendiendo a no perdernos ninguna fiesta en Su Presencia.

> *No podemos hacer nada tan bueno como para que Dios nos ame más o tan malo como para que Él nos quiera menos.*

hablando con Dios

Padre, mira mi vida. No puedo seguir viviendo así, un día en la gloria y al siguiente casi en el infierno. Haz que mi corazón aprenda a disfrutar de Tu presencia, que sepa estar feliz contigo, sean cuales sean las circunstancias. Quiero venir delante de Ti y hablarte siempre, lo desee o no. Necesito recordar que siempre estás conmigo, aunque a veces no lo sienta o me parezca casi imposible que me escuches.

Necesito que mi corazón se afirme en Ti. Pon en mí un corazón apasionado al verte, al oírte, que sepa disfrutar con cada frase que escucho de tu Palabra. No sé si las cosas a mi alrededor van a ir mejor o peor, pero yo quiero entrar en la fiesta de tu Presencia. No quiero que nada externo me influya para estar más feliz o más triste. Pon tu mano sobre mi corazón para que esté firme en Ti. No puedo ni siquiera imaginar mi vida sin Ti.

No quiero vivir un solo día sin Ti.

día 5

corazón
egoísta

Transcurrían los últimos años del siglo XIX en un pueblo de Galicia, y la desgracia cayó en una sencilla familia con tres hijos pequeños. Después del fallecimiento repentino del padre, la madre tuvo que ponerse a trabajar muy duro para sacar adelante a esos tres niños en una época en la que todo eran dificultades. Sin medios materiales ni ayuda de ningún tipo, esta mujer de sólo veinticinco años, pasó toda su vida sin más aspiración que la de trabajar duramente, enseñando a sus pequeños a confiar en Dios de una manera absolutamente sencilla y a veces casi desesperada. Dios los ayudó a seguir adelante y ella continuó trabajando hasta que el Señor se la llevó a los ciento cuatro años de edad.

Nunca tuvo la posibilidad de estudiar ni de predicar, pero confió en Dios y les enseñó a los suyos a descansar en Él. Nunca pudo tener un vehículo para llevar a su familia, pero no faltaba un solo día en la iglesia. Nunca fue considerada una persona extraordinaria, pero regaló su vida a todos, ayudó a todos; se desvivió por todos y fue un ejemplo de entrega y amor. Dios le regaló una larga vida, así que pudo ver no sólo a sus nietos y bisnietos, sino también tataranietos; y llegó a ver a la gran mayoría de ellos (centenares de personas) siguiendo fielmente al Señor. Hoy entre sus descendientes hay misioneros y misioneras, responsables de diferentes iglesias en todo el mundo, pastores, predicadores, trabajadores de diferentes empresas, profesores; cientos de hombres y mujeres, la mayoría gente de bien que intenta servir y honrar al Señor.

Todo porque una sencilla mujer pensó en los demás, más que en sí misma. Se preocupó de ayudar más que de exigir. Se «dio» literalmente a su familia cuando no había casi ninguna posibilidad de salir adelante. Una mujer de Dios, desconocida para algunos, pero amada por muchos. Una mujer que reflejó en su vida el carácter de su Creador. Esa mujer era mi bisabuela, se llamaba Peregrina; y durante los años en los que la conocimos nos dimos cuenta de que Dios le había dado un corazón íntegro y lleno de amor, y ella se lo devolvió a Él… y a cada uno de nosotros.

Desgracia-damente, muchos corazones de hoy siguen aquello de que «primero yo, después yo, y si queda algo… para mí».

Cuando conocemos una vida como la de Peregrina nos llenamos de admiración, quizás porque nos damos cuenta de que no es una vida normal. Desgraciadamente, lo que más abunda en nuestra sociedad son los casos de personas que sólo se preocupan por sí mismas. Las que siguen aquello tan conocido de que «Primero yo, después yo, y si queda algo… para mí». La gran mayoría vive pensando sólo en sus planes, sus logros y sus sueños. Los corazones egoístas son los que parecen estar de moda.

El problema es que cuando nuestro corazón ve las cosas de esta manera y sólo piensa en sí mismo, es cuando más lejos está de Dios, porque no hay nada que sea tan contrario al carácter de Dios como el egoísmo. Dios es un Dios que da, que busca el bien de cada persona, que se expresa buscando lo mejor para los demás. Un Dios que nos enseña a vivir de una manera completamente desprendida. Dios bendice a justos e injustos, da sin esperar nada a cambio. Se ofrece a sí mismo de una manera incomprensible para nosotros, y es capaz de derrochar bien a todos porque el Amor es su propia esencia.

«Si hay un menesteroso contigo, uno de tus hermanos, en cualquiera de tus ciudades en la tierra que el SEÑOR tu Dios te da, no endurecerás tu corazón, ni cerrarás tu mano a tu hermano pobre» (Deuteronomio 15:7, LBLA).

Un corazón egoísta es un corazón duro, frío, sin escrúpulos. Es capaz de cerrar los ojos delante del sufrimiento de los demás, y vivir como si nada pasara. El corazón egoísta vive despreocupado por las necesidades de los demás. No le importa que otros sufran, que mueran de hambre, que estén solos. Lo único que realmente le importa es cuidar de sí mismo. Como si los demás no existieran.

Dios dice que un corazón egoísta es un corazón endurecido. Endurecer el corazón no sólo es no sentir nada cuando vemos el sufrimiento de los demás, sino también inventar todo tipo de excusas para no ayudarles. Cuando somos egoístas sólo pensamos en nosotros mismos, nuestros problemas, nuestra autoestima o la cura de nuestras enfermedades. No existe nadie en nuestro mundo sino nosotros mismos.

Un corazón egoísta no sabe ser feliz, porque piensa que sólo él merece lo que tiene, así que no quiere compartirlo con nadie. El egoísta es solitario por naturaleza, y en esa soledad va destruyéndose a sí mismo, poco a poco. A lo sumo le gusta estar con otros cuando puede sacar algún provecho de ellos, pero en lo posible, como dice el refrán: «Cada uno en su casa y Dios en la de todos».

Egoísmo en las relaciones

Nuestro corazón se vuelve cada vez más egoísta cuando nos dejamos llevar por las «costumbres» de nuestra sociedad. Un ejemplo: hay personas que sólo te llaman cuando te necesitan. ¿Lo has pensado alguna vez? ¡Incluso muchos que se dicen amigos sólo se preocupan por ti cuando puedes hacer algo por ellos! Cuando todo termina, desaparecen hasta que te necesitan otra vez, y pueden estar meses enteros (¡a veces incluso años!) sin llamarte o sin saber nada de ti. Nuestra llamada sociedad de consumo nos ha llevado a extremos increíbles, y nosotros nos dejamos llevar, porque en el fondo, nuestro corazón es egoísta. Sólo le gusta pensar en sí mismo.

Lo único que nos preocupa es nuestra comodidad. Los demás sólo existen cuando pueden hacer algo por nosotros, nada más.

Un corazón egoísta pasa incluso por no tener amigos. No tanto porque no sabe cuidarlos (que también es cierto) sino porque cree que no los necesita. Cuando pensamos sólo en nosotros mismos, tenemos «relaciones» pero no amistad:

▶ Hay personas que viven sus relaciones de la misma manera que utilizan los pañuelos de papel (los famosos «kleenex»). Te usan y te tiran después. Por mucho que te necesiten en un momento, en el siguiente ya no sirves para nada y te olvidan.

▶ Otros sólo admiten tener amigos estilo «Light». Sin calorías, sin que influya nada en su interior ni en sus decisiones. Amigos que aparecen y desaparecen, pero que no nos cuestan ningún «trabajo». Amistad sí, pero sin penas ni sacrificios.

▶ Otro invento que muchos han aplicado en su vida personal, son esas bolsitas pequeñas de azúcar, café, té, sal, etc. Es decir, la dosis medida y exacta para cada cosa.

No te dan más de lo que es políticamente correcto. Nada de derroches ni compromisos. Admiten la amistad sólo hasta cierto punto, y pasan contigo el tiempo justito para no comprometerse. No quieren dar «demasiado» sino sólo lo que es justo. Su amistad siempre tiene límites, si los sobrepasas estás perdido.

◗ Algunos más viven permanentemente con la filosofía de los cubiertos y/o productos desechables: nada se lava, todo se tira. Nada se perdona, todo se llena de basura. Jamás piden perdón por nada y no son capaces de perdonar a nadie. Cuando una relación no funciona, pues a la basura con ella y a buscar otra «desechable». Para ellos no merece la pena arreglar ningún conflicto.

◗ En otro lugar podríamos colocar a los que no pueden vivir un sólo momento sin sus maquillajes, colonias, cremas y miles de cosas parecidas. Y no sólo se «maquillan» el exterior, ahora también son capaces de cambiar cualquier parte de su cuerpo que no les gusta. Se morirían si alguien descubriese cómo son realmente. La transparencia y la sinceridad aparecen muy pocas veces en su diccionario. Aparentan delante de todo el mundo, así que jamás querrían apostar por una amistad inquebrantable y sincera (*Atrévete a vivir*, Editorial Vida, 2 de Enero).

◗ Nuestro mundo de hoy también nos ha traído la impaciencia. No somos capaces de esperar por nadie. Hace algunas decenas de años si perdías un autobús para ir a la ciudad no había problema: La semana siguiente podías tomar otro. Hoy nos enfadamos si alguien se pone por delante de nosotros para pagar el peaje de la autopista. Esa impaciencia nos impide casi siempre disfrutar con nuestros amigos, o con cualquier tipo de relación. No queremos que nadie nos quite lo nuestro, ni siquiera por unos segundos. Nuestro corazón sólo puede pensar en sí mismo.

Un corazón egoísta sólo «da» cuando puede sacar algo más importante a cambio.

Un corazón egoísta es un corazón que no da, o que da solo por obligación. Incluso muchos hablan del «diezmo» como si fuera una cifra que se da y «ya está», ¡ya hemos cumplido con nuestro deber! Creen que su responsabilidad está limpia delante de Dios sin darse cuenta de que Dios no es un Dios de responsabilidades cumplidas o cifras exactas. Él nos quiere a nosotros, quiere nuestra relación y nuestro corazón. Quiere que ayudemos a los demás en lo que podamos. Quizás un día dando mucho más de lo que podemos, quizás otro día no dando nada sino a nosotros mismos, porque no tenemos nada. Se puede ser muy egoísta incluso cumpliendo con el «diezmo», cuando pensamos que por hacerlo somos mejores que otros o que nuestra «responsabilidad» ya está pagada.

¿Sabes?, querer recibir algo a cambio de lo que damos (¡aunque sea algo espiritual!), pensar siempre en primer lugar en nosotros mismos o querer ser reconocido por los demás por lo que hacemos no son más que muestras de nuestro carácter egoísta. Muchos han vivido así desde el comienzo de la historia de la humanidad (*«¿Soy yo acaso guardián de mi hermano?»* Génesis 4:9, LBLA ¿Recuerdas la pregunta?), sin que su corazón haya sido capaz de romper los límites de su egoísmo, ni hayan probado casi nunca la bendición de dar y ayudar. Mientras tanto, esa sigue siendo una de las mejores definiciones de nuestro llamado primer mundo: el egoísmo.

rompiendo los límites

El mundo necesita parar por unos momentos para que podamos pensar. ¡Vaya frase! No podemos quitar los límites de un corazón egoísta si no reflexionamos, si no somos capaces de parar nuestro correr diario para pensar un poco. Lo peligroso del egoísmo es que se disfraza de una manera que muy pocos se dan cuenta de que están atrapados. Siempre creemos que los egoístas son los demás, que los que sólo piensan en sí mismos son los demás.

Esa es una de las razones por las que mucha gente no quiere pensar. Hay personas que pasan todo el tiempo escuchando música, o con la televisión encendida, o con la radio sonando durante todo el día. No pueden soportar el silencio. No quieren enfrentarse con la realidad, no creen que una de las mejores cosas que podemos hacer en nuestra vida es, de vez en cuando, enfrentarnos con nosotros mismos, con nuestros pensamientos, con lo que estamos esperando de la vida, y sobre todo con lo que realmente somos. Muchos quieren vivir su vida esclavizados por su propio egoísmo, y esa es la razón por la que el silencio y la reflexión les dan miedo. No importa que otros sufran o mueran. No queremos saber si la gente tiene hambre o nos necesita… Mejor no pensarlo. Mucho mejor si nunca nos damos cuenta.

Y es curioso que, cuanto más pensamos en nosotros mismos, más se nos escapa la vida sin encontrar la verdadera felicidad. Una persona egoísta jamás es feliz; siempre le falta algo. El corazón que sólo piensa en sí mismo, siempre es esclavo de lo que tiene y teme que le quiten, de lo que le falta y cree que no va a poder conseguir y de lo que tuvo y por alguna razón se perdió.

Mirar menos hacia nosotros mismos no sólo es la única manera en la que podamos vencer los límites del egoísmo, sino también en la que nuestro corazón pueda ser feliz. Porque sólo pensando en los demás, disfrutando y viviendo con gozo podemos dejar de ser egoístas.

La Biblia nos dice que la mejor manera para liberar nuestro corazón egoísta es dar de una manera alegre. Ayudar a otros con nuestra alma llena de gozo. Aprender a apreciar la sonrisa y los ojos brillantes de quien recibe... De la misma manera que Dios es inmensamente feliz imaginando cómo bendecir a sus hijos dándoles lo que necesitan, nosotros podemos romper los límites de nuestro corazón dándole más importancia a las necesidades de otros que a las nuestras.

> **El corazón egoísta es esclavo de lo que tiene y teme que le quiten, de lo que le falta y cree que no va a conseguir; de lo que tuvo y por alguna razón perdió.**

Recuerda que siempre hay un final para nuestro egoísmo, un momento en el que todo lo relacionado con nuestro «yo» va a terminarse. No sé si sabías que normalmente los trajes fúnebres que se le ponen a los muertos antes de enterrarlos, no tienen bolsillos. Es un gasto superfluo, todo el mundo sabe que nadie se va a llevar nada material a la otra vida, y aún incluso si dejaras dicho que alguien pusiera algo en tu bolsillo en el momento de tu muerte, los gusanos o el fuego lo destruirían en cuestión de días. Podemos vivir llenos de egoísmo durante toda nuestra vida, pero debemos recordar también que un día tendremos que dejar de pensar en nosotros mismos. No tendremos ni siquiera bolsillos para llevarnos cosas, y recuerda que esa situación de tener que entrar en la eternidad sin nada material es irreversible.

«Si alguno viene en pos de mi, niéguese a sí mismo» (paráfrasis Mateo 10:38). Las palabras del Señor Jesús siguen resonando en el día de hoy; y lo siguen haciendo aun en medio de una sociedad egoísta. Cuando nos negamos a nosotros mismos, buscamos al Señor y comenzamos a pensar en los demás, nuestro corazón siente la libertad. Vive sin límites. Esa fue la manera de vivir del Señor Jesús y debe ser la nuestra, porque sólo cuando nos negamos a nosotros mismos encontramos quiénes somos realmente.

Los pasos que tenemos que dar para vencer el egoísmo de nuestro corazón son muy claros.

1. Generosidad:

«Tomad de entre vosotros una ofrenda para el Señor; todo aquel que sea de corazón generoso, tráigala como ofrenda al Señor: oro, plata y bronce» (Éxodo 35:5, LBLA).

Cuando pensamos en los demás, liberamos a nuestro corazón de las presiones de querer conseguir todo lo que quiere y no ser feliz hasta que lo tiene. Cada vez que

Dios toca nuestro corazón y ayudamos a otros, el egoísmo va desapareciendo y en su lugar, Dios mismo llena de generosidad nuestro corazón. En ese proceso comenzamos a ser libres, porque nada nos ata. Podemos dar y ayudar sin que nos «pese» en el corazón. Aprendemos a negarnos a nosotros mismos para hacer felices a otros y comprendemos cómo se siente Dios cuando da ¡incluso a los que le niegan! Cuando somos generosos sin esperar nada a cambio, nuestro corazón comienza a respirar libertad. Esa era una de las claves de la primera iglesia, *«que cada uno dé como propuso en su corazón»* (2 Corintios 9:7, RVR 1960).

Cuando de corazón damos a Dios lo que tenemos, ayudamos a los demás y nos despreocupamos de lo material, nuestro corazón descansa tranquilo.

2. Aprender a disfrutar:

«Y podrás gastar el dinero en todo lo que tu corazón apetezca: en vacas u ovejas, en vino o sidra, o en cualquier otra cosa que tu corazón desee; allí comerás en presencia del SEÑOR tu Dios, y te alegrarás tú y tu casa» (Deuteronomio 14:26, LBLA).

Es impresionante que el egoísta, por querer pensar siempre en sí mismo en primer lugar, jamás es capaz de disfrutar de lo que tiene.

Dios quiere que vivamos de una manera diferente: Él, como el mejor Padre que existe, quiere que sus hijos disfruten en su corazón, que se diviertan, que gocen de todo lo que Él ha creado. Y eso sólo ocurre cuando somos como Él. Dios es inmensamente feliz dando, bendiciendo, «preocupándose» por nosotros. Nuestro corazón aprende a disfrutar cuando da, cuando deja de ser egoísta. Cuando rompe los límites que le marca el pensar siempre en sí mismo en primer lugar y comienza a disfrutar con todos los que le rodean.

Cuando Dios quita el límite del egoísmo de nuestro corazón, aprendemos lo que significa disfrutar de lo que no merecemos; cuando dejamos de ser egoístas somos inmensamente felices por la «suerte» que tenemos. Cuando pensamos en los demás y no sólo en nosotros mismos gastamos el dinero en lo que nos apetece. Sin derrocharlo, claro, pero disfrutando con los demás de lo que tenemos. Alegrándonos delante de Dios con nuestra familia, con nuestros amigos, ¡y hasta con los que no conocemos!

Porque sólo disfrutamos realmente cuando sabemos que no merecemos nada y lo hemos recibido todo.

3. Gozo:

«Con generosidad le darás, y no te dolerá el corazón cuando le des, ya que el SEÑOR tu Dios te bendecirá por esto en todo tu trabajo y en todo lo que emprendas» (Deuteronomio 15:10, LBLA).

Cuando somos generosos y aprendemos a disfrutar, inmediatamente aparece la alegría. Dios pone las cosas muy claras cuando habla de dar con generosidad, de buscar el bien del otro como si de una aventura se tratara. Dios promete bendecirnos cuando vivimos de esa manera, y la mayor bendición es comprenderle a Él y estar cerca de Él. Si le permitimos a Dios actuar de esta manera en nuestra vida, ya no nos dolerá el corazón cuando damos. Todo lo contrario, los límites de nuestro corazón desaparecen en la misma medida que va reinando el gozo en él.

Piensa por un momento en el ejemplo de Abraham (Génesis 22:11 y ss.) ¡Fue capaz de entregar a su único hijo a Dios! ¡Dio todo lo que tenía!, y no sólo lo hizo en su relación con Dios, sino que dio lo mejor a su sobrino, a sus vecinos, a sus enemigos... a todo el que se puso por delante. Su corazón aprendió a dar, y a entregar lo que más le costaba. En el momento clave de su vida, cuando Abraham iba a ofrecer a su propio hijo, Dios no lo permitió, sino que le agradeció su decisión y le devolvió a Isaac.

> Un corazón capaz de entregarlo todo a Dios y a los demás, es un corazón sin límites. No es de extrañar que a ese corazón Dios le llame «amigo».

Dios llama a Abraham su amigo, porque sólo un amigo íntimo es capaz de renunciar a todo por quien ama. Sólo quién conoce la verdadera amistad sabe lo que significa vencer los límites de un corazón egoísta. Sólo el que es capaz de dar con gozo, aun lo más querido, puede llegar a comprender cómo Dios se siente al entregar al Señor Jesús a la muerte por nosotros.

De eso se trata el amor y la amistad. De eso estamos hablando cuando vemos ejemplos de desprendimiento absoluto por los demás como el de mi bisabuela. Todos los que son capaces de luchar por una verdadera amistad han destruido ya los límites del egoísmo dentro de su corazón. No es sólo dar, sino disfrutar haciéndolo. No estamos hablando sólo de negarse a uno mismo como si fuera una disciplina espiritual, sino de llevar a Dios y a los demás muy dentro de nuestro corazón.

¡Así vivió el Señor Jesús! Se hizo siervo de todos por amor a todos para dar libertad a todos. Cuando vivimos como Él, nuestro egoísmo desaparece. Cuando somos capaces de servir de corazón a los demás, éste se libera por completo. Aprende a dar lo que tiene y se siente feliz haciéndolo.

Alguien que es capaz de entregarlo todo a Dios y a los demás, sabe lo que significa tener un corazón libre. No es de extrañar que a ese corazón Dios le llame «amigo».

hablando con Dios

Señor, enséñame a ver a mi alrededor a las personas que sufren, a los que están pasando necesidad o están solos.

Quiero que pongas en mí un corazón generoso. Quita el egoísmo que tantas veces me hace verme a mí solamente y ayúdame a disfrutar contigo y ser feliz con todas las cosas que Tú me das. Quiero ayudar a otros y quiero hacerlo con alegría.

Quiero parecerme a Ti, que das siempre sin condiciones y lleno de gozo.

Quiero parecerme a Ti, que piensas siempre en los demás…

Quiero parecerme a Ti, que das a los que lo merecen y a los que no.

Quiero parecerme a Ti, y aprender lo que significa tu gracia, no sólo para mi vida sino para la de los demás.

Quiero vivir como Tú vives, dando sin esperar nada a cambio.

Quiero vencer el egoísmo de mi corazón, no sólo dando a los demás, sino también agradeciendo lo que Tú haces por mí… y lo que los demás hacen también.

Padre, que mi corazón se sienta libre al dar, al ayudar a otros. Que se dé cuenta de que la vida comienza cuando se niega a sí mismo. Quiero ser tu amigo, Señor. En tu nombre, Amén.

día 6

corazón inútil, corazón amargado

Un día estábamos comiendo con unos amigos en un restaurante de una ciudad del sur de Galicia cuando entró un chico que pedía ayuda. Parecía un deficiente físico, porque tenía muchas dificultades para moverse normalmente, y casi no podía hablar. Preguntamos por su historia a los dueños del restaurante y supimos que cuando era niño se había caído desde un puente, sufriendo graves secuelas tras este suceso, y desde entonces se pasaba casi todos los días en la calle, comiendo lo que le daba la gente y viviendo en la más absoluta pobreza. Le preguntamos su nombre, y después de mucho esfuerzo y con gran dificultad para hablar, nos dijo que se llamaba Juan.

Verle con tantas limitaciones para caminar y prácticamente sin poder expresarse, nos partió el corazón. Sólo pude decirle que nunca se olvidara de que Dios le amaba. Que antes de que dijera una sola palabra, Dios ya le había escuchado, porque su vida era muy valiosa para Él. Le expliqué que Dios conocía cada uno de sus pensamientos, y que Él amaba su corazón.

Nos hizo una señal con su mano y nos sonrió para que supiésemos que había entendido lo que le dijimos. Debo admitir que con el paso del tiempo me olvidé de él, pero varios meses más tarde apareció en una iglesia de la misma ciudad cuando yo estaba predicando, sin saber que nosotros estábamos allí. Me impresionó verlo. Le di las gracias a él por venir, y a Dios por haberlo traído. Juan había comprendido que Dios le amaba y le escuchaba siempre. De alguna forma que nosotros no podemos entender, Juan supo de parte del Señor que su vida no era inútil, que él mismo tenía un lugar muy especial en el corazón de Dios.

Me hizo pensar mucho en lo que es nuestra vida. A veces damos paso a la amargura dentro de nuestro corazón casi por cualquier cosa que nos ocurre. Nos amargamos y nos sentimos inútiles cuando no podemos «ser como» alguna otra persona o «tener» lo que otros tienen. A veces pensamos que nuestra vida no tiene mucho valor por las circunstancias que hemos pasado, por las que estamos pasando ahora o por lo que viene en el futuro.

> Un corazón inútil jamás quiere arriesgarse en ninguna cosa.

Nos sentimos inútiles cuando las cosas no salen como queremos. Nos amargamos cuando no todo va como hubiéramos deseado... y cuando encontramos a alguien feliz en su corazón por comprender que su vida tiene sentido porque Dios le escucha y le ama, aunque aparentemente no pueda casi ni caminar ni hablar, nos damos cuenta de que nuestra amargura no tiene ningún sentido.

Nuestro corazón es feliz cuando se siente útil, cuando puede ayudar a otros. Nuestro corazón se limita a sí mismo cuando vive amargado. A veces tenemos problemas graves en nuestra vida porque creemos que no «servimos» para nada, sin darnos cuenta de que podríamos hacer mucho más de lo que pensamos.

Déjame decirte que en cierta manera es nuestra culpa. Cuando entregamos nuestro corazón a los demás, crecemos. Cuando ayudamos a otras personas nos sentimos útiles. Si no lo hacemos, por mucho que queramos, siempre vamos a vivir en la amargura. Tenemos que tomar la decisión de arriesgarnos aun a pesar de que pueda salir «mal». Un corazón inútil no quiere salir de su comodidad, quiere siempre tener todo en sus manos a la hora precisa y en el momento adecuado. Un corazón inútil es incapaz de trabajar para nadie, de buscar el bien de otra persona, o incluso de buscar su propio bien haciendo cosas que merezcan la pena. Todo vale con tal de no salir de su «burbuja».

La peor consecuencia es que el corazón inútil suele estar siempre amargado. En su «llevar la vida» tal como quiere, se vuelve quejoso y malhumorado. Lo que hacen los demás casi siempre está mal. Si algo no está en su sitio siempre es culpa de otros. No sólo no existe nadie perfecto, sino que todos estamos mucho más lejos de esa perfección de lo que era deseado. Cuando nuestro corazón se llena de amargura se va destruyendo a sí mismo poco a poco (cf. Salmo 73:21).

El corazón inútil vive amargado. El corazón amargado se vuelve inútil. Es mucho más que un juego de palabras. Cuando no hacemos nada para los demás (¡a veces ni siquiera para nosotros mismos!) y sólo «vamos dejando pasar la vida», la amargura se hace dueña de nuestra existencia porque sólo buscamos (aunque no nos demos cuenta) lo que nos hace vivir más cómodos.

En su «llevar la vida» tal como quiere, sin preocuparse de ser útil, se vuelve quejoso y malhumorado.

Cuando nuestro corazón está lleno de amargura nos volvemos inútiles porque no sólo no ayudamos a nadie, sino que incluso nos enfadamos cuando otros lo hacen. Nos «duelen» las fiestas ajenas y las diversiones de los demás. ¿Recuerdas la llamada historia del hijo pródigo? (cf. Lucas 15). Cuando el Padre lleno de amor recibe al hijo que se había ido y proclama días de fiesta para celebrarlo, el hermano mayor (el ejemplo de corazón amargado) decide no entrar en la fiesta e incluso criticar a su Padre (¡a Dios mismo!) por lo que hace. Puede que ese hijo trabajase mucho y jamás hubiese hecho nada «incorrecto» en la casa de su padre, pero con su amargura demostraba la inutilidad de su corazón, porque todo el que no es capaz de perdonar o disfrutar de lo que Dios hace, es porque sólo piensa en sí mismo.

Un corazón inútil y amargado no sabe perdonar

Si nuestro corazón está lleno de amargura, jamás podremos perdonar a nadie. Lo peor es que tampoco seremos capaces de perdonarnos a nosotros mismos. Siempre estaremos pensando en las oportunidades perdidas, en las malas decisiones, en los momentos en los que nos hemos equivocado. Siempre amargados queriendo dar marcha atrás al reloj de la vida sin aprender lo que significa el perdón.

Y como no nos perdonamos a nosotros mismos (¡a veces incluso nos amargamos contra Dios y no queremos perdonarle! ¿?), creemos que nadie tiene derecho a nuestro perdón: vivimos guardando cuentas de nuestro pasado, recordando todo lo malo que otros nos han hecho. Un corazón amargado es incapaz de ir a un lugar y olvidar lo que haya sucedido allí. El corazón lleno de amargura tiene demasiada memoria, recuerda demasiadas «tonterías» y eso lo limita por completo. Aunque sea difícil de entender, la libertad comienza cuando somos capaces de olvidar. Sé que es difícil, porque aun después de perdonar recordamos el sufrimiento que hemos pasado y revivimos muchas situaciones, pero tenemos que luchar para vencer esos recuerdos.

Cuando nuestro corazón sabe que Dios le perdona y aprende a perdonar a los demás, rompe sus límites y deja de amargarse.

Es triste comprender que nadie conoce lo que hay dentro de nosotros, y esa es una de las razones por las que nuestra amargura nos impide vivir. Nos hacemos daño a nosotros mismos y pocas veces somos capaces de disfrutar cuando otros están alegres; siempre encontramos algo que nos desagrada. ¡La mayoría de las personas no quieren vivir así, porque un corazón amargado siempre es un corazón infeliz!

«El corazón conoce su propia amargura, y un extraño no comparte su alegría» (Proverbios 14:10, LBLA).

Si no nos gusta vivir así, ¿por qué seguimos limitando nuestro corazón? Parte de nuestro problema es que a nuestra mente le «encanta» sentirse relativamente mal. Yo lo llamo «masoquismo personal». Por alguna extraña razón nos encanta sentirnos solos, un poco despreciados y un poco culpables, porque al fin y al cabo pensamos: «qué malos somos».

Existe también un masoquismo espiritual especialista en corazones amargados. Tiene su origen en lo más profundo de nuestro orgullo, y creo que ya sabes a lo que me refiero: tener que trabajar muy duro para obtener las cosas, hacer grandes esfuerzos por nuestra vida de «santidad». Todo lo que suene a penitencia le encanta a nuestra carne, al «yo» que todos tenemos y que no somos capaces de vencer. Pensamos que si nos sentimos muy mal, ya estamos comenzando a expiar nuestras culpas y por lo tanto, Dios tiene que aceptarnos. Creemos firmemente que si estamos sufriendo es porque estamos pagando por el mal que hemos hecho. La verdad es que suena muy espiritual, pero está muy lejos del carácter de Dios que nos dice que demos gracias en todo, que su Espíritu nos ayuda en nuestra debilidad y que para todo tenemos fuerzas por medio de Aquel que nos da el poder.

¡Recuerda que la amargura es una de las obras de la carne! Los hijos de Dios vivimos mucho mejor en el reinado del gozo. Si queremos vencer la amargura hay que dejar de sentirse bien cuando nos visita.

rompiendo los límites

En la misma definición del límite encontramos cómo vencerlo. La única manera de quitar la amargura de nuestro corazón es limpiarlo de cualquier recuerdo del pasado que nos haga daño. Como hemos dicho hace poco, tenemos que aprender a perdonar.

Perdonarnos a nosotros mismos. Perdonar nuestras malas decisiones, perdonar las veces que no hicimos lo que debíamos hacer. Perdonarnos por lo que dijimos, o por cuando quedamos en silencio. Perdonar nuestros errores. Dios nos perdona a nosotros cuando se lo pedimos, y Él afirma que «no recuerda» más nuestro pecado. Si Él es capaz de hacerlo, ¿por qué seguimos nosotros recordando lo que Dios ya perdonó?

Necesitamos perdonar también a los demás. Puede que algunas personas nos hicieran mucho daño. Dijeron palabras que rompieron nuestro corazón, o hicieron cosas que nos hicieron vivir en la amargura por mucho tiempo, pero eso se acabó. No importa si lo merecen o no; incluso no es trascendental si nos lo han pedido o no: nosotros vamos a perdonar.

No queremos que nuestro corazón se llene de malos recuerdos. De ninguna manera vamos a vivir como inútiles o amargados durante el resto de nuestra vida, porque Dios nos ayuda a ver las cosas de otra manera. Igual que Él es capaz de perdonarnos a nosotros, también va a darnos las fuerzas para extender ese perdón a todos.

¿Las condiciones? Son menos complicadas de lo que parece:

1. Un corazón dispuesto:

«Entonces llamó Moisés a Bezaleel y a Aholiab y a toda persona hábil en quien el SEÑOR había puesto sabiduría, y a todo aquel cuyo corazón le impulsaba a venir a la obra para hacerla» (Éxodo 36:2. LBLA).

La mejor manera de vencer nuestra supuesta inutilidad es disponer nuestro corazón. La primera condición para restaurar nuestro corazón es estar dispuesto a hacerlo. Incluso aunque dudemos de nuestras propias motivaciones o intenciones, Dios es capaz de ayudarnos. Él mira nuestro corazón, y cuando ve el más mínimo deseo de ayudar, nos da la fuerza para hacerlo. Es más, nos «escoge» para ser útiles.

A Dios le encantan las personas que se sienten impulsadas en su corazón para hacer lo bueno, aunque a veces se sientan débiles para seguir adelante. Para nuestro Creador, con la intención ya basta porque Su Espíritu se encarga del resto (¿recuerdas Filipenses 4:13: «*Para todo tengo fuerzas, en Cristo que me da el poder*» (traducción literal)?).

2. Un corazón hábil:

«*Y todas las mujeres cuyo corazón las llenó de habilidad, hilaron pelo de cabra*» (Éxodo 35:26, LBLA).

Cuando ofrecemos nuestro corazón dispuesto a ser útil, Dios lo llena de habilidad para aquello que queremos o necesitamos hacer. No existe nadie inútil delante de Dios, nadie que no sea imprescindible. Si es cierto aquel refrán de que «Nadie es imprescindible en ningún lugar sino en el corazón de quién le ama», déjame decirte que para Dios sí somos imprescindibles porque Él nos ama hasta el fin. Muchas veces nosotros inventamos excusas y creemos que no podemos hacer mucho. En base a una falsa humildad decimos: «Yo no soy capaz de hacer tal o cual cosa», «No estoy preparado, no tengo la habilidad».

> El entusiasmo es el mayor enemigo de la amargura.

Mala excusa, porque Dios no sólo nos da el poder para ser útiles sino también la habilidad para hacer lo que tenemos que hacer. El Señor pone esa habilidad «dentro» de nuestro corazón, para curar no sólo la inutilidad sino también la amargura. Cuando nos damos cuenta de esto, nos atrevemos con cualquier cosa. No hay nada que parezca ser demasiado difícil o lejano para nosotros. Dios cree en nosotros, así que nuestra supuesta inutilidad desaparece.

Podemos ser como aquel niño que quiso entrar en una orquesta para tocar el violín y en el primer ensayo todos se dieron cuenta de que no había usado ese instrumento en su vida. «¿Cómo iba a saber que no podía hacerlo si nunca lo había intentado?», dijo el niño a todos lleno de ingenuidad y entusiasmo casi a partes iguales. Aunque suene a broma, cuando Dios toca nuestro corazón, nos hace vivir con el mismo entusiasmo. Ya no nos sentimos inútiles porque Él pone la habilidad en nuestro corazón. Quizás no para tocar el violín (¡aunque podría serlo si le dedicamos horas de ensayo!), pero sí para ayudar siempre.

Y nunca olvides que el entusiasmo es el mayor enemigo de la amargura.

3. Un corazón preparado:

«Y no fueran como sus padres, una generación porfiada y rebelde, generación que no preparó su corazón, y cuyo espíritu no fue fiel a Dios» (Salmo 78:8, LBLA).

Si nuestro corazón está dispuesto y Dios lo llenó de habilidad, entonces ¡estamos listos! ... Pues no tan rápido. Dios dice que debemos preparar nuestro corazón:

▶ Confiando en que Dios nos da las fuerzas y no somos nosotros los que hacemos las cosas.

▶ Descansando cien por cien en Él, para no trabajar en base a nuestra habilidad y no en su gracia.

▶ Creyendo en todo lo que Él dice, la mejor manera de no desanimarnos en lo que estamos haciendo.

▶ Siendo fieles a Él de una manera incondicional.

Preparar nuestro corazón es ponerlo en las manos de Dios. Tiene que ver con decirle a Él que cambie lo que no le agrada, que lo renueve. Es esperar todo de Dios, porque Él puede dárnoslo todo.

4. Un corazón que sirve:

«Solamente temed al Señor y servidle en verdad con todo vuestro corazón; pues habéis visto cuán grandes cosas ha hecho por vosotros» (1 Samuel 12:24,LBLA).

Ese es el último paso. Servir a Dios y a los demás, con todo nuestro corazón. Esa es la manera definitiva de vencer un corazón inútil y amargado. No es solamente tener nuestro corazón preparado, hábil y útil para servir, sino además ¡desearlo! Cuando deseamos servir y ayudar nuestro corazón cambia. Puede desanimarse a veces porque aquellos a los que ayuda sean desagradecidos, pero un corazón que sirve, jamás caerá en la amargura. Un corazón que sirve tarde o temprano verá las grandes cosas que Dios está haciendo.

Servir de todo corazón significa vivir de una manera completamente diferente, trayendo el reino del cielo a la tierra, vivir en esta tierra con los principios, la visión y el amor de Dios. Luchar para que la gente conozca a Dios y puedan, aunque sea de una manera muy pálida, ver un reflejo del carácter de Dios en lo que somos y en las cosas que hacemos. Los que sirven de todo corazón a Dios no sólo nos acercan al cielo sino que hacen que esta tierra sea cada vez mejor. Dios utiliza esas vidas para sanar nuestra tierra y traer paz al corazón, porque cuando le servimos con toda nuestra vida, la amargura desaparece.

hablando con Dios

Padre nuestro que estás en los cielos, examina mi corazón y mira mis motivaciones. Que mi corazón esté siempre dispuesto, que no ponga excusas. Que Tú prepares mi corazón para servirte a Ti y a los demás.

Gracias por perdonarme, por llenar de paz mi vida. Gracias porque sé que todo mi pasado, mi presente y mi futuro está en tus manos.

Enséñame a perdonar a otros, quita la amargura de mi corazón por las malas decisiones que he tomado, por lo que otros han hecho, o por lo que las circunstancias hayan traído sobre mí. Son muchas las cosas que tengo que agradecerte, y quiero pensar en ellas. Que mi corazón se renueve en tu amor y que tu Espíritu lo llene por completo de tu gozo.

Dame habilidad para hacer el bien en las cosas que tienes preparadas para mí, y prepara mi corazón para que te honre y Tú puedas brillar en él. Enséñame a trabajar y servir para que este mundo sea más como Tú quieres que sea?

Te lo pido en el nombre del Señor Jesús.

día 7

corazón lleno de odio, corazón malvado

Recientemente tuve la oportunidad de visitar lo que fue el campo de concentración de Bergen-Belsen, en Alemania, ver los cementerios comunes, las películas de la época, pasear por lo que queda de los barracones donde eran encerrados los judíos y pasar varias horas contemplando uno de los muchos recuerdos de la maldad humana.

▶ Personas sacadas con palas de los camiones (lo que quedaba de ellos, porque no eran más que huesos amontonados).

▶ Familias enteras separadas. Niños solos y hombres y mujeres llorando por no encontrar a los suyos.

▶ Les cortaban el pelo y los despojaban de sus ropas y calzado, también requisaban sus gafas, incluso les extraían las muelas que eran de oro o de otros metales.

▶ Los cementerios eran fosas comunes. En ellos sólo se ponía el número de las personas enterradas allí. Había uno de 5.000, otros de 10.000, en otros simplemente decía «número desconocido».

¿Sabes una de las cosas que más me impresionó?... En el juicio, los responsables del campo de concentración enfrentaban las condenas impuestas por los aliados sin inmutarse, sin un gesto de dolor o de tristeza; arrogantes, con su frente erguida.

Escuchaban sus sentencias de muerte orgullosos por lo que habían hecho. Con su corazón lleno de maldad.

A veces no nos damos cuenta de hasta dónde puede llegar nuestro corazón. Si dejamos que el odio nos ciegue, llegará un momento en el que ni siquiera nosotros mismos vamos a saber distinguir lo que está bien y lo que está mal. Un corazón malvado es capaz de odiar y destruir a todo y a todos, sin importarle las consecuencias. Sin importarle siquiera si más tarde va a sufrir, o no va a tener remedio alguno para salvar su situación. El odio ciega de tal manera nuestros ojos y nuestro corazón, que somos incapaces de ver otra cosa que no sea el triunfo de la maldad.

Cuando nuestro corazón está ocupado en el mal, vive ciego a cualquier cosa buena que pueda ocurrir dentro o fuera de nosotros mismos.

El corazón que permite que el odio le domine, sólo puede «maquinar planes perversos» (Proverbios 6:18, NVI) y obligar a nuestros pies a correr «rápidamente hacia el mal». Cuando nuestro corazón está ocupado en el mal, no sólo vive limitado, sino que además es ciego. Ciego a cualquier cosa buena que pueda ocurrir dentro o fuera de nosotros mismos. El corazón malvado sólo disfruta pensando en lo que puede hacer daño a otros, y de esa manera, a quien más daño hace es a sí mismo.

Sé que a algunos no les gusta hablar de ello, pero es nuestro propio pecado el que llena nuestro corazón de odio. Los planes perversos comienzan en nuestro corazón y nuestra mente antes de ser realizados, porque nosotros mismos los «concebimos» antes de darlos a luz, los planeamos mucho antes de realizarlos. Pocas veces hacemos algo «porque sí» sin haberlo decidido antes.

Así que no estamos hablando de la maldad del mundo, ni del odio de los que están cerca de nosotros, sino de nosotros mismos. Si antes de actuar no somos capaces de vencer el pecado que está en nuestro interior, estaremos vencidos siempre. Recuerda lo que dijo el Señor Jesús: «*Porque del corazón provienen malos pensamientos, homicidios, adulterios, fornicaciones, robos, falsos testimonios y calumnias*» (Mateo 15:19, LBLA).

Lo que tenemos dentro de nosotros es lo que nos esclaviza y nos contamina. No somos mejores que los demás. No podemos señalar a otros. Si queremos hablar sobre pecado, odio y perversidad, necesitamos mirar hacia adentro. No podemos engañarnos a nosotros mismos ni a los demás. Así fue desde el principio, porque los pensamientos del hombre casi siempre fueron en contra de los pensamientos de Dios.

«Y el Señor vio que era mucha la maldad de los hombres en la tierra, y que toda intención de los pensamientos de su corazón era sólo hacer siempre el mal» (Génesis 6:5, LBLA).

Cuando Dios examina nuestra vida y ve que «todo» pensamiento de nuestro corazón es hacer el mal, estamos más que perdidos. Si lo reconocemos, aún hay una posibilidad de salvación. Si no, estamos más lejos de nuestra libertad que nunca.

La maldad de nuestro corazón

Nuestra mente puede llegar a ser el peor enemigo que tenemos porque a veces nos impide ver lo que hay dentro de nuestro corazón. Si nos examinamos a nosotros mismos, rápidamente encontramos cosas que no nos gustan demasiado (¡eso espero!), tales como maldad, orgullo, egoísmo, desagradecimiento, envidia, deseos de poder… Si no nos damos cuenta de que todo eso está ahí, es porque estamos viviendo con nuestras motivaciones equivocadas y no sólo nuestro corazón se irá llenando del mal, sino que caeremos en la locura.

No nos engañemos: todos somos capaces de ver esas características en las demás personas, pero nos cuesta verlas en nosotros mismos. El mayor engaño de nuestro pecado es justamente ese: engañarnos a nosotros mismos.

El odio nos va destruyendo poco a poco. Mucho más de lo que podamos imaginar. A veces llegamos a consolarnos a nosotros mismos al pensar: «Yo no tengo tanto odio como… no puede hacerme tanto daño»; lo que estamos haciendo es comenzar la espiral de engaño, porque el odio es malo sea en la medida que sea. Esa es la razón por la que Dios le dijo de una manera muy clara a su pueblo: *«No odiarás a tu compatriota en tu corazón»* (Levítico 19:11, LBLA).

> La persona a la que más engañamos con nuestro pecado es a nosotros mismos.

Nuestro corazón no fue hecho para odiar, sino para ayudar y amar, porque es un reflejo del corazón de Dios, que no odia a nadie, sino sólo al pecado. Cuando nuestro corazón odia, vive en contra de su propia esencia y responde más bien a su corrupción debido al pecado. Dios nos hizo para amar. Incluso somos infelices cuando vivimos absolutamente solos. Necesitamos a Dios, necesitamos a los demás; si no los tenemos nuestro corazón sufre. Recuerda que cuando Dios hizo al hombre dijo aquello de que «no es bueno que el hombre esté solo».

Cuando odiamos, estamos luchando contra nuestra propia naturaleza, contra el motivo más sublime por el que Dios nos hizo, porque Él nos creó para expresar amor. De la misma manera que para Él es imposible vivir sin amar.

Para Dios es imposible vivir sin amar.

El odio es uno de los primeros límites que aceptó nuestro corazón cuando pecó y se rebeló contra Dios. Nadie puede odiar y ser feliz al mismo tiempo. Es completamente antinatural. El odio nos destruye, y toda persona que se deja llevar por él, sólo encontrará destrucción. Permitir que nuestro corazón se llene de odio es lo mismo que dejar que el enemigo de nuestras almas vaya gobernando nuestra vida poco a poco. Recuerda que el diablo quiere robar, matar y destruir (¿recuerdas lo que el Señor Jesús dijo en Juan 10:10?), y muchas veces casi sin darnos cuenta, estamos siguiendo sus pasos y nos dejamos esclavizar.

Odio y violencia nacen el uno del otro. Se necesitan; forman el matrimonio destructivo perfecto, tanto, que terminan destruyéndose a sí mismos y a todo el que aparezca por en medio. Cuando una persona deja que el odio anide en su vida, «*Su corazón trama violencia, y sus labios hablan de hacer mal*» (Proverbios 24:2, LBLA). Ahora viene la pregunta importante: ¿Es el corazón el que concibe el odio o es la mente?

Las relaciones entre la mente y el corazón son tan íntimas que es difícil a veces saber dónde comienza la influencia de uno o del otro. Para algunas cosas están siempre de acuerdo, para otras, nuestro corazón o nuestra mente (depende de las circunstancias) pueden ayudarnos a no perder la cordura. Son excepciones, porque en casi todo momento la locura de los deseos que acaban siendo de ambos (mente y corazón) nos arrastra de una manera increíble...

«El corazón de los hijos de los hombres está lleno de maldad y hay locura en su corazón toda su vida. Después se van a los muertos» (Eclesiastés 9:3. LBLA).

La manera en que termina la descripción es impresionante, porque el Eclesiastés es el libro que describe las cosas como se ven «desde aquí abajo, en la tierra». El final de todo odio y toda violencia es el mismo: «Se van a los muertos». Si lo único que buscamos en nuestra vida es satisfacer nuestros malvados deseos y nuestro corazón está lleno de odio, lo único que nos queda es terminar en la locura, y después ¡muertos! ¡Vaya panorama!

Dios no deja lugar a dudas. Si nuestro corazón vive en el odio o la violencia es porque no le conocemos a Él.

Las consecuencias son las más graves que puedan existir. Si nuestro corazón está acostumbrado a odiar, tendrá que soportar el juicio de Dios.

Dios, que es el amor personificado y siempre nos concede la libertad para tomar decisiones, nos avisa de lo que se nos puede venir encima: *«¿Aguantará tu corazón o serán fuertes tus manos en los días que yo actúe contra ti? Yo, el SEÑOR, he hablado y lo haré»* (Ezequiel 22:14, LBLA).

rompiendo los límites

El odio es el mayor enemigo de la esencia de Dios, porque Dios es amor. Si nuestro corazón odia, no sólo nos estamos limitando a nosotros mismos, sino que nos estamos alejando peligrosamente de nuestro Padre. Alejando de una manera simbólica, pero terrible al mismo tiempo. Sólo hay un remedio para liberar nuestro corazón. Sólo un arma para vencer el odio y la muerte, y es el amor.

El Señor Jesús dijo un día que el amor es la base de todo, lo más importante de todo, el resumen de toda la ley y de lo que Dios espera de nosotros: *«Amarás al Señor tu Dios con todo tu corazón, con toda tu alma y con todas tus fuerzas»* (Deuteronomio 6:5, LBLA). Nuestro corazón tiene que estar comprometido totalmente con el amor. Sólo encontramos el sentido a nuestra vida cuando amamos.

▶ Cuando lo hacemos con todo el corazón, tanto a Dios como a los demás.

▶ Cuando todo nuestro ser está comprometido con la vida de Dios.

▶ Cuando agradecemos y aprendemos a adorar a Dios, porque nuestro enfoque está en Él, y nuestro corazón se deleita en Él. Cuando queremos vivir la vida que Dios vive.

▶ Cuando nos damos cuenta de que el odio no puede tener lugar en nuestras decisiones, que no devolver mal por mal es mucho más que un mandamiento, es un estilo de vida. Nuestro corazón descubre entonces cómo frenar la espiral de violencia y odio: si respondemos con amor demostramos la misma valentía que el Señor Jesús delante de sus enemigos.

▶ Cuando dejamos que el Espíritu de Dios gobierne nuestra vida. Debemos recordar que el fruto del Espíritu es *«amor, gozo, paz [...]»* (Gálatas 5:22-23, LBLA). El amor es el que llena de libertad nuestro corazón, como si de un racimo de uvas se tratara, todas las partes del fruto van creciendo sobre la base del amor: gozo, paz, paciencia, amabilidad, bondad, fe, mansedumbre y dominio propio. Si nuestro corazón comprende esto, comprende también las palabras del Señor Jesús cuando dijo que conocerían que somos hijos de Dios por nuestro amor.

> *Dios dejó escrito que la gente conocería que somos sus hijos por el amor. No por la doctrina, el conocimiento, los ritos religiosos o nuestros propios esfuerzos.*

Dios tiene que limpiar nuestro corazón para vencer la maldad que hay en él. Por nosotros mismos no podemos hacerlo, necesitamos que Dios lo haga, aunque sí podemos tener esa actitud: el deseo de apartar de nosotros las cosas que ensucian nuestro corazón.

Hace casi tres mil años que el salmista escribió las características que agradan a Dios: «*El de manos limpias y corazón puro; el que no ha alzado su alma a la falsedad, ni jurado con engaño*» (Salmo 24:4, LBLA). Eso es lo que Dios espera de nosotros, la única manera de ser agradables a Él. Ese deseo es el que restaura nuestra alma. Esa oración es la que provoca un cambio en nuestra vida: «*Crea en mí, oh Dios, un corazón limpio, y renueva un espíritu recto dentro de mí*» (Salmo 51:10, LBLA).

Un corazón limpio, un espíritu recto, una manera diferente de vivir. Se puede tener un corazón como el de Dios. Desde luego no a nivel de su perfección, pero sí sujeto al deseo de ser como Él, limpio, renovado, lleno de amor. Los que piensan que el odio vencerá en el mundo son los que están equivocados. Dios siempre tiene la última palabra.

> *La Palabra de Dios es imprescindible para limpiar nuestro corazón.*

«*Porque la palabra de Dios es viva y eficaz, y más cortante que cualquier espada de dos filos; penetra hasta la división del alma y del espíritu, de las coyunturas y los tuétanos, y es poderosa para discernir los pensamientos y las intenciones del corazón*» (Hebreos 4:12, LBLA).

La limpieza es muy importante en nuestra vida física. El agua es el medio más común para conseguirlo y para que nuestro cuerpo no sea vencido por virus y enfermedades. La limpieza de nuestro corazón comienza siempre con la Palabra de Dios y no sólo es importante, ¡es lo más imprescindible en la vida!

La Palabra de Dios es el agua de vida que recorre nuestro interior y nos limpia. El Espíritu de Dios brota dentro de todos los que somos de Él como ríos de agua viva. Si queremos tener un corazón limpio necesitamos a Dios. Necesitamos su Palabra, su Espíritu, su Presencia. Para que nuestro corazón rebose de amor, Dios tiene que llenarlo por completo.

Sé que muchas veces nos sentimos vasos rotos o llenos de suciedad. Es normal, ninguno de nosotros es perfecto. ¿Sabes cuál es la única manera de mantener siempre limpio un vaso que se ensucia o cómo puede rebosar un vaso que está roto? Pues que el agua fluya constantemente dentro de él. Si estamos «dentro» de la Fuente nuestro corazón estará limpio. Si el Señor Jesús continuamente llena nuestra vida de su Presencia y su Palabra estaremos siempre rebosando Agua Viva. Cuando el Espíritu de Dios nos llena, aprendemos lo que significa derrochar *amor venido de un corazón limpio* (cf. 1 Timoteo 1:5).

Dios «trabaja» así dentro de nosotros. Su Palabra revela nuestros pensamientos, intenciones y motivaciones. Es el espejo en el que nos vemos reflejados siempre. Cuando la leemos y nos damos cuenta de que está escrita para nosotros, no podemos engañarnos. Parece que cada frase es justo lo que necesitamos en cada momento. Así Dios va limpiando nuestro corazón para que podamos verle a Él: *Dichosos los de corazón limpio, porque ellos verán a Dios* (Mateo 5:8, NVI).

Si nuestro corazón siente odio no puede ver a Dios. No le verá de una manera espiritual en su Palabra y sus obras, pero tampoco podrá verle en las demás personas o en las circunstancias. El odio no sólo nos impide amar, sino también ver lo que es digno de ser amado. Cuando amamos a Dios, Él nos enseña a verle incluso en muchas características de las demás personas. El mismo Señor Jesús dijo un día que cuando hacemos algo bueno para «uno de estos pequeños, para mí lo hacéis». Cuando el Espíritu de Dios limpia nuestro corazón y nos enseña a amar, podemos ver a Dios de muchas maneras.

Sólo un corazón limpio puede «ver» a Dios en muchos lugares, circunstancias y personas que para otros son absolutamente normales.

Y podemos verlo «juntos» todos los que amamos al Señor, nunca lo olvides, porque Dios manifiesta su gloria en medio de su pueblo *con los que de corazón limpio invocan al Señor* (2 Timoteo 2:22, RVR 1960).

Así quiere Dios que vivamos, y no sólo porque Él necesita nuestra limpieza y rectitud, sino porque lo necesitan también los que nos rodean. En un mundo hecho para astutos y engañadores, nuestro corazón encuentra la paz cuando no tiene doblez, cuando es íntegro. Si los demás no pueden confiar en nosotros, tampoco nosotros podemos confiar en ellos. Si aún guardamos un poco de maldad en nuestro corazón seguro que vamos a herir a otros. Cuando lo hacemos seguimos limitando nuestro corazón.

Necesitamos pedir a Dios que restaure nuestro corazón. Que podamos tender la mano a los demás con una mirada limpia y sincera, y les demos el derecho a ellos de respondernos de la misma manera. Cuando el amor de Dios llena nuestro corazón, los límites desaparecen.

hablando con Dios

Padre, limpia mi corazón. Mira si hay en él pensamientos perversos. No quiero hacer nada malo. No quiero hacer nada en contra tuya, o que haga daño a los demás. Nada que me destruya a mí mismo. Dame el poder y la valentía para decir no, cuando tengo que decirlo. Aun si todos a mi alrededor se burlan de mí, o me presionan para tomar una decisión equivocada, quiero hacer lo que es correcto. Quiero que mi corazón sea limpio e íntegro.

Aleja de mí todo plan de hacer daño a otros, incluso cuando yo mismo no me doy cuenta. Límpiame y mira si hay alguna motivación oculta en mi corazón. No quiero odiar a nadie, y mucho menos defraudarte a Ti. Quiero poner mi corazón muy cerca del tuyo, buscarte siempre con toda mi mente, con todo mi cuerpo, con todas mis fuerzas… con todo mi corazón.

Padre, quita de mí la locura de querer hacer las cosas como yo quiero, y buscar que todos mis deseos se cumplan, incluso aquellos que van en contra de tu voluntad o hacen sufrir a otros. Sana mi alma, mis emociones, mis pensamientos. Cura muy dentro de mí esos recuerdos que me hacen daño. Limpia mi corazón de amargura, odio o envidia. Pon tu mano sobre mis emociones y transforma aquellas que son contrarias a tu voluntad: cámbialas por el fruto de tu Espíritu. Lléname de tu Espíritu cada día de mi vida, para que Tu amor, gozo, paz, paciencia, amabilidad, bondad, fe, mansedumbre y dominio propio gobiernen mi corazón.

¡Te amo con toda mi alma! y no quiero defraudarte jamás. Gracias por perdonarme cuando no soy como debo ser, porque sabes que es imposible para mí vivir de una manera perfecta; pero aun sabiéndolo sigues limpiándome una y otra vez. Gracias porque no sólo me perdonas, sino que llenas mi vida.

día 8

corazón
ignorante

Hace varios años viajábamos con mis padres en avión a Alemania para predicar en el veinticinco aniversario de la fundación de una iglesia hispana. Teníamos muchos deseos de encontrarnos con amigos a los que hacía mucho tiempo que no veíamos, pero por los horarios de los vuelos, no pudimos subir al avión hasta el mismo día de la primera conferencia. El vuelo salía temprano, así que teóricamente no tendríamos problemas para llegar con tiempo suficiente para prepararlo todo.

Cuando estábamos volando desde Barcelona hasta Hannover (la ciudad donde estaba la iglesia), el piloto de la compañía alemana dijo algo en su lengua materna y casi todos los pasajeros se miraron unos a otros y comenzaron a hablar en voz baja. Nosotros no entendimos nada, así que seguimos tranquilos con mis padres hasta que el avión tomó tierra.

Una vez que el avión aterrizó, todos tomaron sus maletas de mano y salieron, pero nos extrañó ir andando en la mitad del aeropuerto sin que un autobús viniera a buscarnos para acercarnos a la terminal. Cuando intentamos ir hacia la salida una azafata nos dijo (esta vez en inglés) que teníamos que ir con todos los demás viajeros hacia otro avión. Le dijimos que nos esperaban allí, en Hannover, y ella nos contestó que ese aeropuerto no era Hannover sino Frankfurt. Mi padre comenzó a hablar en español con alguien de la tripulación y la sorpresa fue que una de las azafatas conocía nuestra lengua. La conversación que tuvieron creo que no voy a olvidarla jamás:

—Tenemos que ir a Hannover lo más rápido posible; mi hijo tiene que predicar esta noche y nosotros tenemos el billete a esa ciudad, no a Frankfurt —le dijo mi padre.

—Señor, uno de los motores del avión se rompió, y si no hubiéramos aterrizado en Frankfurt para cambiar de avión, su hijo no iba a predicar nunca más, ni en Hannover ni en ningún otro lugar —le contestó con una media sonrisa la azafata.

> La ignorancia puede limitar por completo nuestro corazón, no sólo si no sabemos lo que ocurre, mucho más si no queremos saberlo.

En ese momento nos explicó lo que nosotros no habíamos sabido por no entender alemán, que el avión tuvo que hacer un aterrizaje de emergencia muy arriesgado por los fallos en los motores, y que ahora tomábamos otro vuelo que nos llevaría a Hannover. Gracias a Dios, no sólo llegamos sanos y salvos sino también a tiempo para predicar.

Esa tarde Dios me enseñó algo muy importante sobre la ignorancia. Algunos dicen que la ignorancia es muy atrevida, yo diría incluso más: la ignorancia puede limitar por completo nuestro corazón, no sólo si no sabemos lo que ocurre; mucho más aun si no queremos saberlo.

Un corazón ignorante nos separa de Dios. Los niños lo entienden perfectamente. Les hablas de Dios, y les parece algo completamente natural, necesario, bueno y hasta divertido. Conforme van pasando los años, parece como si las dudas se «apoderasen» de nosotros poco a poco y dejamos que nuestro corazón comience a debilitarse con la ignorancia. Es curioso, porque prácticamente nadie llega a la negación de Dios por un estudio exhaustivo, directo y científico en cuanto a las circunstancias, las creencias y los valores de la humanidad. La gran mayoría de las personas llegan a la ignorancia «dejándose ir». Es como si descendiesen un imaginario «tobogán» sin preocuparse en absoluto en dónde van a caer.

Si no lo crees, pregunta a todos aquellos que dicen ser ateos. ¿Ha llegado alguno a demostrar que Dios no existe? Porque si dices que niegas a Dios, tienes que haber demostrado que Él no está ahí. Si no es así, tu negación no es nada más que locura voluntaria. ¿Y los que dicen que no se puede saber nada en cuanto a lo espiritual? Personalmente tengo amigos que dicen que no se puede saber si Dios existe o no (se autodefinen como agnósticos), pero ninguno de ellos se preocupa lo más mínimo por estudiar el tema. Simplemente son agnósticos porque es la postura más cómoda en su vida, aunque no toman esas mismas decisiones en ningún otro campo importante. No se «dejan ir» cuando están enfermos. Tampoco dejan de pagar sus impuestos «porque eso no me preocupa por ahora». El corazón ignorante es el único que establece límites a sí mismo porque prefiere no esforzarse, y cree que su posición es no sólo auténtica y libre, sino también «inteligente».

¡Haz la prueba! Puedes decirle a una persona que es mala, cruel, despiadada, o cualquier otro calificativo que creas que pueda herir su corazón. A muchos no les importará en absoluto. Eso sí, jamás le digas a alguien que es tonto, poco inteligente o ignorante, porque puedes salir mal parado. Eso nadie lo acepta.

Sin ninguna duda, uno de los mayores problemas en el corazón del hombre es no haber dejado sitio para su Creador. La gente cree que olvidando a Dios pueden vivir de una manera más libre, más plena, más total. Lo único que consiguen es encerrar a su corazón bajo los límites de la ignorancia. Son las mismas personas las que quieren encerrarse en esos límites, porque no quieren tener que dar cuentas delante de nadie. El problema no es si Dios existe o no, sino lo que eso implica. Esa es la razón por la que muchos le rechazan.

> *El corazón ignorante es el único que establece límites para sí mismo, porque prefiere no esforzarse, y cree que su posición es no sólo auténtica y libre, sino también «inteligente».*

Imagínate por un momento que para creer en la ley de la gravedad tuviéramos que llevar una vida éticamente correcta. Que fuera obligatorio vivir bien con nuestra familia, no odiar, no ser malvado y luchar para que todo sea más justo. Piensa por un momento que creer que la ley de la gravedad existe implicase que no se puede mentir… Te aseguro que millones de personas estarían diciendo ya que eso de la gravedad es un invento de algunas personas y nadie ha podido demostrarlo. Habría clubs y asociaciones en contra de la ley de la gravedad y muchos gastarían sumas millonarias en demostrar y anunciar que no existe.

La humanidad rechaza a Dios porque su Presencia le señala y a muchos le estorba. Fíjate cuál es el proceso:

«Pues aunque conocían a Dios, no le honraron como a Dios ni le dieron gracias, sino que se hicieron vanos en sus razonamientos y su necio corazón fue entenebrecido» (Romanos 1:21, LBLA).

No partimos de que Dios no existe, sino de conocerlo pero no querer honrarlo. ¡Eso es muy diferente! Como no queremos reconocer que está ahí, utilizamos razonamientos vanos y nuestro corazón no sólo se vuelve ignorante sino que se hace necio en el proceso. Además de no saber lo que somos ni a dónde vamos, parece que no nos importa en absoluto.

Si no honramos a Dios tampoco queremos agradecer lo que hace por nosotros. Recibimos vida y aliento pero preferimos creer en que cualquier efecto absolutamente casual nos la ha dado. Tenemos dentro de nosotros una vida espiritual inquebrantable, pero decidimos que apareció un día sin que nadie sepa muy bien la razón ni el cómo.

En ese proceso voluntario de ignorancia (¡jamás habríamos avanzado absolutamente nada en ninguna cosa si hiciéramos lo mismo en otras situaciones!) la humanidad decidió no sólo tapar los ojos ante lo que Dios hace, sino también olvidar todo lo que hizo en el pasado.

> Somos ignorantes cuando callamos lo que Dios está haciendo por nosotros.

«*Por tanto, cuídate y guarda tu alma con diligencia, para que no te olvides de las cosas que tus ojos han visto, y no se aparten de tu corazón todos los días de tu vida; sino que las hagas saber a tus hijos y a tus nietos*» (Deuteronomio 4:9, LBLA).

Si hacemos llegar esas conclusiones «a nuestro nivel», nos damos cuenta que nuestro corazón también puede ser ignorante ¡aun amando a Dios! Somos ignorantes cuando olvidamos lo que Dios ha hecho por nosotros. Tenemos un corazón ignorante cuando callamos todo lo que Dios está haciendo en nuestra vida. Si apartamos de nuestro corazón las cosas que Dios nos da, no sólo caemos en la ignorancia o dejamos de ser agradecidos, sino que abrazamos la oscuridad.

El que no quiere saber es ciego y vive en la oscuridad. Esa misma oscuridad pone límites a nuestra vida porque no queremos o no podemos ver más allá. Si no queremos reconocer nuestra propia ceguera el problema se agrava porque como dijo el Señor Jesús: «*Si fuerais ciegos, no tendríais pecado; pero ahora, porque decís: "Vemos", vuestro pecado permanece*» (Juan 9:41, LBLA). El corazón más ignorante es el que es ciego y vive así toda su vida, pensando que lo sabe todo. A veces muchos creyentes no sólo hacen lo que no es correcto sino que se creen con libertad para juzgar a todo y a todos. Pueden criticar a los demás pensando que están en lo cierto, sin darse cuenta de que como dice el refrán: «No hay peor ciego que el que no quiere ver».

La oscuridad aparece porque la luz no brilla. Cuando dejamos de lado a Dios, la ignorancia se apodera de nosotros en muchas facetas de la vida, incluso en nuestra existencia por completo. Dios es Luz con mayúsculas, y por lo tanto dónde Él está no reina la oscuridad. La luz es símbolo de santidad, una santidad radiante, feliz, que abraza y calienta. En cierta manera el sol lo demuestra en nuestro sistema solar porque no sólo nos da luz sino que nos imparte vitaminas y calor.

Muchos prefieren el frío, las tinieblas y la tristeza. Rechazan la luz de Dios y prefieren la ignorancia. Se limitan a sí mismos y ponen límites a su corazón viviendo en una amada oscuridad con tal de no reconocer todo lo que Dios quiere darles.

El proceso por el que nuestro corazón se va volviendo ignorante poco a poco es muy conocido para todos. Es el mismo que el de nuestra «madurez» en el mal sentido de la palabra. Cuando somos niños creemos en lo que nuestros padres nos dicen, y sin entrar ahora en discutir sobre si lo que ellos dicen y hacen es bueno o no, nos interesa ese proceso en nuestra vida. No existe nadie mejor que nuestros padres, nos cuidan, nos aman, conocen las respuestas a nuestras preguntas... Hasta que vamos «descubriendo el mundo» por nosotros mismos y vemos que ellos no son perfectos. Comenzamos a desconfiar de ellos y a pensar que son mucho más ignorantes de lo que pensábamos, así que ya no creemos en ellos. ¡Nosotros mismos podemos hacerlo todo, tenemos las respuestas para todo y sabemos hacer las cosas mucho mejor! Cuando va pasando el tiempo nos damos cuenta de que esa sensación está muy lejos de la realidad porque realmente nuestros padres (en la mayoría de las ocasiones) son mucho más sabios de lo que pensábamos.

A veces nos pasa lo mismo con Dios. Llega un momento en el que ya sabemos lo bastante como para no necesitarle. Podemos vivir nuestra vida «por nuestra cuenta» porque ya tenemos muchas respuestas y ya somos lo suficientemente «maduros» como para tomar nuestras propias decisiones. En ese proceso de tener todo en nuestras manos, nos volvemos ignorantes.

Me asusta hablar con gente creyente que cuando le preguntas algo sobre el Señor y lo que Él está haciendo en su vida no tienen respuesta. Pueden pasar meses enteros sin decir algo que Dios les haya hablado. Casi nunca tienen algo que contar. «De la abundancia del corazón habla la boca» ¿Recuerdas las palabras del Señor Jesús? Si queremos quitar los límites de la ignorancia en nuestro corazón, necesitamos estar con el Señor y dejar que Él llene ese hueco que todos tenemos, hecho a su medida. Es cierto que todo comienza con una primera decisión de seguirle a Él, pero también es verdad que si no estamos con Él diariamente, no oramos y no leemos su Palabra, seguimos siendo ignorantes por mucho que creamos saber.

> *Muchos prefieren el frío, las tinieblas y la tristeza.*

Ese hueco en nuestra vida es para ser llenado cada día. Es un hueco espiritual, trascendental y en cierta manera infinito, y sólo lo infinito puede satisfacerlo. Cualquier otra cosa nos dejará siempre vacíos.

rompiendo los límites

Para romper el límite de la ignorancia tenemos que ser más sabios. Parece demasiado sencillo, pero es así. Dios lo explica de una manera sublime en el salmo más largo y al mismo tiempo el único que menciona la Palabra de Dios de una u otra manera en todos sus versículos:

«Por el camino de tus mandamientos correré, porque tú ensancharás mi corazón» (Salmo 119:32, LBLA).

Dios ensancha nuestro corazón cuando le buscamos a través de su Palabra. La decisión más importante que alguien que sigue al Señor puede tomar en su vida es acercarse a Él y querer conocerle más a través de la Biblia. No se trata solamente de andar con el Señor, sino incluso ¡correr!, porque nuestro corazón conoce la libertad al conocer la verdad. ¿Recuerdas las palabras del Señor Jesús: *«Conoceréis la verdad, y la verdad os hará libres»*? (Juan 8:32, LBLA). Cada vez que nos acercamos al Señor, cada día que leemos su Palabra y estamos con Él, nuestro corazón se ensancha y traspasa sus propios límites.

> Cada día es un regalo de Dios a nuestro corazón. Una nueva oportunidad de celebrar y disfrutar con Él.

El mismo corazón crece en admiración y asombro cuando vence a la ignorancia. Se ensancha porque siempre quiere saber más, conocer más; estar más cerca de su Creador para amarlo. Esa debe ser la única respuesta válida, cuanto más conocemos a Dios, más lo amamos.

Estar con el Señor, leer su Palabra, orar… es algo de todos los días. No se trata de leer un poco un día que tenemos tiempo y después dejar la Biblia hasta la próxima ocasión. Necesitamos la sabiduría de Dios para cada día. Necesitamos encontrarnos con el Señor cada momento de nuestra vida porque de otra manera nuestro corazón seguirá esclavizado. No podemos vivir sin saber lo que Dios piensa de muchas de nuestras decisiones, nuestras acciones y los proyectos que llevamos a cabo. Nuestro corazón crece en libertad en la misma medida que conoce la verdad de las cosas. Si no conocemos la verdad sólo somos esclavos.

Esclavos de otras personas, de las circunstancias; esclavos de nuestra propia ignorancia.

Moisés, uno de los amigos íntimos de Dios, nos dejó el «secreto» de su propia vida en una de sus canciones: *«Enséñanos a contar de tal modo nuestros días, que traigamos al corazón sabiduría»* (Salmo 90:12, LBLA). Cuando contamos cada uno de nuestros días con agradecimiento a Dios aprendemos a ser sabios. En cierta manera deberíamos celebrar un «cumpledías» en lugar de nuestro cumpleaños. Cada día que Dios nos regala es una fiesta con Él, es un día para celebrar, para darnos cuenta que momento a momento, Dios quiere que nuestro corazón sea más sabio.

Cada día que pasa podemos aplicar lo que leemos en la Palabra de Dios y no sólo conocerlo o creerlo. Cada momento de nuestra vida encontramos nuevas razones para confiar en lo que Dios dice, porque Él siempre cumple su Palabra. Es impresionante notar que el original para «traigamos» al corazón sabiduría es el mismo verbo que se traduce como «ganar». Dios nos está enseñando que cada día que vivimos cerca de Él y aprendemos a agradecer y disfrutar de su Presencia, es un día ganado.

De la misma manera, cada día que pasa sin acercarnos a Dios y a su Palabra es un día perdido. No importa lo mucho que creamos que hayamos obtenido. Ese es el secreto de la sabiduría, y fue el de la vida de Moisés, que conservó la fortaleza en sus días hasta cumplir ¡ciento veinte años! No sé si Dios querrá que cada uno de nosotros vivamos tantos años, pero sí sé que cada día que pasemos en nuestras ocupaciones, sí, pero siempre en la presencia de Dios; ¡habrá merecido la pena!

Contar nuestros días, agradecer lo que Dios hace a cada momento. David lo vivió de una manera impresionante. Quizás ese era el secreto por el que su corazón era «conforme al corazón de Dios».

Cada día que pasa sin acercarnos a Dios es un día perdido.

Acercarse a Dios y a su Palabra es también recordar todo lo que Él ha hecho por nosotros. Las «hazañas» y milagros del pasado. Dios nos salvó para que anunciemos sus proezas (cf. 1 Pedro 2:9) a todos, y eso sólo es posible si lo hacemos primero dentro de nuestro corazón. Día y noche, porque la canción del Señor puede aparecer también en la madrugada. Todo depende de si nuestro corazón está acostumbrado a meditar en el Señor, si nuestros pensamientos van a la presencia de Dios en cualquier momento.

El pueblo de Israel lo escuchaba una y otra vez de la voz de Dios y sus profetas. Nunca debían olvidarlo:

«Grabad, pues, estas mis palabras en vuestro corazón y en vuestra alma; atadlas como una señal a vuestra mano, y serán por insignias entre vuestros ojos» (Deuteronomio 11:18, LBLA).

La Palabra de Dios no debe ser usada sólo para tener más conocimiento, tiene que llegar a lo profundo de nuestro corazón para que todo nuestro ser desee cumplirla. Dios quiere que la grabemos en el corazón y el alma. Que sea como una señal en todo momento para no olvidarla, y que siempre la tengamos «delante de nuestros ojos». Las promesas de Dios son un tesoro para nosotros, son lo mejor que podemos tener en nuestra vida. Cuando leemos cada día lo que Dios tiene para nosotros aprendemos a escucharle de una manera personal. Sabemos que lo que está escrito es para nuestro corazón; y cuando nuestro corazón escucha a Dios, se ensancha y vence sus límites.

«De noche me acordaré de mi canción; en mi corazón meditaré; y mi espíritu inquiere. [...] prefiero recordar las hazañas del Señor, traer a la memoria los milagros de antaño» (Salmo 77:6, LBLA; 77:11, NVI).

Creo que ya tenemos suficientes pruebas de lo que la Palabra de Dios hace en nosotros, pero aun así podemos añadir uno de los versículos más impresionantes:

«Mi oración es que los ojos de vuestro corazón sean iluminados, para que sepáis cuál es la esperanza de su llamamiento, cuáles son las riquezas de la gloria de su herencia en los santos» (Efesios 1:18, LBLA).

El apóstol Pablo está escribiendo a toda la iglesia en Éfeso para que puedan comprender lo que Dios tiene preparado para ellos… y para nosotros. El Espíritu de Dios utiliza cada palabra para que examinemos con calma el versículo y cada día sigamos emocionándonos con la profundidad de sus promesas. Lo primero que nos llama la atención es que muchos de los traductores del texto al español cambiaron el original cuando dice: «Ilumina los ojos del corazón» y pusieron «los ojos de la mente» porque les parecía que era más lógico decir «mente» si se trata de conocimiento, pero Dios está hablando del corazón y quiere que sea el corazón el iluminado (cf. Efesios 1:17-18).

Lo hemos mencionado antes, pero necesitamos recalcarlo una y otra vez: Podemos comprender muchas cosas en nuestra mente, pero si no llegan a nuestra vida, si no las trasladamos al corazón, no merecen la pena. Lo que el Espíritu de Dios hace es iluminar nuestro corazón para quitar el límite de la ignorancia. Al final, quien decide lo que hacemos no es tanto nuestra mente sino el corazón. Nuestro médico de familia conoce muchas más cosas del organismo de mi mujer, Miriam, de lo que yo sabré en mi vida; pero la gran diferencia es que yo amo a Miriam y él no. Mi mujer está en mi corazón, para un médico sólo es una persona de la que conoce miles de cosas. Para que nuestro corazón sea libre necesita que sus «ojos» sean iluminados con la luz de Cristo.

Cuando leímos aquel versículo del Salmo 119 que nos dice que conocer la Palabra de Dios «ensancha» nuestro corazón, quizás no nos dimos cuenta de todo lo que quería decir. Ahora lo comprendemos mejor. Dios quiere que conozcamos la esperanza de nuestro llamamiento, una esperanza que tiene que ver con las riquezas de la gloria de la herencia que Dios tiene preparada para nosotros. ¡Eso no es cualquier cosa!

> *Podemos pasar nuestra vida «mendigando» bendiciones por ignorar lo que Dios quiere darnos.*

Desgraciadamente muchos cristianos no saben de qué estamos hablando; su corazón ignorante los limita porque no leen ni estudian la Palabra de Dios. Si no sabemos lo que Dios tiene preparado para nosotros, no vamos a vivir la vida abundante que está a nuestra disposición. De la misma manera que alguien que ha recibido como regalo unas vacaciones en un crucero por el Caribe con todo incluido, y pasa los días pidiendo comida e intentando pagar sándwiches en la cafetería sin saber que los manjares de los restaurantes son parte del regalo; así nosotros podemos ir por la vida «mendigando» bendiciones por ignorar que Dios lo ha entregado todo en nuestras manos. Por no leer su Palabra, por no enterarnos de lo que dice el «contrato» del regalo que nos dio.

Sólo a través de la Biblia podemos conocer lo que Dios tiene preparado para nosotros, y sobre todas las cosas a través de su Palabra podemos conocer a nuestro Creador. Si no lo hacemos, nuestro corazón va a vivir en la ignorancia… y tarde o temprano va a caer.

hablando con Dios

Padre que estás en los cielos, te necesito. Quiero encontrarte hoy, quiero buscarte en cada momento. Necesito despertarme cada mañana hablando contigo. Dormir cada noche con tu nombre en mis labios. Pasear viendo tu carácter en cada obra de la naturaleza, hablarte, desnudar mi corazón delante de Ti para que sepas que no quiero esconder nada.

Enséñame por medio de tu Espíritu cada vez que leo tu Palabra, y dame fuerzas y decisión para leerla cada día. No quiero pasar un solo día sin conocer algo más de Ti. Ayúdame a amarte con todo mi corazón, mi mente, mis fuerzas y mi cuerpo. Quiero saber más de Ti y por eso necesito tu Palabra. Quiero tomar la decisión de leerla cada día y encontrar el tiempo para hacerlo.

Llena mi corazón de tu presencia, porque de esa manera lo ensancharás. Quiero conocer, pensar y meditar en tus palabras y llevarlas a mi corazón, porque de esa manera mi corazón vencerá sus límites y yo podré amarte más cada día. En el nombre de tu Amado Hijo lo pido. Amén.

día 9

corazón orgulloso

Cuando somos jóvenes pensamos que tenemos fuerzas para cualquier cosa. La vida nos sonríe y nada se puede escapar de nuestras manos, o por lo menos eso creemos. Jamás olvidaré lo que nos ocurrió a mi esposa Miriam y a mí cuando estábamos recién casados. En uno de nuestros viajes en coche, encontramos obras en la carretera y todos los vehículos que nos antecedían estaban parados. Nosotros paramos también, pero enseguida me di cuenta que el lugar no era precisamente un buen lugar para detenernos: casi al final de una gran bajada en la carretera. Cuando miré hacia atrás por el espejo retrovisor vi un camión de gran tonelaje que, aparentemente, no vio toda la hilera de coches parados ni tuvo tiempo para accionar sus frenos. Durante interminables segundos vi como el camión se acercaba a toda velocidad y supuse que nuestra vida se terminaba. No teníamos tiempo para esquivarlo, y por lo tanto, nos aplastaría contra los coches que teníamos delante de nosotros.

Si has pasado por una situación parecida, sabes a qué me refiero cuando digo que la vida no tiene ningún valor. En ese momento pensé que no importaba lo jóvenes que éramos ni las fuerzas que teníamos; todos somos débiles. Increíblemente débiles. Y nadie puede sentirse orgulloso cuando se da cuenta de su debilidad.

Lo que ocurrió en el último momento jamás lo olvidaremos. El conductor del camión en una decisión impresionante tomada en décimas de segundo, dio una vuelta a su volante y prefirió caer dando vueltas de campana por el terraplén que estaba a nuestra derecha, antes de aplastarnos a nosotros, y de esa manera salvar también su vida. Cuando bajamos del coche, sólo podíamos dar gracias a Dios porque nos había guardado… poniendo en el corazón de aquel buen hombre salirse de la carretera en el último momento. Dios le honró a él también, porque salió del camión ileso y por su propio pie, ¡y eso después de haber caído con toda su carga por varios metros!

Éramos jóvenes y todavía no teníamos niños, pero creo que Dios permitió ese accidente para que supiéramos lo débiles que somos. Quizás para que nos diéramos cuenta de que nadie puede tener tanto orgullo como para pensar que puede vivir como quiere, hacer lo que quiere, y lo que es más grave, olvidarse de Dios.

Nuestro corazón puede ser muy orgulloso. Quizás hemos conseguido hacer cosas en la vida que nadie ha podido realizar antes. Puede que tengamos muchas posesiones, o que la gente nos admire por nuestra inteligencia, capacidad artística o por nuestro dinero. ¡A lo mejor incluso somos queridos porque estamos haciendo muchas cosas para Dios! No importa lo que seamos o tengamos, si nuestro corazón es orgulloso, vamos a vivir esclavos de ese corazón. Y un corazón orgulloso es mucho más débil de lo que cree.

Un corazón orgulloso es mucho más débil de lo que cree.

Dios nos advirtió desde muy antiguo en cuanto al problema del orgullo. Lo dijo una y otra vez, pero casi nadie le hizo caso. No somos mejores en el día de hoy, las palabras del Creador siguen resonando como si fueran escritas para cada uno de nosotros.

«No sea que digas en tu corazón: "Mi poder y la fuerza de mi mano me han producido esta riqueza"» (Deuteronomio 8:17, LBLA). *«No digas en tu corazón cuando el SEÑOR tu Dios los haya echado de delante de ti: "Por mi justicia el SEÑOR me ha hecho entrar para poseer esta tierra"»* (Deuteronomio 9:4. LBLA).

Antes que en ninguna otra cosa debemos fijarnos en que los problemas de orgullo suelen comenzar en nuestro corazón. Nos decimos a nosotros mismos que somos mucho mejores de lo que pensamos. Llegamos a convencernos de que si tenemos algo es porque lo merecemos; hemos trabajado mucho para llegar hasta aquí. Somos más inteligentes que muchos otros y desde luego ¡más espirituales! Siempre solemos compararnos con los que tenemos por «debajo» de nosotros porque así nuestro orgullo es alimentado… y mientras vivimos de esa manera somos más débiles que nunca.

Es curioso porque dejamos que nuestro orgullo crezca, incluso con las bendiciones que recibimos de Dios. Sinceramente, pensamos que las merecemos. Creemos que somos mejores que los que no las han recibido, y en cierta manera vivimos como si Dios nos debiera algo. En realidad, muchas veces en la vida pensamos que todos nos deben algo. Cuando vivimos así, caemos en la misma tentación que cayó el diablo y olvidamos que:

«Abominación al Señor es todo el que es altivo de corazón; ciertamente no quedará sin castigo» (Proverbios 16:5. LBLA).

¿Verdad que es una frase que ni siquiera utilizamos hoy? «Altivo de corazón»; nos suena demasiado mal como para aplicarla, pero debemos reconocer que normalmente el problema de un corazón orgulloso comienza con la arrogancia, con el mirar por encima de los hombros a los demás; con el secreto pensamiento de que somos «un poco» mejores que los que nos rodean, aunque no quieran reconocerlo. El problema es que a Dios le desagrada esa actitud, por lo que promete que el arrogante no quedará sin castigo. El orgulloso tiene sus días contados.

Dios es tajante hablando del orgullo. Puede que otras cosas que limitan nuestro corazón sean más «difíciles de ver» en nuestro carácter, pero el orgullo nos destruye poco a poco, y Dios lo odia. Sí, así dice literalmente, Dios odia esa característica nuestra porque no sólo nos separa de Él, sino que nos pone al borde del abismo. Cuando caemos de nuestro «yo», de nuestro propio orgullo, el abismo es demasiado grande como para resultar «ileso».

«Destruiré al que en secreto calumnia a su prójimo; no toleraré al de ojos altaneros y de corazón arrogante» (Salmo 101:5. LBLA).

Leyendo el versículo desde el final nos damos cuenta de que el corazón de Dios no tolera al orgulloso y arrogante. Querer llegar lo más «arriba» posible a cualquier precio y por encima de todos, puede ser una característica muy admirada en el día de hoy, pero es completamente contraria a la voluntad de Dios. El grave problema es que cuando nos hacemos orgullosos solemos olvidarnos de Dios. Pensamos que ya no le necesitamos. Esa es la sensación con la que viven muchas personas de nuestro llamado primer mundo.

«Cuando comían sus pastos, se saciaron, y al estar saciados, se ensoberbeció su corazón; por tanto, se olvidaron de mí» (Oseas 13:6, LBLA).

A Dios no le tomó por sorpresa nuestra actitud, todo lo contrario, lo sabía ya antes de crearnos. En parte era el precio de nuestra libertad, lo más difícil de aceptar sobre la gracia, es decir, saber que tanto amor derrochado iba a ser manchado por nuestra actitud orgullosa y egoísta. Pero Dios siguió adelante a pesar de todo.

Cuando nuestro corazón vive en la arrogancia, la soberbia y el orgullo, él mismo limita su propia felicidad. Quien piensa que no necesita nada de los demás es la persona más desgraciada que existe. El que vive creyendo que los demás están en un nivel inferior a él, tarde o temprano cae en su propia trampa. Cae desde el abismo de su orgullo. ¿Recuerdas?

Dios no tolera al arrogante. No se trata de que le guste más o menos, simplemente no lo tolera.

En la primera parte del versículo que leímos en el Salmo, Dios mismo amenaza al soberbio que habla mal de sus hermanos con la destrucción. Es más serio de lo que pensamos, porque nuestra soberbia nos lleva a encontrar siempre defectos en los demás y hablar mal de otros, sólo por orgullo; para dejarlos a un nivel "inferior" a nosotros.

Nadie puede disfrutar de la vida si siempre encuentra algo malo en las demás personas. Nadie puede ser feliz si siempre cree que es mejor que los demás. Los arrogantes, soberbios y orgullosos nunca van a vivir bien en compañía de otros porque siempre encuentran algún defecto en los demás. Para ponerte un ejemplo, es como si estás escuchando un concierto y gastas todas tus energías y tu atención en ver si alguien da un acorde mal o esperas que se equivoque alguna persona de un momento a otro. Nunca vas a disfrutar de la música.

Muchos mantienen su corazón esclavo de tal manera que la vida jamás les «suena» bien. Siempre tienen algo que añadir, algo que decir, alguna cosa que objetar. Mientras viven así, su corazón es esclavo de sí mismo, de su orgullo. Esclavo de su propia arrogancia.

Muchos tienen su corazón esclavo de tal manera que la vida jamás les «suena» bien.

No debemos señalar en otras direcciones. Los mismos discípulos del Señor Jesús demostraron lo que tenemos dentro del corazón con la pregunta que más veces le hicieron al Señor. Estaban a su lado y podían preguntarle cualquier cosa: el secreto del poder, la creación del universo, el carácter de Dios... se nos pueden ocurrir cientos de cosas para quedar impresionados con las enseñanzas del Maestro; pero ellos hicieron lo mismo que hubiéramos hecho cada uno de nosotros. Delataron lo que había dentro de su corazón, porque la pregunta que más veces le hicieron al Señor fue: «¿Quién es el mayor en el reino de los cielos?». Esa era su preocupación.

Si miramos con sinceridad en nuestro corazón, nos daremos cuenta de que sigue siendo nuestra mayor preocupación también. De esta manera nuestro corazón sigue limitado por su propio orgullo.

Es hora de vencer ese límite. Las consecuencias de vivir lejos de Dios son terribles:

«En cuanto al terror que infundías, te ha engañado la soberbia de tu corazón; tú que vives en las hendiduras de las peñas, que ocupas la cumbre del monte. Aunque hagas tu nido tan alto como el del águila, de allí te haré bajar —declara el SEÑOR» (Jeremías 49:16, LBLA).

rompiendo los límites

Alguien dijo una vez que nadie es más grande que cuando está de rodillas. Lo cierto de la frase tiene que ver con nuestra necesidad de Dios, nuestra dependencia de Él en oración y nuestro «postrarnos» de una manera humilde en todos los momentos de nuestra vida.

Postrarse rostro en tierra delante de Dios en una absoluta indefensión, expresa físicamente nuestra dependencia del Señor. Él puede hacer lo que quiera con nosotros; descansamos por completo en Él. Para nuestro corazón orgulloso, reconocer que no somos nada sin Dios y hacerlo incluso físicamente es el mejor «ejercicio» posible.

«Los sacrificios de Dios son el espíritu contrito; al corazón contrito y humillado, oh Dios, no despreciarás» (Salmo 51:17, LBLA).

¿Queremos estar seguros de que Dios nos recibe? Tenemos que presentar un corazón humilde. Dios no permite a los orgullosos ni siquiera que se acerquen a Él. Los que creen que lo tienen todo, lo saben casi todo y lo merecen todo, no necesitan a Dios para nada. Aunque crean que le aman. Mientras tanto, Dios no desprecia al que se humilla en su presencia.

¡Dios acepta incluso la oración de un rey malvado!

«Porque se enterneció tu corazón y te humillaste delante del SEÑOR cuando oíste lo que hablé contra este lugar y contra sus habitantes, que vendrían a ser desolación y maldición, y has rasgado tus vestidos y has llorado delante de mí, ciertamente te he oído —declara el SEÑOR» (2 Reyes 22:19, LBLA).

¡Dios acepta la oración incluso de un rey malvado! Cuando nos humillamos delante del Señor, nuestro corazón aprende a liberarse. Deja de ser esclavo de su orgullo y comienza a hacer cosas que nunca pensó que iba a necesitar: orar, pedir, necesitar, postrarse, sentirse débil… Cuando nuestro corazón se enternece, se humilla y llora delante de Dios reconociendo su indignidad, está rompiendo sus límites porque Dios lo abraza. Cuando servimos al Creador somos felices. Nuestro corazón nunca es más libre que cuando está de rodillas.

¿Recuerdas el caso de Pedro?, se creía más fuerte que nadie. Fue capaz de decirle al Señor: «Aunque todos te abandonen yo nunca lo haré». Sus palabras están escritas en el evangelio para que nos demos cuenta de que el orgullo puede estar dentro de cualquiera de nosotros. Por muy espirituales que creamos ser. Es más, una de las características propias del orgullo es no reconocerlo: siempre nos cuesta más ver el orgullo en nosotros mismos que en los demás. ¡Alguien llegó a decir un día en la Iglesia: «Yo soy una persona muy humilde, más que nadie que conozca»!

El Señor Jesús tuvo que orar por Pedro: «para que tu fe no falle» (le dijo), y sigue haciéndolo por cada uno de nosotros, porque Él es nuestro Abogado. Tenemos demasiada seguridad en nosotros mismos. Nos gusta mucho hablar en «primera persona» y cuando vienen las tentaciones, problemas, situaciones difíciles, pruebas, etc. caemos. Pedro negó al Señor y sufrió las consecuencias de su caída antes de ser restaurado por el Maestro, y a nosotros nos pasa lo mismo.

Esa es la razón por la que Dios prueba nuestro corazón (cf. 1 Tesalonicenses 2:4). Quiere romper las ataduras de orgullo que hay en él. Dios quiere trabajar en nuestra vida para que realmente seamos humildes y nos postremos delante de Él, porque es en esa situación en la que nuestro corazón encuentra la libertad. Libertad comprada por y para amar.

> **«Tú has probado mi corazón, me has visitado de noche; me has puesto a prueba y nada hallaste; he resuelto que mi boca no peque»** (Salmo 17:3, LBLA).

¡Ah!, y en cuanto a la pregunta «clave» («¿Quién es el mayor?» ¿Recuerdas?), déjame que traiga aquí parte de un capítulo de mi libro *Compasión* (Editorial Vida, 2006).

«Cuando el Señor Jesús está pasando por los momentos más difíciles de su vida responde a «la» pregunta. Les explica lo que más les preocupa a ellos, les responde acerca de quién es el mayor…

«Él, que tenía todos los derechos como Hijo de Dios y Rey del universo, toma el oficio de un esclavo y nos enseña la lección más importante en la historia de la iglesia. Una lección que hemos olvidado cientos de veces incluso antes de aprenderla. Una lección de la que se habla poco, se predica menos, y casi no se practica en absoluto. Parece tan repulsiva para nosotros como lo fue para los discípulos. Muchas veces hubiésemos querido sacarla de los evangelios, y en más de una ocasión hemos intentado espiritualizarla, explicarla, modelarla... todo menos aprender del ejemplo de nuestro Señor».

«Y durante la cena, como ya el diablo había puesto en el corazón de Judas Iscariote, hijo de Simón, el que lo entregara, Jesús, sabiendo que el Padre había puesto todas las cosas en sus manos, y que de Dios había salido y a Dios volvía, se levantó de la cena y se quitó su manto, y tomando una toalla, se la ciñó. Luego echó agua en una vasija, y comenzó a lavar los pies de los discípulos y a secárselos con la toalla que tenía ceñida» (Juan 13:2-5, LBLA).

¿Recuerdas la pregunta? *«¿Quién es el mayor en el reino de los cielos?»*.

Si quieres conocer la respuesta comienza a lavar los pies de los demás. Toma una toalla y vístete como un esclavo.

Un esclavo sirve a todos. No tiene derechos. Eso es lo que quiso enseñarnos el Señor, todos tenían derecho sobre Él, todos podían mandarle, y él obedecería con cariño, con un amor inquebrantable hasta la muerte. Con un servicio abnegado limpiando los pies de sus discípulos, incluso los pies del traidor.

Todos estaban esperando que algún siervo viniese a hacer ese trabajo, y todos se creían dignos de que alguien les lavase los pies. Ninguno pensó que él mismo podría ser el que se humillase para limpiar los pies de los demás. De ahí la gran sorpresa al comprobar que era el Mesías quién haría el trabajo de un esclavo.

Todo surge de las primeras palabras del capítulo. El Espíritu de Dios quería enseñarnos cuál era la razón de todas las cosas, y la deja escrita en una frase sencilla y sublime al mismo tiempo. Una afirmación de esas que no puedes olvidar en toda tu vida. Una simple y llana oración que dice más del Maestro que miles de libros escritos sobre Él: *«Habiendo amado a los suyos, los amó hasta el fin»*.

Nos amó hasta lo sumo, eternamente, hasta el límite, hasta el máximo que nadie siquiera hubiera podido imaginar, hasta el último momento.

De esa fuente de amor surge todo lo demás. Ningún judío podía verse obligado a lavar los pies de otro, porque eso significaba que era esclavo de esa persona. Y los judíos no querían ser esclavos de nadie. Nosotros tampoco. Jesús se hizo nuestro siervo voluntariamente y comenzó a lavar los pies de todos.

Todos se sintieron incómodos. Descolocados. Impresionados por lo que estaba pasando. Sin ninguna capacidad de reacción ante lo que veían: su Maestro estaba haciendo el trabajo que deberían haber hecho los esclavos de la casa... Mientras tanto, Jesús lavaba sus pies sin resentimientos ni dudas. Disfrutando de lo que estaba haciendo. Sonriéndoles y hablándoles. Eso era demasiado para ellos.

Sabía que le iban a abandonar, pero Él les lava los pies. Sabía que Pedro le iba a negar, y Él le lava los pies. Sabía que Judas le iba a entregar, y Él le lava los pies. Sabía que todos se esconderían llenos de miedo e incapaces de comprender que tenía que resucitar, pero Jesús les lava los pies a todos. Ninguno de ellos es digno de llevar su nombre y ser considerado un discípulo suyo, pero no le importa. Sigue lavando los pies de todos. Sigue acariciando la piel de cada uno de aquellos que han pasado esos tres años con él. Y mientras les lavaba los pies, pasaban por su corazón muchísimos sentimientos. Dolor, incomprensión, sufrimiento, soledad... Pero también un amor profundo que nadie puede entender. Un amor que llegó hasta el final, que nunca se agotó, que continuó incluso en el momento más difícil: el momento en que el amor se transformó en gozo instantes antes de morir.

Los perdonó antes de que hubiesen pecado, les lavó los pies antes de ser abandonado.

Lo sigue haciendo con nosotros. Siempre busca nuestra restauración.

Todos comprendieron por fin que ésa era la respuesta, que el mayor es el que sirve, el que lava los pies. El que se arrodilla para ayudar a los demás. No volvieron a preguntarle quién era el mayor. No necesitaron más enseñanzas. Comprendieron que el mayor en el reino de los cielos es el que sirve, el que lava los pies, el que es esclavo de todos.

Días más tarde todos recordaron que el Mesías, el Rey del universo había estado a sus pies, arrodillado, quitándoles el barro y la suciedad. Que les había lavado los pies a cada uno de ellos, que lo había hecho también con Judas, no quiso dejar pasar la ocasión de lavarle los pies a él también. Podría haber esperado a que él se fuese para no tener que lavarle los pies al traidor, pero quiso hacerlo al principio de todo, para que todos recordasen que se había arrodillado a los pies de Judas, que Dios se arrodilló para servirnos a cada uno de nosotros.

Esa es la actitud que el Señor toma para limpiarnos. Dios desciende y se pone de rodillas para ayudarnos. Esa es la única actitud que nosotros debemos tener con nuestros hermanos. La única motivación válida en la iglesia. La única manera de ayudar, de corregir, de consolarnos unos a otros.

¿Seguimos queriendo saber quién es el mayor en el reino de los cielos?

Después de leer Juan 13, nos duele sólo preguntarlo. No nos engañemos, a veces dentro de la iglesia vivimos de una manera orgullosa y arrogante. Nos disfrazamos de humildad, de servicio, de santidad y de muchas cosas buenas, pero nuestro corazón está muy lejos todavía del corazón del Señor.

Todos vieron que el Rey del universo se arrodilló para lavar los pies de Judas, el que iba a ser el traidor.

Discutimos, creemos que tenemos razón, defendemos nuestras doctrinas, juzgamos a otros, vivimos disfrutando del orgullo de que los demás nos reconozcan y alaben nuestro nombre, controlamos la vida de los que están con nosotros y se dejan controlar, y maldecimos de una manera muy espiritual a aquellos infelices que se atreven a ir en contra de nuestras ideas y decisiones... Mientras, el Rey del universo sigue arrodillándose día a día para lavar nuestros pies, para enseñarnos que tenemos demasiado polvo del camino con nosotros y entre nosotros.

Para recordarnos que el mayor en Su reino es el que sirve. El que se arrodilla. El que llora porque quiere tener un corazón como el Suyo.

hablando con Dios

Padre nuestro que estás en los cielos, prueba mi corazón. Mira mis pensamientos, quita todo aquello que no te agrada y que a mí me hace daño, y enséñame a pensar en Ti, a comprenderte, a conocer las razones por las que debo hacer las cosas. Prueba mi corazón en la noche. Enséñame mis pensamientos, aun aquellos que son más ocultos, tráelos a tu luz y límpiame.

Quiero que mi corazón sea agradable a Ti, que pueda comprender como Tú sientes. Necesito ser alguien de acuerdo a Tu corazón.

Necesito que mi corazón no sea soberbio, arrogante u orgulloso. Que sepa que no soy nada sin Ti. Que no piense que soy mejor que los demás, o más importante, o incluso que mi servicio para Ti o para otros, es mejor que el de los demás.

Enséñame a ser humilde, hazme saber que no soy más que polvo, que toda la grandeza que pueda tener en algún momento es sólo un reflejo de Tu Gloria.

Ayúdame a lavar los pies de los demás y servirte a Ti en todo. Te lo pido en el nombre del Señor Jesús.

día 10

corazón engañoso, corazón mentiroso

Yo creí que a lo largo de mi vida lo había escuchado casi todo, pero aquello fue más de lo que podía imaginar. Una mujer vino a la iglesia para pedir consejo. La conocía desde hacía muchos años, aparentemente una buena creyente… Cuando comenzó a explicar lo que había decidido, no sabía cómo convencerla de que lo que decía no tenía ningún sentido. Estaba casada desde hacía varios años y ya tenían niños. De repente comenzó a sentir que la relación se enfriaba, así que tomó la decisión de dejar a su marido. Hasta aquí todo puede parecer más o menos «normal» en los días en los que estamos. Lo que sacudió mi corazón fue la razón que me dio.

—Oré al Señor, y Dios me dijo en mi corazón que tenía que dejar a ese hombre, que no me conviene.

Le pregunté si había alguna razón: Si él era cruel con ella, o le pegaba, o tenía algún vicio que nadie conocía, o si salía con otras mujeres…

—No, respondió ella, lo que ocurre es que ya no me gusta, mi corazón ya no está con él, ya no le quiero, y siento que Dios no quiere que siga con él.

Cuando la escuchaba, estaba orando en mi interior y pidiendo a Dios sabiduría sobre qué decirle, e inmediatamente recordé una frase de la Biblia que nos enseña perfectamente lo que muchas veces hay dentro de nosotros: *«Más engañoso que todo, es el corazón, y sin remedio; ¿quién lo comprenderá?»* (Jeremías 17:9. LBLA). Intenté explicarle a aquella mujer que el hecho de que nuestro corazón sienta algo no quiere decir que sea lo correcto, y que mucho menos podemos poner a Dios de nuestra parte cuando estamos haciendo algo que está en contra de su voluntad. Nuestro corazón nos engaña demasiadas veces, y si lo dejamos, nunca va a tener remedio. Somos nosotros los que nos engañamos a nosotros mismos. Somos nosotros los que nos creemos las «mentiras» que nuestro corazón nos cuenta.

Nadie puede ser libre si es engañado. Sólo la verdad puede hacernos libres. Vivimos en un mundo que no sólo admite el engaño y la mentira, sino que en muchas ocasiones incluso los admira. Esa es una de las razones por las que tenemos más personas esclavizadas, tristes y sin sentido en sus vidas, que en ninguna otra época en la historia.

Incluso cuando hablamos en términos morales o espirituales, todos creemos que somos buenos. Por lo menos no somos tan malos como... El problema es que siempre nos las arreglamos para compararnos con los que son peores que nosotros. Dejamos que nuestro corazón nos engañe, y lo hacemos con gusto. Nos engañamos a nosotros mismos cuando creemos que somos mejores, que somos capaces de dar a otros o de fundar organizaciones de ayuda; decimos que somos buenos porque se nos enternece el corazón cuando vemos a alguien sufriendo en nuestra pantalla de televisión.

> Si no conoces la verdad, sólo eres un esclavo.

Nos falta reconocer que nuestro corazón es engañoso porque nos engañamos a nosotros mismos. Al principio nos damos cuenta, sabemos que no está bien lo que hacemos o pensamos. Reconocemos para nosotros mismos que alguna de las decisiones que estamos tomando no es correcta, pero con el paso del tiempo, aprendemos a «decapitar» nuestra conciencia y nos vamos engañando poco a poco... ¡Hasta estar convencidos de que lo que hacemos es bueno y es verdad! Nuestro corazón es engañoso porque se engaña a sí mismo.

Una de las mayores pruebas de nuestra insinceridad la encontramos en un fabuloso versículo del libro de Proverbios: «*Aun en la risa, el corazón puede tener dolor, y el final de la alegría puede ser tristeza*» (14:13, LBLA). Esa es una experiencia que sólo las personas podemos tener. Hipocresía, doblez de corazón, falta de transparencia... ¡Que conste que esa falta de transparencia a veces es obligada, hay personas que no son tan buenas como para que puedas ser absolutamente sincero/a!

Nos duele tener que vivir así, porque nos damos cuenta de que nos estamos engañando a nosotros mismos. Aun en la risa el corazón puede tener tristeza. Aun en momentos en los que aparentemente todo va bien, nosotros sabemos lo que tenemos adentro. Incluso nos decimos a nosotros mismos: «¿Pero a quién quieres engañar?». Creo que es una experiencia que todos hemos pasado y nos demuestra que un corazón engañado no es un corazón libre. No poder ser nosotros mismos en todos los momentos y reaccionar como necesitamos reaccionar, nos ata más que ninguna otra cosa.

Ahora necesitamos pasar página, porque también solemos vivir engañando a otros de muchas maneras diferentes. Todos lo sabemos, pero por si acaso recuerdo alguna de ellas: mentiras, dobles intenciones, palabras lisonjeras dichas para sacar provecho de alguien…

«Falsedad habla cada uno a su prójimo; hablan con labios lisonjeros y con doblez de corazón» (Salmo 12:2, LBLA).

Algunas afirmaciones de la Palabra de Dios nos hacen mucho daño porque son como un espejo: nos enseñan exactamente lo que hay dentro de nuestro corazón. Y cuando un corazón de comporta de una manera doble no solamente tiene algo que esconder, sino que está intentando «ganar» y aprovecharse de sus propios engaños

Pensamos que somos buenos porque se nos enternece el corazón cuando vemos a alguien sufriendo en nuestra pantalla de televisión.

para pasar por encima de otra persona. Es como el que juega con cartas normales y al mismo tiempo con cartas marcadas. Si puede ganar sin hacer «trampas» perfecto, pero por si acaso, está preparado por lo que pueda ocurrir.

¿Creemos que eso sólo lo hacen «los del mundo»? Pues estamos bastante equivocados. Incluso las personas que hablan (hablamos) de parte de Dios podemos caer en ese engaño:

«¿Hasta cuándo? ¿Qué hay en los corazones de los profetas que profetizan la mentira, de los profetas que proclaman el engaño de su corazón […]?» (Jeremías 23:26, LBLA).

No sé lo que piensas tú, pero hay personas que dicen que algunas afirmaciones de Dios pueden ser terribles; yo pienso que aún son más impresionantes sus preguntas. Aquí tenemos un ejemplo: «¿Qué hay en el corazón de los profetas que proclaman el engaño de su corazón?»… Nadie está libre de caer en el engaño. Existen demasiados caminos para llegar allí: amor al dinero, deseo de poder, culto a la admiración, orgullo espiritual […] Pocas cosas hay tan terribles como servir a Dios con una motivación equivocada. Dios mismo nos advierte para que nos demos cuenta de cómo nuestro corazón puede engañarnos a nosotros ¡y a los demás! No estamos para «bromas».

> *No poder ser nosotros mismos en todos los momentos nos ata más que ninguna otra cosa.*

El mayor engaño de nuestro corazón es intentar fingir delante de Dios. Querer mentirle y que Él no se dé cuenta. Una vez más tengo que decir que si ese es tu modelo de vida es porque estás muy lejos del Creador. Algunos lo han decidido así a lo largo de toda su vida y no les importa. Es una manera más de autoengaño, porque el hecho de que neguemos a Dios no quiere decir que no exista; todo lo contrario, vamos a sufrir las consecuencias de esa negación. De hecho, los que niegan a Dios las sufren ya porque están perdiendo ahora mismo todo lo que Él es y hace.

Intentar engañar a Dios después de haberle conocido, eso es, absolutamente, de necios. ¿Recuerdas lo que sucedió en los primeros años de la Iglesia? Ananías y su mujer se pusieron de acuerdo para mentir a los demás creyentes diciendo que habían ganado una cantidad de dinero muy inferior a la que realmente habían obtenido.

Es impresionante lo que Dios nos enseña sobre la mentira: es el mismo diablo el que la coloca en nuestro corazón y de esa manera lo esclaviza. Fíjate en las palabras «El diablo ha llenado tu corazón»; así se comporta el maligno, con una sola mentira nos limita, nos llena, nos ciega, intenta destruirnos. Nos «llena» de tal manera que no hay lugar para nada más.

> *«Mas Pedro dijo: Ananías, ¿por qué ha llenado Satanás tu corazón para mentir al Espíritu Santo, y quedarte con parte del precio del terreno?» (Hechos 5:3, LBLA).*

Dios quiere liberarnos, ensanchar nuestro corazón, darle una vida sin límites.

Nosotros decidimos si le damos lugar en nuestro corazón al padre de la mentira. A veces creemos que «nos conviene» hacerlo, y quedamos esclavizados por lo que hemos dicho y hecho. La libertad libera porque nos llena de paz; la mentira esclaviza porque tienes que recordarla siempre. Como te olvides de tu engaño todos van a darse cuenta enseguida de que no estás diciendo la verdad.

La sentencia de Dios es muy clara. No sólo nos dice que nuestro corazón es engañoso y sin remedio, sino que incluso cuando jugamos a ser espirituales sin dejar que el Espíritu de Dios reine en nuestro corazón, sólo nos engañamos a nosotros mismos:

«Si alguno se cree religioso, pero no refrena su lengua, sino que engaña a su propio corazón, la religión del tal es vana» (Santiago 1:26, LBLA).

rompiendo los límites

«La verdad os hará libres» (Juan 8:32, LBLA). Las palabras del Señor Jesús resumen como siempre de una manera perfecta cómo nuestro corazón puede romper los límites del engaño. La mentira y el engaño nos esclavizan, la verdad ensancha nuestra alma. Cuando engañamos o mentimos tenemos que recordar siempre lo que hemos dicho, de otra manera los demás se darán cuenta de nuestras mentiras. Vivimos siempre con esa espada de Damocles encima de nosotros. En cualquier momento otros nos pueden señalar o nosotros mismos vamos a descubrirnos. Atamos nuestro corazón a las mentiras que decimos y lo esclavizamos por completo.

Cuando amamos la verdad, nuestro corazón se libera de todas las presiones, de todos los sentimientos de temor a ser descubiertos. La verdad nos lleva a la libertad. Nos quita una carga pesada de encima. Nos ayuda a vivir y a dormir tranquilos porque se defiende por sí misma.

Si no conocemos la verdad, sólo somos esclavos. Ese es el gran valor de la información y de los medios de comunicación hoy, su poder es irresistible a todos los niveles, sobre todo en cuestiones de política y sociología. Si no conoces la verdad, sólo eres un esclavo. Si nuestro corazón es ignorante, está más limitado que nuca. Incluso podemos creer que estamos disfrutando de la vida como si nada pasara, pero cuando llega el momento de la verdad nos damos cuenta de que la mayoría de las cosas materiales eran sólo una farsa.

Ya lo dijo un día el sabio español:

> *Al final de la jornada,*
> *Aquel que se salva, sabe;*
> *Y el que no, no sabe nada.*

¿Cómo podemos vencer a nuestro corazón engañoso? En primer lugar, haciendo algo que no nos suele gustar: dudar de nosotros mismos. La Biblia dice que ser sabio en la propia opinión es una de las mejores maneras de perderse; para que nos entendamos, cuando creemos que siempre (o casi siempre) tenemos la razón estamos cayendo en el mayor engaño que existe.

«Confía en el Señor con todo tu corazón, y no te apoyes en tu propio entendimiento» (Proverbios 3:5, LBLA).

Nuestro corazón quiere apoyarse en sí mismo. ¿Te imaginas a un médico operándose su propio corazón? Si somos sabios en nuestra propia opinión jamás vamos a aprender nada, porque ya «hemos nacido» sabiéndolo todo. Esa es la manera más directa de perderse, porque dejamos de confiar en el Señor.

Para quitar el límite del engaño necesitamos poner el corazón en lo que Dios dice y no creer que nosotros mismos podemos solucionarlo todo.

Podemos llegar a tener la impresión de que vivir de esa manera es imposible. No es cierto: Eso es un engaño del diablo. Muchos siguen mintiendo porque piensan que no hay remedio. El engaño les ha llevado a vivir una vida llena de fingimientos, y a veces mienten tanto que ni ellos mismos saben lo que es verdad y lo que no. No podemos dejarnos llevar, ¡hay esperanza!, el Señor Jesús nos dijo que al conocer la Verdad seríamos libres. La Verdad con mayúscula es Él mismo (cf. Juan 14:6) y su aplicación la encontramos en la Palabra de Dios, porque el Señor Jesús es la Palabra Encarnada. El Verbo de Dios hecho carne.

Ser sabio es, de vez en cuando, saber dudar de uno mismo.

Cuando vivimos en y con el Señor conocemos la verdad por experiencia, no sólo mentalmente; y así llegamos a un conocimiento íntimo, profundo y espiritual. En la Biblia encontramos personas que vivieron así, venciendo al engaño por el poder de Dios:

«Sabiendo yo, Dios mío, que tú pruebas el corazón y te deleitas en la rectitud, yo he ofrecido voluntariamente todas estas cosas en la integridad de mi corazón; y ahora he visto con alegría a tu pueblo, que está aquí, hacer sus ofrendas a ti voluntariamente» (1 Crónicas 29:17, LBLA).

Dios prueba nuestro corazón, nuestras motivaciones, lo que hay en él. Dios ama nuestra integridad, nuestro querer hacer las cosas bien aunque a veces nos equivoquemos. Dios conoce si queremos engañarle a Él o a los demás para sacar algún tipo de provecho.

Pero cuando venimos delante de Él y reconocemos nuestras debilidades, nuestros engaños y queremos servirle con un corazón íntegro, Dios nos honra.

Un corazón íntegro

La Palabra de Dios nos enseña que dentro del corazón está la conciencia. El corazón acepta o rechaza, toma decisiones, discierne lo que cree que debe o no debe hacer. Nuestra conciencia nos dice en cada momento lo que piensa que es correcto y esa misma conciencia nos ayuda a vivir en integridad, si es que nuestros principios son íntegros, claro.

A veces pensamos que tener un corazón íntegro significa ser perfectos en todo lo que hacemos. No es así. Dios nos enseña en la Biblia que aquellos que tienen un corazón íntegro son los que intentan hacer todas las cosas «a la manera» de Dios, aunque a veces se equivoquen. Algunas historias incluso nos asombran, porque en el versículo que hemos leído, es Abimelec, un rey que no conoce a Dios, el que nos da un ejemplo perfecto. Un ejemplo de alguien que fue capaz de reaccionar con integridad en una situación difícil.

La historia nos dice que Abimelec quiso tomar por esposa a Sara, sin saber que ella era la mujer de Abraham, por cuanto éste le había dicho que era su hermana. Dios se lo impidió reconociendo la «inocencia» salida de la integridad de su corazón. Dios le impidió que pecase, y Él puede hacer lo mismo con nosotros, ¡mucho más al ser hijos suyos! Si queremos seguirle fielmente y tener un corazón íntegro, Él nos guardará, incluso en las cosas que nosotros no podemos «controlar» o las situaciones que no conocemos.

«Entonces Dios le dijo en el sueño: Sí, yo sé que en la integridad de tu corazón has hecho esto; y además, yo te guardé de pecar contra mí» (Génesis 20:6, LBLA).

Dios quiere que tomemos las decisiones siempre de la mejor manera posible, buscando la integridad y la bondad en todas las circunstancias, porque cuando lo hacemos, Él lo sabe y no sólo nos perdona, sino que busca la manera de restaurarnos. Él sabe cuándo hacemos las cosas con integridad y Él puede quitar el límite de la indecisión de nuestra vida. Descansemos y confiemos en que Dios nos guía mucho más allá de lo que podamos entender.

¿Qué hacer cuando tenemos que tomar decisiones? Dios prometió unificar nuestro corazón si andamos en Su verdad. Búscale a Él. Lee su Palabra y ora pidiendo sabiduría. Y cuando tomes cualquier decisión, hazlo delante del Señor y confía en Él. No te dejes llevar o vencer por las circunstancias. No pienses que porque las cosas vayan mal Dios te ha abandonado. Recuerda que cuando Dios cierra una puerta se queda siempre con nosotros, no del otro lado. Él no nos abandona si nos equivocamos porque lo más importante es nuestra relación con Él. Espero que no me entiendas mal, pero a lo largo de los últimos años he aprendido que a veces es mejor «equivocarse» en algo que decidimos del futuro de nuestro trabajo, después de orar y esperar en el Señor; que tomar la decisión correcta por «casualidad» sin haber orado, y sin confiar en nuestro Padre.

¿Qué hacer cuando tenemos que tomar decisiones?

El corazón del hombre no tiene remedio por sí mismo, pero Dios puede cambiarlo. Él no sólo vence el engaño de nuestro corazón con su Palabra, sino que se deleita cuando nuestro corazón es recto. De nosotros depende buscar la Verdad en todas las cosas o querer seguir siendo esclavos de la mentira.

hablando con Dios

Me presento delante de ti, Señor. No quiero engañarme a mí misma/o. No quiero vivir mintiéndome a mí mismo/a y a Ti. Sé que mi corazón es engañoso, y quiero entregarlo en tus manos.

Mira mis motivaciones. Hazme ver claramente lo que hay en mi corazón. Enséñame todo aquello en lo que estoy equivocada/o. No quiero ir en contra de Tu voluntad. Dame luz si estoy haciendo algo que no debo, o si me estoy engañando a mí mismo/a, y ayúdame a seguir por Tu camino. Te necesito. Ayúdame a vivir en la integridad de mi corazón.

Lléname con tu Santo Espíritu para que pueda llevar Tu Palabra a mi corazón y ella me ilumine por completo. Libérame con tu Verdad y enséñame a no vivir yo, sino que el Señor Jesús viva en mí. No quiero pasar un solo momento sin Él, no quiero tomar decisiones sin Él. Deseo de todo corazón que el Señor brille en mi vida para que sea honrado con mis pensamientos, con mis palabras y mis hechos.

Sé que me ayudarás a hacerlo aunque también sé que te voy a defraudar en el futuro porque mis fuerzas son pocas. Descanso en Ti, en tu Gracia y en tu Poder. Con eso me basta.

día 11

corazón ensimismado, corazón pesimista y melancólico

Hace algún tiempo estaba desayunando con mi familia en un hotel de Berlín. Desde el restaurante podíamos ver todo lo que ocurría en la calle, y cuando estás en un país que no es el tuyo, siempre te quedas observando lo que ocurre, cómo es la gente, qué hacen, las costumbres que tienen. De pronto comenzamos a ver que llegaban muchos jóvenes y seguían su camino por la misma calle en la que estaba nuestro hotel. Cuando más tarde salimos afuera nos dimos cuenta de que era el camino hacia la Universidad Central de la ciudad, así que literalmente fueron centenares los jóvenes que pasaron caminando por delante del hotel durante las primeras horas de la mañana.

Algo nos llamó la atención. Quizás lo habíamos visto muchas veces en otros países (puede que en el nuestro también), pero la sensación que tienes al poder observar a la gente sin prisa, es una fuente de sabiduría en la vida. La mayoría de los jóvenes iban solos. No hablaban con nadie. Muchos de ellos caminaban escuchando música, quizás sin pensar en nada. Casi ninguno caminaba al lado de un amigo para conversar o sentirse acompañado, como ocurría hace treinta años cuando nosotros íbamos al instituto y no había tantos artilugios eléctricos que alimentan la soledad.

Sinceramente, me pareció una triste parábola de nuestra sociedad: corazones solitarios, ensimismados. Corazones yendo a su trabajo o su quehacer diario en medio de una melancolía absoluta. Ni una sonrisa, ni una palabra, ni un paso más acelerado que otro, sólo una rutina triste y a veces casi cruel. Así es nuestra sociedad, personas ensimismadas, pensando sólo en sí mismas, sin relacionarse con los demás, melancólicas, pesimistas... Como si nada tuviese solución, como si la respuesta fuera encerrarse en uno mismo...

Hay personas que se vuelven ensimismadas «con razón», piensan que muchas cosas están mal, que nadie se preocupa por los demás, que esta vida es muy complicada... La melancolía tiene mucha más fuerza moral de la que creemos. Podemos encontrar cientos de motivos para encerrarnos en nosotros mismos, pero el problema es que de esa manera, nuestro corazón siempre estará esclavizado. Recuerda que a veces las peores ataduras son las que se pone uno a sí mismo.

El corazón melancólico es el que cree que la solución a todo es encerrarse en sí mismo.

Las consecuencias no siempre saltan a la vista. Cuando alguien vive ensimismado, suele caer en el pesimismo casi sin darse cuenta. Y todo se hace una bola de nieve de la que es muy difícil salir. El ensimismado se vuelve pesimista, y éste se hace melancólico, y el melancólico vive ensimismado; así que es muy difícil saber por dónde cortar esa espiral de «malas sensaciones».

Hay gente que piensa que tenemos razones para el pesimismo. Puede ser, cada uno ve las cosas desde su propia perspectiva. ¿Recuerdas lo que escribió el poeta?

Y es que en el mundo traidor
nada es verdad ni es mentira;
todo es según el color
del cristal con que se mira.
—Ramón de Campoamor

Para que nos entendamos, un pesimista es alguien que cuando huele a flores se da la vuelta para ver dónde está el ataúd. Un optimista es el que al llegar en la noche a su cama cansado del trabajo, en lugar de caer rendido, cae vencedor. Bueno, bromas aparte, a veces hay razones para ser pesimista y optimista al mismo tiempo, pero sinceramente, creo que no es muy bueno para la salud ver siempre todas las cosas desde el lado negativo. Como alguien dijo una vez, un pesimista es alguien que se siente mal cuando se siente bien por temor a sentirse peor cuando realmente se sienta mal. Mejor no vivir así, ¿no crees?

Porque lo realmente importante es reconocer qué tipo de pensamientos instantáneos vienen a nuestra mente cuando no pensamos en nada... ¿Son positivos o negativos? ¿Intentamos ver siempre el lado bueno de las cosas, o nos desanimamos enseguida? ¿Pensamos en lo malo que podría suceder, o damos gracias por las cosas que estamos viviendo? No podemos olvidar que lo que pensamos es lo que tenemos en el fondo de nuestro ser, aquello que alimenta nuestro espíritu continuamente. Lo que tenemos en nuestro interior es lo que llena nuestro corazón.

Puede que algunas veces el que piensa mal, al final tenga razón; pero el que agradece lo que ocurre tal como viene, lo pasa mucho mejor mientras tanto. Merece la pena vivir viendo las cosas de otra manera. Ésa es la razón por la que un corazón encerrado en sí mismo y pensando siempre en lo malo que pueda venir, jamás será libre.

Cuando en nuestra vida reina la melancolía, el encerrarnos en nosotros mismos, el ver las cosas malas que suceden «en el exterior», dejamos de mirar más allá de lo que hay delante de nuestros ojos. Perdemos por completo la belleza de la imaginación y la sorpresa de lo inesperado. Nos pasamos la vida pensando en lo malo que puede ocurrir, y lo peor es que a veces acertamos, y entonces... estamos completamente atrapados en nuestro melancólico corazón, porque ya no nos damos la mínima oportunidad de que el futuro pueda ser diferente. Para nosotros es imposible, nada va a salir bien.

Y así un corazón ensimismado y pesimista se pasa la vida pensando en los lugares en los que no está, en las cosas que no está haciendo, en las personas que no tiene a su lado, y en las decisiones que no puede tomar. Mientras olvida cómo disfrutar del lugar en el que está, de las cosas que está haciendo, de las personas que conoce y de las decisiones que está tomando.

Incluso a veces llegamos a tener un corazón melancólico porque nos comprometemos con lo «bueno» de tal manera que no queremos acercarnos a la realidad de que no siempre las cosas salen como pensamos. Es lo que ocurre en determinados círculos religiosos con su sistema de creencias, lo que ellos llaman «doctrina», que no es otra cosa que vivir siempre pensando que todo está mal, que el mundo va mal, que la gente no quiere seguir a Dios, que todo está perdido... que los únicos que sabemos lo que estamos haciendo somos nosotros. Cuando nos ensimismamos de esa manera, llegamos a creer firmemente que hay que pasar esta vida con más pena que gloria, porque al fin y al cabo son muy pocos los que quieren saber algo de Dios, y muchos menos los que se salvan. Eso al menos es lo que creemos nosotros.

Es cuando menos curioso, que nadie sabe más sobre la perdición del ser humano y su nula capacidad de llegar a Dios que el mismo Señor Jesús, y sin embargo, Él jamás vivió ensimismado o melancólico. ¡Todo lo contrario! El Salvador disfrutó de la vida, jugó con los niños, abrazó a los discípulos, tocó a los enfermos, comió y bebió con todos y derrochó optimismo ante un pueblo que le ofreció una cruz como recompensa a su bondad. El Señor Jesús, Dios hecho hombre, irradiaba gozo y alegría, incluso a veces infringía las leyes ceremoniales para que se dieran cuenta de que nada hay más grande que Dios, y que incluso nuestra melancolía jamás debe llevarnos al ensimismamiento, a quedarnos siempre encerrados en nosotros mismos y caer en el pesimismo que lleva a la angustia vital...

«Houston, tenemos un problema» es la frase clave en muchas películas del espacio que vemos desde que somos niños. La repiten desde una nave en el espacio exterior, y siempre se trata de un problema de conexión con la base central. Y da la circunstancia de que ese tipo de problema es el más grave que puede existir: nuestro ensimismamiento (¡vaya palabrita!) y nuestro calculado matrimonio entre melancolía y pesimismo nos lleva a vivir siempre desconectados. Y si no tenemos conexión con la «base central» estamos perdidos. Literal y definitivamente.

Olvidamos cómo disfrutar del lugar en el que estamos.

Cuando vivimos en la melancolía y el pesimismo llegamos a creer que somos autosuficientes, y mientras tanto nuestro corazón se resquebraja y sufre. Ya no se trata de que no seamos libres, o incluso que nuestro corazón tenga límites. El problema es que cuando vivimos encerrados en nosotros mismos ni siquiera tenemos fuerzas para mantener entero nuestro corazón. Se va rompiendo poco a poco.

rompiendo los límites

La melancolía, el pesimismo, el ensimismamiento son diferentes caras de una misma situación: vivir desconectados. Desconectados en primer lugar de Dios, pero también de los demás, de la naturaleza, de nosotros mismos… vivir fuera de conexión es mucho más que vivir en solitario, significa encerrarse tanto en uno mismo que nada de fuera de nosotros nos sirve. Se trata en primer lugar, y sin ninguna duda, de un problema de desconexión.

No importa lo religiosos que seamos, el dinero que tengamos o la ciudad en que vivimos. No importa si somos famosos o no, si hemos tenido «éxito» en la vida o no. Tampoco importa si tenemos una máscara de «felicidad» y en cierta manera arrogancia por haber conseguido lo que tenemos. Si en nuestro corazón reina la melancolía, sabemos perfectamente lo que significa vivir dos vidas al mismo tiempo. Y desgraciadamente ese «juego» es demasiado conocido en círculos religiosos, e incluso en personas que se dicen cristianas. Se puede llegar a un grado tal de sublimación de lo que hacemos que podemos sentirnos muy bien ensimismados y pesimistas sin darnos cuenta de que estamos lejos de todo el mundo.

Un corazón ensimismado vive muchas veces desconectado de Dios, de los demás, de sí mismo, y la única manera de vencer ese problema es volver a conectarse, vivir «en conexión».

Antes que ninguna otra cosa necesitamos recuperar nuestra conexión con Dios: alabarle, darle gracias, conocerle a través de su Palabra, orar, servirle… Cuando alabamos a Dios, y lo hacemos junto a otros creyentes, nos «conectamos» con Él y con los demás. La Biblia dice que también con la naturaleza, porque de alguna manera que no conocemos, la tierra sabe que estamos adorando al Creador, nos encontramos a nosotros mismos porque nuestro corazón fue diseñado para encontrarse con Dios; y en ese proceso descubrimos que ése es el lugar al que pertenecemos, que lo más importante en nuestra vida es nuestra necesidad de Dios, y que muchas otras personas están sintiendo lo mismo en el mismo lugar. De repente nos damos cuenta que formamos parte de un mismo cuerpo y la cabeza es el Señor Jesús, y esa «conexión» nadie puede romperla.

> *Todo tiene que ver con vivir en conexión: con Dios, con otros creyentes, con los demás...*

Todo obedece a un deseo inquebrantable: el deseo más sincero y libertador que existe: *«El corazón me dice "¡Busca su rostro!" Y yo, SEÑOR, tu rostro busco»* (Salmo 27:8, NVI). Cuando nuestro corazón desea ver el rostro de Dios rompe sus límites porque se «conecta» directamente con Él. No sólo le encuentra, sino que disfruta de Su Presencia. Y no hay nada que venza más la melancolía y el pesimismo que la Presencia de Dios.

Cuando adoramos a Dios, ya no estamos ensimismados porque todo nuestro corazón, mente, cuerpo y fuerzas se dirigen a Él. Cuando alabamos a Dios vencemos la melancolía porque el Espíritu de Dios nos llena de gozo. Cuando estamos cara a cara con el Señor Jesús el pesimismo desaparece porque Él es el Vencedor.

«Sabéis con todo vuestro corazón y con toda vuestra alma que ninguna de las buenas palabras que el SEÑOR vuestro Dios habló acerca de vosotros ha faltado; todas os han sido cumplidas, ninguna de ellas ha faltado» (Josué 23:14, LBLA).

Todos de vez en cuando nos ensimismamos. Muchas veces es una reacción normal a la desesperanza y el dolor. No es bueno quedarse así, lo mejor que tenemos que hacer cuando eso ocurra es recordar y reconocer lo que Dios hace por nosotros. Dios quiere que salgamos de nuestra «burbuja» y que nuestro corazón sea completamente libre, así que de vez en cuando nos recuerda algunas cosas. Nos susurra que su protección y su ayuda jamás nos faltó ni nos faltará. Nos enseña que Él, que era inmensamente feliz en sí mismo, fue el que jamás se ensimismó, sino que se dio completamente por nosotros. Cuando nos encerramos, vamos perdiendo la vida poco a poco. No porque se vaya o no la tengamos en nuestras manos, sino porque dejamos de disfrutarla.

El corazón que se arriesga es capaz de vencer la melancolía. Dios nos enseña siempre que es mejor amar y perder, que no haber amado nunca. Es mucho mejor sufrir las heridas del amor que la engañosa tranquilidad del ensimismamiento. El Señor Jesús se «dio a sí mismo» dicen una y otra vez los evangelios, y su corazón fue el más libre que jamás existió.

Por último, dile a tu corazón que no se preocupe por lo que pueda venir en el futuro. La mayor parte de las cosas que tememos, nunca suceden, y las que Dios permite que sucedan, vienen acompañadas por el poder del Espíritu suyo para vencerlas, desviarlas o sobrepasarlas.

Necesitamos descansar en el Señor. Confiar en Él en todo momento y toda circunstancia. No pensar en las malas noticias, en lo que pueda ocurrir o en circunstancias imaginarias. ¡Dios nos da el poder para vencer esa esclavitud! ¡Dios tiene todas las cosas en sus manos, así que vamos a dejar todas las cosas ahí que es donde mejor están! Cuando suena el teléfono, cuando alguien se retrasa, o alguna persona va a decirnos algo, cuando tengamos miedo de lo que puede ocurrir, debemos recordar siempre que…

> *Dios jamás se ensimismó, sino que se dio a sí mismo.*

«No temerá recibir malas noticias; su corazón está firme, confiado en el SEÑOR» (Salmo 112:7, LBLA).

hablando con Dios

Mi Papá que estás en el cielo, gracias porque siempre has cuidado de mí. Cuando miro hacia atrás me doy cuenta de que no me has abandonado nunca y que en todas las circunstancias me has ayudado…

Quiero vivir siempre confiando en Ti, y no preocuparme por nada. Quiero dejar mi futuro en tus manos, porque es donde mejor puede estar. No quiero volver a pensar en lo que puede suceder, o en las malas noticias que vengan. El día que Tú me has regalado es hoy, y el momento de estar contigo y disfrutar de la vida que me has dado es ahora.

No me dejes caer en esa melancolía destructora que piensa que nada merece la pena. No me dejes pensar que nada ni nadie merece mi esfuerzo, porque de todas maneras todo va a seguir igual. Dame poder para luchar contra las circunstancias, contra el mal, contra mí mismo/a si hace falta, pero libera mi corazón del pensamiento de que las cosas no tienen remedio.

Lléname del poder de tu Espíritu para saber arriesgarme por Ti, por los demás, por mí mismo/a.

Si los próximos días tengo que sufrir, Tú estarás conmigo. Si lo que viene está lleno de alegría, Tú estarás conmigo. Estoy completamente «atado» a Ti, y es así como quiero vivir. Enséñame a honrarte en mi vida y ser un ejemplo para todos, nadie puede derrotarme a mí porque nadie puede derrotarte a Ti. En el nombre del Señor Jesús…

día 12

corazón
con miedo

Una tarde aparentemente tranquila puede dar un vuelco cuando menos se espera. Juan había salido a trabajar, y en casa estaba su mujer con sus dos niñas pequeñas y la cuidadora de ellas. Sin que nadie supiese cómo, un grupo de atracadores entraron en la casa y en cuestión de segundos la mujer de Juan tenía un arma apuntando a su cabeza. Los asaltantes tomaron a la cuidadora y a las dos niñas y las metieron en una habitación encerrándolas con llave para que no pudieran pedir ayuda, y durante más de treinta interminables minutos llevaron a la madre en un recorrido por todas las habitaciones de la casa buscando dinero y joyas, sin apartar ni un solo segundo la pistola de su cabeza.

Sólo cuatro o cinco minutos después de que se llevaran todo lo que había de valor en la casa y huyeran en un vehículo que tenían preparado, llegó Juan a su hogar. Encontró a su mujer llorando desconsoladamente y a sus hijas y la cuidadora encerradas en una habitación, con la casa completamente revuelta. Juan agradeció a Dios que toda la familia estaba bien, al fin y al cabo las cosas son sólo cosas, y lo material se puede reemplazar, las vidas no.

Puede que muchos crean que la historia terminó ahí, con la policía en casa tomando huellas dactilares, preguntando y tratando de averiguar pistas para encontrar a los ladrones. Sé que si has pasado una situación parecida, te darás cuenta de que ese día es sólo el principio de una situación cruel.

Durante varios días, nadie conseguía dormir en la casa. Las niñas lloraban, a la mujer de Juan se le venían a la mente una y otra vez las mismas imágenes y la pistola en su sien, y el miedo les impedía a todos poder descansar, ¡no se podía decir que eso era vida! Creo que todos hubiéramos sentido lo mismo.

> **El miedo te esclaviza de una manera total. ¡Tanto que al final tienes más miedo del miedo mismo que de ninguna otra cosa!**

Es impresionante cómo puede paralizarte el miedo. Te obsesiona, te dice que no puedes hacer nada, te quita el hambre, las ganas de hablar con otros o simplemente te encierra en ti mismo. El miedo te deja inmóvil, tu mente comienza a decirte que no sirves para nada, o que lo mismo que ha ocurrido va a ocurrir otra vez, o que va a ser peor... Te esclaviza de una manera total. Tanto, que al final ¡tienes más miedo del miedo mismo que de ninguna otra cosa! Te gustaría vencerlo e intentar llevar una vida normal; pero acabas teniendo miedo de tener miedo.

Es curioso que a veces nuestro miedo no surge debido a ninguna circunstancia en especial, ni a lo que otras personas han hecho. Simplemente está ahí. Muchos de nuestros miedos no necesitan presentación:

▶ Miedo a lo que pueda pasar mañana.

▶ Miedo a perder lo que tenemos.

▶ Miedo a recibir malas noticias (¿Recuerdas lo que leímos ayer sobre descansar en el Señor y no tener miedo a que vengan malas noticias?).

▶ Miedo a las enfermedades, a no poder resistir, a que pase algo malo, miedo a no saber reaccionar. Miedo a la muerte.

▶ Miedo a que no nos quieran, a que nos abandonen, miedo a quedar sin amigos.

▶ Miedo a algún problema económico.

▶ Miedo a sufrir...

Vivimos rodeados de miedos, y los miedos atan nuestro corazón, lo esclavizan; el miedo se introduce dentro de nuestros pensamientos y es capaz incluso de llenar nuestro cuerpo y provocarnos reacciones casi increíbles. El miedo no se detiene ante nada ni ante nadie.

Un corazón con miedo no puede vivir, sólo sobrevive. El miedo termina haciéndose el dueño de todo lo que haces, aparece cuando estás disfrutando más, se mete dentro de tus pensamientos cuando menos lo esperas.

Un corazón con miedo termina anulándose a sí mismo. No es capaz de sobreponerse a nada, sólo ve lo negativo y vive siempre con esa sensación de que «algo malo va a ocurrir».

Dios había prohibido que los que tuvieran miedo salieran a la batalla.

Un corazón con miedo nos limita en todo. Dios incluso no quería que los que tuvieran miedo salieran a la batalla, porque nada hay tan contagioso como el temor:

«Entonces los oficiales hablarán otra vez al pueblo, y dirán: "¿Quién es hombre medroso y de corazón apocado? Que salga y regrese a su casa para que no haga desfallecer el corazón de sus hermanos como desfallece el corazón suyo"» (Deuteronomio 20:8, LBLA).

Cuando tenemos un corazón temeroso, nuestros ojos comienzan a desfallecer y nuestra alma se desespera. Creemos que no podemos confiar en nada ni en nadie. Somos capaces de paralizarnos a nosotros mismos cuando tenemos miedo a lo que dicen de nosotros. Muchas veces tenemos dentro de nuestro corazón «imágenes» que anidan ahí desde que somos niños por cosas que han sucedido o por frases que otros han dicho, y creemos que jamás podemos vivir de otra manera; nos comportamos así, como los demás esperan. Nos sentimos esclavos de las palabras que otros han dicho y no somos capaces de arriesgarnos a ser nosotros mismos. Tenemos miedo.

En este proceso nos volvemos negativos y aumentamos nuestro miedo. Si estamos preocupados y lo decimos, nuestra preocupación aumenta. Lo que verbalizamos nos domina en cierta manera. Si creemos que vamos a fallar y lo decimos, estamos aumentando las posibilidades de hacerlo. Si pensamos que todo va a ir mal y lo proclamamos a los cuatro vientos vamos a acertar en nuestros malos augurios.

A veces, la falta de paz no significa que uno esté haciendo algo en contra de lo que Dios quiere, sino que está enfrentando tensiones que son difíciles de soportar; y al revés, a veces tenemos paz en algunas decisiones que son completamente contrarias a lo que Dios espera de nosotros (la chica que tenía paz en dejar a su marido y su familia, y decía que Dios se la había dado, afortunadamente no lo hizo).

No hay que desanimarse, sino seguir adelante. No hay que hacer desfallecer nuestro corazón ni el de los demás. El miedo es una de las emociones que es capaz de alimentarse a sí misma. Cuanto más lo expresas, más crece. Cuanto más miras hacia él, más grande se hace. Es capaz de hacer disminuir nuestro corazón. De hacernos creer que no somos capaces de hacer nada, de paralizarnos por completo. Ésa es una de las razones por las que a veces se le vence ignorándolo.

A veces, al miedo se le vence ignorándolo.

El miedo nos limita y nos esclaviza. Cada miedo que dejamos que crezca en nuestro corazón es un cáncer que va destruyendo poco a poco todo lo bueno que ocurre en nuestra vida. El miedo nos vuelve incapaces de disfrutar porque siempre pone en nosotros la sensación de que algo malo puede ocurrir. Un corazón que se deja llevar por el miedo estará siempre atrapado. Atrapado en los recuerdos de lo malo que ha vivido. Atrapado en el presente porque es incapaz de disfrutar. Atrapado en las cosas que puedan suceder en el futuro porque no tiene esperanza. Un corazón con miedo ha olvidado ya lo que significa vivir.

rompiendo los límites

Cuando hablamos de miedos, podemos llevarnos alguna sorpresa. Intentamos vencer nuestros miedos de muchas maneras diferentes, pero no lo conseguimos y nos preguntamos la razón. Puede que casi todo lo que hayas leído o escuchado sobre cómo vencer el miedo sea bueno, pero tu corazón seguirá limitado, a menos que conozcas la importancia de estas tres «sorpresas»:

La primera consiste en reconocer que a veces nuestro miedo puede ser bueno. En algunas ocasiones Dios permite que tengamos miedo para que nos demos cuenta de que estamos lejos de Él y demasiado cerca de algún peligro. Quizás le hemos abandonado, o estamos confiando en personas y cosas que sólo nos van a desesperar más. Si no nos acercamos a Dios, el miedo aumenta...

«Y entre esas naciones no hallarás descanso, y no habrá reposo para la planta de tu pie, sino que allí el SEÑOR te dará un corazón temeroso, desfallecimiento de ojos y desesperación de alma» (Deuteronomio 28:65, LBLA).

La segunda sorpresa consiste en saber que Dios sabe lo que es el miedo. La Biblia dice que el Señor Jesús sintió miedo en el jardín del Getsemaní cuando iba a enfrentarse a la muerte en la cruz. De alguna manera que no podemos entender, Dios mismo quiso experimentar dentro de sí mismo el miedo que le hizo sentir terriblemente débil y lleno de tristeza. «Mi alma está muy triste, hasta la muerte», dijo a sus discípulos, y ellos tuvieron que reconocer que el mismo Mesías que había resucitado muertos y dominado la naturaleza se encontraba ahora sintiendo lo mismo que ellos.

Era necesario que ocurriese así, porque el Señor les había dicho *«Creéis en Dios, creed también en mi, no se turbe vuestro corazón ni tenga miedo»* (paráfrasis Juan 14:1). De la misma manera que Él sufrió y venció todos los miedos, nosotros podemos vencerlos también, aunque los suframos. Dios conoce nuestro miedo y sabe cómo sufrimos cuando no podemos dominarlo.

La tercera sorpresa es que la mejor manera de vencer los temores es fundar nuestra vida en un temor. Un temor que debe sobrepasar a todos los demás, un temor que es la base para vencer todos los miedos. Sí, Dios nos dice que no temamos a nada ni a nadie, a ninguna cosa que nos pueda ocurrir, ni lo que pueda pensar o decir nadie, sino a Él mismo.

El paso definitivo en nuestra vida es no tener temor a ninguna otra cosa que no sea estar lejos de Dios. Quizás no es el mismo tipo de miedo desesperado que sentimos en otras circunstancias, pero sí temor de no hacer la voluntad de Dios, temor a desagradarle; de una manera parecida al temor que sentimos de hacerle daño a las personas que amamos. Cuando Dios explicó el fundamento de la ley a su pueblo dijo:

> **Dios conoce nuestro miedo y sabe como sufrimos cuando no podemos dominarlo.**

«¡Oh si ellos tuvieran tal corazón que me temieran, y guardaran siempre todos mis mandamientos, para que les fuera bien a ellos y a sus hijos para siempre!» (Deuteronomio 5:29, LBLA).

Nuestra relación ahora no está basada en el temor, porque Dios se presenta como Padre, y como Padre amoroso por excelencia; pero ese deseo de no hacer nada que pueda deshonrarle a Él es la fuente de nuestra fortaleza. Dios cumple su parte «arriesgándose» por nosotros (es una manera de hablar, porque Él conoce todo lo que vamos a hacer en el futuro) y teniéndonos por fieles (cf. 1 Timoteo 1:12). Nosotros cumplimos nuestra parte cuando es más importante lo que Dios nos pide que todos los miedos que podamos tener.

A veces, muchos creyentes viven con miedo a lo que otros puedan decir y se callan. Dejan de brillar para el Señor y no testifican casi nunca de Él por miedo. Lo que ocurre dentro de sus corazones es que tienen más temor a lo que la gente dice que a lo que Dios piensa y siente. Eso es terrible, en primer lugar porque le damos la espalda a nuestro Padre que nos lo da todo. En segundo lugar porque esclaviza nuestro corazón.

> «Afirma mi corazón para que tema tu nombre» (Salmo 86:11, RVR 1960).

«De quién tuviste miedo para que negaras tu fe, y no te acordaras de mi ni reflexionaras en tu corazón? No es acaso que por largo tiempo Yo callaba y por eso no me temías?» (paráfrasis Isaías 57:11).

Si tememos más a lo que otros digan, a que se burlen de nosotros, a lo que hagan o a cualquier otra situación; si tememos más a cualquier otra cosa antes que a desobedecer a nuestro Padre, siempre seremos esclavos de nuestro miedo. Y siento mucho decir que bastantes creyentes viven así.

Cuando aprendemos a descansar en Dios y nuestro único «temor» es desagradarle a Él porque nos ama hasta el límite, y nosotros le amamos a Él, no tenemos miedo de nada de lo que pueda ocurrir. Sea lo que sea. ¿Recuerdas las palabras de David?

«Aunque un ejército acampe contra mí, no temerá mi corazón; aunque en mi contra se levante guerra, a pesar de ello, estaré confiado» (Salmo 27:3, LBLA).

Es en el corazón donde anida el miedo y termina esclavizándonos. Esa es la razón por la que David comprendió que ni un ejército entero podía hacer temer su corazón cuando estaba confiando en Dios. Es Dios el que nos ayuda a vencer el miedo. Nadie puede hacernos daño, nada puede esclavizar nuestro corazón porque el amor de Dios lo liberó por completo.

> Nuestro único temor debe ser desagradar a nuestro Padre.

Nosotros respondemos a ese amor disfrutando del poder de la vida indestructible que Dios nos da (cf. Hebreos 7:16) sabiendo que nada ni nadie puede vencernos. Como Justino dijo en el segundo siglo, poco antes de ir al martirio: «Pueden matarnos, pero no pueden quitarnos la vida».

Esa es la manera de vivir sin miedo.

hablando con Dios

Padre, mira mis miedos. Desfallezco mucho más de lo que creo. Me dejo llevar por lo que otros dicen, por las circunstancias y muchas veces por mis propios pensamientos. Tengo miedo de no hacer las cosas bien. Miedo de no poder seguir adelante, miedo a defraudarte a Ti y a mí mismo. No quiero seguir viviendo con todos esos miedos. Quiero traerlos a tu presencia, por muy pequeños que parezcan, y descansar. No quiero que mis pensamientos me dominen, que me controlen cuando aparece el miedo. No quiero pensar que si estoy enfermo es para morir o si estoy sano, pronto caeré enfermo. No quiero desanimarme ni tener miedo a mi propio miedo. Tu echas fuera todo el temor, y por eso te pido que controles mi mente. Que pongas tus pensamientos en mí, y que cada vez que pienso algo que me hace daño, lo lleve a ti. No quiero guardar ese pensamiento ni un sólo segundo en mi corazón…

No quiero temer ninguna otra cosa que no sea hacerte daño, que mi temor siempre sea hacer algo que te entristezca, o que sea contrario a tu Voluntad. No quiero temer ninguna otra cosa. Quita mis miedos. Dame fuerza para no temblar delante de lo que otros puedan hacerme o de sus amenazas.

Reclamo el poder de tu Espíritu, el poder que levantó al Señor Jesús de los muertos, para vencer cualquier situación, para que tus ángeles rodeen mi vida, y tu presencia me llene de paz.

Reclamo la victoria, en el nombre del Señor Jesús.

día 13

corazón
triste

Su historia dio la vuelta al mundo. Mari Luz era una niña de apenas cinco años. Una tarde salió de su casa para comprar golosinas en un Kiosco y desapareció. Durante semanas, sus padres y amigos trataron de encontrarla, y prácticamente todos en la ciudad les ayudaron a buscarla. Sus padres son muy conocidos; él es pastor evangélico. Varios meses después, Mari Luz apareció muerta en el mar, asesinada según parece por un vecino que estaba siendo buscado por la justicia española. En todos los canales de televisión pudimos ver la inmensa tristeza de sus padres y de toda la gente que todavía esperaba encontrarla con vida.

Esa tristeza aumentó al saber lo que había ocurrido con la niña y cómo había sufrido en soledad. La tristeza se hizo inmensa al darse cuenta que no había remedio, que ninguna cosa podía cambiar la situación… Tristeza incomparable porque el presunto asesino estaba en libertad aunque había cometido otras fechorías parecidas por culpa de un juez que no había cumplido sus funciones, al no ejecutar una sentencia contra él. Tristeza inimaginable porque sus padres habían intentado ayudar a los demás y servir al Señor, y no encontraban respuesta a esa terrible pregunta: «¿Por qué Dios lo permitió?». Tristeza que parece no irse nunca.

Cuando entrevistamos a su padre para nuestro programa de radio y televisión *Nacer de novo*, Juan José, el padre de la niña, nos decía que Dios es suficiente para curar todas nuestras heridas, y que su hija está en el cielo con el Señor, y allí vamos a ir todos un día y disfrutar otra vez de la vida que Dios nos regala… pero también dijo una frase que me hizo pensar: «Aun así, la tristeza que sentimos es muy difícil de curar, siempre está ahí». «Hagamos lo que hagamos, parece imposible vencerla».

Aunque no hayamos pasado por una situación así (quizás alguno de los que están leyendo sí), todos sabemos lo que significa vivir con tristeza en nuestro corazón. Esa tristeza interior que pocos parecen comprender, algo en nuestra vida, en nuestro pasado, en las circunstancias; algo que no podemos cambiar. Esa tristeza nos esclaviza y limita nuestra vida. Aun en los mejores momentos, la tristeza llega a nuestra alma. Aun cuando estamos más contentos y disfrutando de las circunstancias, nuestro corazón nos recuerda que no tenemos derecho a sentirnos bien, quizás porque hemos perdido a alguien...

> A veces nuestro corazón nos recuerda que no tenemos derecho a sentirnos bien.

Muchas veces nuestro corazón vive triste porque las circunstancias nos han vencido, o quizás porque nuestros sueños han muerto, o incluso porque hemos tomado malas decisiones. A veces nos llenamos de tristeza porque creemos que Dios no nos escucha. En esos momentos no tenemos ganas de hacer nada sino llorar. Llega a parecernos que nada tiene sentido porque la tristeza está en lo más profundo de nuestro corazón.

Otras veces la tristeza llega desde afuera porque otros nos desprecian. Sin haber hecho nada malo, nuestros enemigos intentan hacernos daño y terminamos en una situación que no podemos vencer, que creemos superior a nuestras fuerzas. Nos preguntamos:

«¿Hasta cuándo he de tomar consejo en mi alma, teniendo pesar en mi corazón todo el día? ¿Hasta cuándo mi enemigo se enaltecerá sobre mí?» (Salmo 13:2, LBLA).

Todos le hemos hecho a Dios la misma pregunta: «¿Hasta cuándo?».

Cuando conocemos el motivo de nuestra tristeza y podemos luchar contra ella, lo hacemos y casi lo comprendemos; pero cuando son otras personas las que hablan mal de nosotros, o nos hacen daño sin ninguna razón, reaccionamos pidiendo ayuda a Dios. O por lo menos le preguntamos la razón de ese sufrimiento, porque nuestro corazón no entiende el pesar que siente.

También llegan esos momentos en los que sentimos tristeza por la tristeza misma. A veces todo va bien, pero de repente se introduce en nuestro corazón ese sentimiento traidor: ¿Y si pasa algo malo ahora? Nuestro corazón está triste porque no sabe disfrutar, porque no confía en Dios cien por cien y vive siempre con la duda de que no es posible que todo vaya tan bien. Es increíble que «inventemos» nuestro pesar porque sentimos que cuando estamos tristes es como si Dios estuviera más cerca... y los demás se compadecen de nosotros. Nos encanta sentirnos mimados y compadecidos de vez en cuando.

Cuando alguien se acostumbra a vivir así, siempre se encuentra mal o dice que se encuentra mal. Muchas veces he dicho que un cristiano triste es un triste cristiano, pero a menudo me doy cuenta de que aquel al que le gusta el sufrimiento siempre encuentra motivos para estar triste. Y cuando está bien, recuerda lo mal que se sintió antes. Si les dices que ahora están mejor, te contestan siempre: «Si, es que me sentí muy mal antes». Son personas que no saben vivir sin su tristeza, porque es su compañera inseparable. Puede parecer muy «espiritual» una vida de sufrimiento, pero Dios fue muy claro en las directrices que le dio a su pueblo:

«Por cuanto no serviste al SEÑOR tu Dios con alegría y con gozo de corazón, cuando tenías la abundancia de todas las cosas» (Deuteronomio 28:47, LBLA).

Es cierto que muchas veces tenemos problemas y la vida es dura, pero no estamos reflejando el carácter de nuestro Padre cuando nos quejamos y estamos tristes por casi todo. Él advirtió a su pueblo que si no vivían con alegría y gozo en su corazón, sus enemigos terminarían por vencerlos... y ese peligro sigue existiendo en nuestra vida cuando abrazamos la tristeza por gusto y no sabemos disfrutar de todo lo que Dios nos regala.

Aun sabiendo todo esto, a veces la tristeza nos sobrepasa. *«Las angustias de mi corazón han aumentado; sácame de mis congojas»* (Salmo 25:17, LBLA). Cuando llega al máximo ya no es tristeza, sino angustia. Si Dios no cura nuestro corazón, cada una de nuestras tristezas se multiplicará hasta el límite. Ocultar la tristeza no es bueno, puede haber una buena razón para estar triste. Quizás un ser querido ha muerto y es normal llorar. El mismo Señor Jesús lloró ante la tumba de Lázaro aun sabiendo que iba a resucitarlo. La tristeza y el sufrimiento jamás nos destruyen si son sólo pasajeros. Lo que limita nuestro corazón y nos deja caer en la angustia es pensar que no podemos volver atrás. Lo que nos hace caer en la desesperación es sentir que no podemos hacer nada.

> Si nuestro corazón es vencido por la tristeza, comienza a angustiarse.

Angustia, desesperación... si la tristeza se arraiga de una manera continua en nuestra vida, vamos camino de la depresión. Todo nuestro cuerpo lo siente y ya no se trata sólo de una esclavitud del corazón; así que deberíamos buscar una solución cuanto antes. Recientemente, equipos médicos han descubierto que la depresión hasta llega a producir en nosotros pérdida de masa ósea: nos esclaviza por completo, interior y exteriormente. Espiritual y físicamente. No es raro que sea así; hace alrededor de tres mil años que Dios dejó escrito en su Palabra que las buenas noticias fortalecen nuestros huesos y las tristes nos destruyen físicamente (cf. Proverbios 17:22).

> Mi amigo Dennis, enfermo terminal de cáncer, me escribió: «Mis días están contados» [...] «bueno, igual que los de todos».

Puede haber muchas razones por las que estamos tristes. Incluso podemos tener buenas razones. Uno de nuestros amigos, Dennis, tiene desde hace varios años un cáncer que no se puede curar. Poco a poco va perdiendo movilidad, y da la impresión de que la vida se le escapa por momentos. Hace poco me escribió un email en el que decía: «Mis días están contados, bueno, igual que los de todos», y es que Dennis siempre lo llevó todo con el sentido del humor que Dios le ha regalado. A veces somos nosotros mismos los que limitamos nuestro corazón llenándolo de angustia. Repito, puede que tengamos buenas razones, pero incluso en los momentos de mayor tristeza podemos decidir la actitud de nuestro corazón. La buena noticia es que un corazón angustiado o deprimido puede ver la libertad.

rompiendo los límites

Déjame comenzar con algo muy sencillo: En la solución de todos los problemas no hay nada que nos ayude más a llegar a donde queremos, que saber en dónde estamos. Conocer cuál es la realidad de nuestro corazón actualmente no es algo sencillo o sin importancia. ¿Recuerdas la frase de mi amigo con cáncer? «Mis días están contados, bueno, como los de todos». Esa es la realidad. Sea lo que sea lo que esté ocurriendo en este momento en tu vida, no escapa a las manos de Dios. No tenemos que estar preocupados por eso. Mucho menos angustiados. Dios controla todas las cosas y nada le toma por sorpresa.

Muchas veces es normal sentirse triste. El mismo Señor Jesús dijo un día: «Mi alma está muy triste, hasta la muerte», estaba en el Getsemaní muy pocas horas antes de ir a la cruz. Estaba tan triste que creía morir de tristeza, pero la Biblia nos dice que incluso en esa angustia vital, su alma rebosaba de gozo por dentro (cf. Hebreos 12:2, LBLA: *El gozo puesto delante de Él*»). Nos estaba enseñando que aun en los momentos de mayor desesperación, el corazón puede sentirse libre. Lleno de gozo.

Repito, a veces es normal sentirse triste. Lo que Dios nos dice es que la tristeza no puede quedarse definitivamente con nosotros. Nuestro corazón no está hecho para tenerla como visitante permanente. Dios nos hizo para vivir de otra manera, estamos hechos para tener gozo en todas las circunstancias, sea lo que sea lo que pueda ocurrir:

«Alegría pusiste en mi corazón, mayor que la de ellos cuando abundan su grano y su mosto» (Salmo 4:7, LBLA).

Cuando confiamos en Dios, nuestros ojos brillan como los de nadie más. En cierto modo, no importa lo que estamos pasando. No hace diferencia si tenemos mucho o poco, porque Dios nos regala la vida, y lo más importante, Su Presencia.

«La luz de los ojos alegra el corazón, y las buenas noticias fortalecen los huesos» (Proverbios 15:30, LBLA).

Dios nos hizo de tal manera que el gozo puede reinar en nosotros. Muy dentro de nuestro corazón. Alegría que no se puede medir porque va más allá de lo que pueda ocurrir en el exterior ¡o incluso en nuestro interior! Cuando vivimos de esta manera incluso nuestros huesos lo notan. Dios puede cambiar nuestro corazón para que nuestro espíritu no viva quebrantado. Dios puede darnos el poder para vencer la angustia y la desesperación:

«El corazón alegre es buena medicina, pero el espíritu quebrantado seca los huesos» (Proverbios 17:22. LBLA).

No existe mejor medicina para el corazón que vencer la tristeza. No hay nada mejor para nuestro cuerpo que vivir en el gozo que Dios nos regala. La manera en la que Él lo hace es impresionante. Dios mismo es la fuente de la vida, de una vida sin límites, así que cuando Él resplandece sobre nosotros, la tristeza desaparece.

> *Dios nos hizo para vivir de una manera completamente diferente.*

«Restáuranos oh Dios, y haz resplandecer tu rostro sobre nosotros» (Salmo 80:3, LBLA).

¡Ese deseo de que nuestro corazón sea restaurado es el mejor que podemos tener! Dios responde haciendo resplandecer su rostro sobre nosotros, lo que es lo mismo que decir ¡que nos sonríe! Sí, porque eso es lo que significa su rostro brillante.

A lo largo de la Palabra de Dios esa frase aparece en numerosas ocasiones para enseñarnos que la mejor bendición que podemos recibir de nuestro Padre es que su rostro resplandezca. Que nos sonría. De la misma manera que cuando nosotros sonreímos a nuestros hijos y nuestros ojos brillan al verlos porque los amamos, Dios rompe todos los límites de nuestro corazón con su sonrisa. Si nosotros buscamos el rostro de Dios, la tristeza deja de tener valor en nuestra vida (cf. Salmo 67:1). Esa es la fuente de nuestra alegría. Más allá de todas las circunstancias, mucho más allá de que las situaciones se resuelvan o no, o que las personas que intentan destruirnos sigan ahí o no. De una manera que no podemos entender todo desaparece cuando Dios nos bendice con su sonrisa. Cuando su rostro resplandece delante de nosotros.

Mel, nuestra niña pequeña, tiene ahora tres años. A veces viene llorando sin saber por qué, y no hay manera de que se vaya su tristeza. Yo la abrazo y ella comienza a decir lo que le pasa, aunque muchas de sus palabras todavía no se entienden. Cuando la abrazo y le sonrío se queda feliz y se va. Me doy cuenta de que lo único que necesitaba era que la «entendieran» un poco. Un abrazo y una sonrisa.

Nosotros necesitamos acercarnos a nuestro Padre del cielo. A veces puede que otros no entiendan mucho lo que decimos o lo que sentimos, pero Él sí nos comprende, nos abraza y nos sonríe. Entonces comenzamos nosotros también a sonreír y descansar.

Podemos ser una bendición de Dios para otras personas. Aun una cosa más: Lo olvidamos algunas veces, pero una de las maneras en las que Dios nos bendice es con la vida y la ayuda de otras personas. Nuestros amigos son una bendición para nosotros, y nosotros podemos ser una bendición de Dios para ellos. «*Una mirada radiante alegra el corazón*» (Proverbios 15:30, NVI).

Cuando ayudamos a otros estamos siendo una bendición de Dios para ellos. Cuando otras personas nos ayudan a vencer nuestra tristeza son un regalo de Dios para nosotros. A veces sólo con una mirada, con una frase… muchas veces dándonos consuelo o abrazándonos… ¡Tantas veces desdeñamos la trascendencia de una abrazo sincero! Dios nos sonríe muchas veces por medio de otras personas. Dios nos ayuda con la vida de otras personas. Dios se «oculta» voluntariamente en los actos y el consuelo de otros hijos suyos que tenemos a nuestro lado.

¡Y qué bien le hace a nuestro corazón que Dios también nos use a nosotros para consolar la tristeza de otras personas! Pocas cosas vencen nuestra tristeza como ayudar a vencer la tristeza de otros.

Por último, no olvides que Dios no siempre responde a nuestras oraciones en la manera en que nosotros queremos. No siempre es la voluntad de Dios que sus hijos no sufran o que en su vida jamás reine la tristeza. Hay muchas personas que están sufriendo incluso por el evangelio. Misioneros que están sembrando la Palabra de Dios, a veces a costa de perder su propia vida y la vida de su familia, personas que pasan hambre, niños despreciados o víctimas de accidentes injustos... Aun así, tener el corazón angustiado no nos ayuda en absoluto a vivir de una manera diferente. Dios puede sacarnos de nuestras angustias. Él puede protegernos, pero si no lo hace (¿recuerdas la historia de los tres en el horno de fuego en el libro de Daniel?), seguiremos confiando en Él.

¿Te sientes angustiado, triste, quizás deprimido/a? Dios quiere vivificar tu espíritu. Uno de sus mayores deseos es cuidar el corazón de los que están sufriendo y resplandecer con su rostro sobre la vida de los que están tristes porque cuando Él sonríe, el corazón es liberado.

El tuyo en este momento.

hablando con Dios

Padre, a veces me siento angustiado porque temo que pueda pasar algo malo. Es como si fuera superior a mí, como si no pudiera controlar mis pensamientos. Pon tu mano sobre mi corazón. Tú conoces todas mis tristezas.

Muchas veces, la angustia es más fuerte que aquello a lo que temo. Te necesito, ayúdame... Líbrame de mi desesperación y libera mi corazón.

Enséñame a descansar en Ti.

Padre, Tú sabes las cosas que me han causado tristeza...

Y también conoces que hay personas que me han entristecido... No les tomes en cuenta lo que han hecho. Lo que necesito es que me restaures a mí, que tu rostro brille sobre mí. Que tus ojos resplandezcan cuando me acerco a Ti, y Tú seas la única fuente de mi alegría.

Bendíceme con tu sonrisa. Quiero saber que me abrazas y que puedo ser feliz contigo. Te pido que «vendes» mis tristezas, porque mi corazón no puede vivir un solo día sin Ti.

No me importa si las cosas cambian o no. Contigo me basta, con tu Presencia mi corazón se siente libre. Abre mis ojos para que vea todo lo que estás haciendo por mí y cómo estás guiando todas las cosas.

Muéstrame si tengo que ayudar a alguien hoy, si tengo que abrazar a alguien hoy de tu parte.

En el nombre del Señor Jesús te lo pido. Amén.

día 14

corazón errante, corazón que huye

Una noche de otoño estaba predicando en una conocida iglesia de Barcelona. Al final de la predicación, en el momento de hacer el llamamiento, varias personas vinieron al frente para orar y consagrar su vida a Dios; pero mientras oraba con ellos y pasaban los minutos, no podía dejar de mirar lo que estaba ocurriendo en uno de los bancos, en medio de la iglesia. Un hombre alto, fuerte, de unos treinta y pocos años no podía parar de llorar, abrazado por su mujer. Durante muchos minutos lloraba y temblaba, como si el mundo fuera a terminarse en ese mismo momento.

Cuando acabé de hablar con todos, me acerqué a él casi una hora después, y seguía llorando. Oramos juntos y puso su vida en las manos de Dios, pero no podía dejar de llorar. Más tarde me contó la historia de su vida: su padre era pastor en una iglesia sudamericana, pero él había «huido» a España para no estar con su familia y no escuchar nada del Señor. Había pasado los últimos catorce años de su vida huyendo… hasta ese mismo momento. Por una de esas razones que sólo el Espíritu de Dios conoce, entró en la iglesia esa tarde y Dios tocó su vida.

Literalmente Dios hizo temblar su vida, ese era el motivo de sus lágrimas. «Por primera vez en muchos años, siento que vuelvo a casa», me dijo. Hoy es inmensamente feliz con su familia. Había huido por muchos años, pero ese día sintió que Dios le llamaba para volver a casa. Quiso bautizarse otra vez para mostrar a todos que había vuelto al Padre, y había dejado de huir. Su corazón encontró la libertad justo en el momento que decidió parar de correr, dejar de vivir una vida errante.

Conozco muchas otras personas que no quieren dejar de huir. Nunca se encuentran a sí mismos. No importa si tienen éxito en la vida o no, porque su corazón sigue sin tener descanso, siempre están escapando. Huyen de un lugar a otro, de una relación a otra, de una actividad a otra. Siempre corriendo, siempre errantes. A veces, cualquier cosa o cualquier persona parece darles un mínimo respiro de felicidad, pero lo que realmente hace es esclavizarlos más. Saben dónde está su problema, pero no quieren enfrentarse a él. De vez en cuando escuchan la voz de Dios de alguna manera, por circunstancias, personas o por su Palabra, pero tratan de huir rápidamente para no tener que enfrentarse con el Creador.

Hay muchas personas que jamás dejan de huir.

En realidad no importa si aparentemente tenemos todo en la vida, porque podemos estar viviendo con un corazón errante sin saber jamás lo que es la verdadera libertad. ¡Hasta la persona más sabia del mundo tuvo un corazón errante!

«Pues sucedió que cuando Salomón era ya viejo, sus mujeres desviaron su corazón tras otros dioses, y su corazón no estuvo dedicado por entero al SEÑOR su Dios» (1 Reyes 11:4, LBLA).

Aun teniendo todas las riquezas y siendo más sabio que nadie, su corazón se desvió de su camino. De alguna manera, creyó que había cosas más importantes que estar cerca de Dios. Muchas personas viven de la misma manera:

▶ Salimos huyendo cuando las cosas materiales y/o las circunstancias desvían nuestro corazón para que sólo le demos importancia a lo que tenemos; cuando realmente no sabemos dónde estamos ni hacia dónde vamos.

▶ Huimos cuando otras personas desvían nuestro corazón. Dios nos hizo para que nos relacionásemos con los demás, pero a veces, esas mismas relaciones son nuestra «excusa» para seguir huyendo. A veces, la gente pasa de una relación a otra buscando «algo» más, sin darse cuenta de que sólo están huyendo de sí mismos. Siempre piensan que la persona con la que están ahora es la que les va a dar la estabilidad definitiva, hasta que algo sucede que les «lleva» a buscar otra relación. Jamás comprenden que no necesitan a nadie más, lo que tienen que hacer es dejar de escapar de sí mismos.

▶ A veces nuestro pasado nos hace huir. Algo que ha ocurrido (incluso aunque no sea culpa nuestra) nos marca y no queremos seguir donde estábamos. En lugar de enfrentar las situaciones y sus consecuencias, nos marchamos y decidimos vivir errantes de un lugar a otro.

▶ Nuestros propios deseos también pueden desviar nuestro corazón. Pensamos que si hacemos lo que queremos podemos vivir una vida plena, y no nos damos cuenta de que somos esclavos de nuestros propios deleites. Acabamos huyendo de un placer a otro sin encontrar sentido a lo que hacemos.

Es curioso como ésta es la razón por la que muchas personas se adentran más y más en el laberinto del placer, porque lo que hicieron hasta ahora ya no les satisface, y buscan algo más «fuerte» la próxima vez. En ese proceso mucha gente se esclaviza «para siempre» en el mundo de las drogas, el alcohol, el juego, el placer, etc. y no es capaz de salir, porque la respuesta no es dejar esa sensación en concreto (¡buscarían otra!) sino que el problema viene de un corazón que huye. Hasta que el corazón sea liberado, no es posible que una persona sea libre.

Un corazón errante no es capaz de encarar las cosas. Un corazón que huye jamás se detiene un solo momento para meditar en lo que es su vida, porque su propia velocidad lo descontrola y lo esclaviza por completo. Vive pensando que parar sería morir; así es el corazón que huye de sí mismo, de las circunstancias, de los demás… pero sobre todo de Dios.

Cuando un corazón vive huyendo, pierde incluso la sensación de disfrutar de cualquier cosa que hace.

El corazón errante piensa que es feliz porque cree que hace siempre lo que quiere, aunque realmente lo que sigue son los impulsos del momento, las órdenes de los demás, la dictadura de las circunstancias. Es un corazón que casi siempre toma decisiones que no le conviene, porque nunca lucha por algo; la mayoría de las veces se deja llevar.

Aun creyendo que estás tomando tus propias decisiones, el corazón errante es uno de los más esclavizados, porque cuando quieres complacer a todo el mundo, terminas siendo esclavo de todos. Al final no sabes ni quién eres. Sí, piensas que puedes hacer lo que quieres y divertirte con quién quieres, pero la verdad es que no sabes lo que estás haciendo ni a dónde vas.

Lo que más me impresiona es la cantidad de gente que vive así. ¿Puedes verlos? Son personas que nunca son felices en ningún lugar. Gente que no es capaz de solucionar sus problemas personales. ¿Sabes lo que hacen? Cuando algo va mal, sencillamente huyen: abandonan sus amistades, su trabajo o sus circunstancias. Si hay problemas en su matrimonio, se divorcian rápidamente y buscan otra persona. Si los amigos no los entienden, buscan nuevos amigos. Si el trabajo no va bien, ya aparecerá otro.

Viviendo así, los años se van escapando entre los muchos cambios de relaciones, de amigos, de trabajo, de ciudad...

¿Sabes lo que hacen? Cuando algo va mal, sencillamente huyen.

Si tu corazón vive así, entonces eres de los que siempre van de un lado para otro, de los que jamás echan raíces en ninguna relación ni en ningún lugar. Puede que hayas aprendido a resolver tus problemas escapando, pero llegará un día en que te darás cuenta que se puede intentar huir de todo y de todos, pero no de uno mismo. Ni tampoco de Dios.

Cuando un corazón trata de solucionar todo «escapando» pierde cualquier capacidad de restauración. Pierde la belleza del perdón, de la reconciliación. Deja de descubrir la aventura de trabajar para recuperar algo que se ha perdido.

Un corazón jamás experimenta la libertad mientras huye, porque aquello de lo que escapa permanece dentro de él, incluso sin darse cuenta. La vida es mucho más que escapar de lo que no nos gusta. Nuestra existencia se enriquece cuando enfrentamos los problemas, cuando perdonamos y somos perdonados; cuando intentamos arreglar lo que está mal. Cuando somos lo suficientemente valientes como para vencer y no huir.

Muchos resuelven todos sus problemas escapando.

Desde el principio de la historia de la humanidad, muchas personas han creído encontrar la respuesta a sus problemas dándoles la espalda. Huyendo. Y muchos han pensado que la mejor manera de escapar es alejarse lo máximo posible de su Creador.

Cuando un corazón vive huyendo, pierde incluso la sensación de disfrutar en cualquier cosa que hace. Mientras tanto, Dios sigue haciendo la misma pregunta:

«¿Hasta cuándo andarás errante?» (Jeremías 31:22, LBLA).

rompiendo los límites

Las personas que siempre viven huyendo, jamás son felices, porque nunca pueden escapar de sí mismas. Todos recordamos la historia que el Señor Jesús contó sobre el padre que tenía dos hijos, y uno de ellos quiso marcharse muy lejos. Vivía con un corazón errante, aventurero en el peor sentido de la palabra; y quiso comprobar en vivo y en directo cómo se siente uno cuando huye de todo y de todos.

Aparentemente el hijo que se fue de casa se divirtió como nunca, pero lo único que hizo fue engañarse a sí mismo. Al principio no se dio cuenta, pero poco a poco comprobó cómo iba perdiendo su propia vida, sus posesiones, sus amigos, la relación con su padre… lo perdió todo. A veces creemos que nos divertimos como nunca cuando nuestro corazón va a donde quiere, hasta que reconocemos que sólo es un corazón que huye y no sabe a dónde va.

Así llegó a ser el corazón del rey Salomón, como vimos más arriba, un corazón tan extraviado que llegó a perder la noción de quién era. El contraste puede establecerse con otro rey: Josafat. Un ejemplo para todos, porque *«su corazón se entusiasmó en los caminos del Señor, y además quitó de Judá los lugares altos y las Aseras»* (2 Crónicas 27:6, LBLA). La mejor manera de dejar de huir es entusiasmarnos con Dios, porque Él es tan grande, que nuestro corazón tiene que romper todos sus límites para que Dios entre en sus sueños.

> Si nuestros ojos brillan al hablar de Dios es porque hemos dejado de huir.

Si nuestros ojos brillan al pensar en Dios, es porque nuestro corazón ha dejado de escapar y encontró su significado y su lugar. Cuando nos entusiasmamos con nuestro Creador, nuestros sueños son también los sueños de Dios, porque aprendemos a vivir como Él vive; vemos las cosas como Él las ve; comenzamos a sentir como Él siente. Amar como Él ama. Entusiasmados con Dios nos sumergimos en Su paz y nuestro corazón encuentra su hogar.

Los sueños de libertad que muchas veces tenemos se ven superados por aquellos sueños que Dios coloca en nuestra vida. Nosotros pensamos que los dictados de nuestro corazón errante nos hacen felices, y comenzamos a pensar en placeres, cosas, posesiones, dinero, fama y muchas otras circunstancias que jamás nos satisfacen. Dios nos enseña que nuestros sueños tienen que ser lo suficientemente grandes como para que Él entre en ellos y de esta manera nuestro corazón deja de estar limitado.

Cuando tenemos ilusiones realmente grandes en nuestra vida es cuando nuestro corazón deja de huir. El sueño de Dios es que cada uno de nosotros encontremos quienes somos en verdad, que dejemos de vivir errantes. Dios sigue esperando a que nos demos cuenta de que en nuestra vida estamos buscando cisternas rotas que nos traen frustración y desánimo; mientras Él sigue ofreciéndonos Agua Viva que brota y nos llena por completo. Agua que rebosa felicidad y confianza. (cf. Jeremías 2:13).

Nuestros sueños tienen que ser lo suficientemente grandes como para que Dios quepa en ellos.

Si dejamos de huir, aprendemos a disfrutar de todo porque nuestro corazón está en paz. Las relaciones, los bienes, los placeres, las circunstancias, todo parece tener una dimensión diferente, porque realmente adquieren una dimensión diferente. Ya no necesitamos nada más para ser felices, porque lo somos cuando nuestro corazón encuentra su lugar, su casa.

Si recordamos la historia que el Señor Jesús contó, cuando el hijo menor regresó a su casa el Padre lo estaba esperando. Salía todos los días para ver si su hijo volvía. Puedes leer esa historia, porque es el mejor ejemplo que podemos tener sobre la reacción de Dios cuando queremos huir de Él y de nosotros mismos (cf. Lucas 15). Dios nos espera, se alegra de nuestra vuelta, corre, nos abraza, nos besa una y otra vez, nos viste con las mejores «galas»… ¡Incluso hace una fiesta para derrochar alegría por cada uno de nosotros! Cuando volvemos a Dios, nuestro corazón encuentra su hogar.

Incluso un día que parezca aparentemente perdido y «aburrido» porque nuestros planes se trastocaron, se envuelve de paz radiante dentro de un corazón que no necesita huir.

A partir de ese momento, casi cualquier cosa que sucede nos enseña a disfrutar con Dios. Hasta un día que parezca aparentemente perdido y «aburrido» porque todos nuestros planes se trastornaron, se vuelve radiante porque el corazón sabe descansar; nos damos cuenta de que ya no necesitamos huir. Nuestro corazón se encuentra feliz consigo mismo y con su Creador. Sólo los que vivimos esa sensación podemos intentar explicarlo. Cualquier persona que lucha desesperadamente por encontrar placer en miles de cosas, circunstancias o personas, diría que no es posible… Pero la clave ha sido dejar de huir. No querer vivir escapando siempre.

Nuestro corazón deja de huir porque se encuentra a sí mismo. Cuando nos encontramos con Dios sabemos quiénes somos y cuál es nuestro honor. No estamos preocupados ya por lo que otros dicen o hacen porque lo que nosotros somos está escrito en lo más profundo de nuestro corazón. Cuando vivimos de esa manera somos libres. Ésa es la razón por la que el mundo admira a los héroes y las heroínas, personas que aparentemente perdieron todo, pero que fueron inmensamente felices viviendo de una manera determinada, o incluso ¡entregando su propia vida! Encontraron la libertad del honor, y esa libertad nadie puede quitarla. Esa libertad es la misma esencia de nuestro carácter, de lo que somos, de lo que hay en lo más profundo de cada uno de nosotros. Nadie más puede encontrarla sino nosotros mismos. Eso es lo que descubrimos dentro de nosotros cuando dejamos de huir. La razón por la que Dios nos hizo únicos y especiales a cada uno de nosotros.

Cuando descubrimos lo que somos, nos «encanta» y dejamos de huir. Dios nos hizo de esa manera. A veces luchamos por objetivos que creemos que merecen la pena en nuestra vida, pero nuestro corazón quiere vivir la vida en sí misma en cada momento; independientemente de todo y de todos. Esa es la razón por la que el Señor Jesús nos dijo un día: «*Yo soy el camino vivo y verdadero*» (Juan 14:6, traducción literal). No se trata de un objetivo en la vida, se trata de vivir con Él, de caminar con Él. Se trata de no tener que huir nunca, porque nadie ni nada puede derrotarnos. No porque seamos superiores a nadie, sino precisamente porque nadie necesita sentirse superior a otros; nadie tiene que dominar a otro.

Cuando descubrimos lo que somos, nos «encanta» y dejamos de vivir huyendo.

Si caminamos con el Señor cada día no sólo vivimos de acuerdo a nuestro Creador, sino que Él mismo nos devuelve nuestro propio honor; nos regala la rectitud de nuestro corazón, nos enseña a vivir con un corazón honrado. Nos acompaña para disfrutar de la vida que Él mismo nos regaló. Ahora somos más que vencedores, no tanto porque nosotros somos así, sino porque Él es así. ¡Y a Él nadie puede derrotarle!

Las incomprensiones siguen ahí. La maldad, la frustración y nuestros propios errores siguen con nosotros, pero ya no pueden dominarnos. Dios nos va a ayudar a vencerlos cada día, y cuando llegue el final, será la victoria definitiva. Nos ha tocado una «suerte» inmensa (cf. Salmo 16). La suerte de vivir en el camino, dentro de Él a cada momento de nuestra vida, porque el Señor no sólo nos enseña el camino, sino que Él mismo es el camino. Nos ha regalado la suerte de no tener que huir nunca más.

hablando con Dios

Señor, vengo a hablar contigo. Quiero dejar de huir, quiero volver a casa. No quiero poner mi corazón en ninguna cosa que me aleje de Ti. Quiero vivir contigo cada momento, Señor Jesús quiero que Tú vivas en mí de tal manera que te sientas en tu propia casa. Quiero hacer todo lo que hago contigo a mi lado. Necesito que tu Espíritu me ayude a comprender tu corazón, para que también mi corazón encuentre su lugar junto al tuyo.

Dejo de huir, no quiero escapar más. Tú me buscaste durante mucho tiempo, aquí estoy Señor...

Quiero compartir contigo cada uno de mis sueños. Quiero sentir tu presencia de una manera muy real en mi vida; quiero que me acompañes en cada minuto de mi vida. Te necesito cuando estoy mal y también cuando estoy bien. Siento que no puedo alejarme de Ti, y no quiero alejarme de Ti. Cada alegría mía es tuya también, cada desánimo quiero compartirlo contigo. Cada momento del camino tiene sentido sólo si me doy cuenta de que estás junto a mí.

A veces he intentado escapar. Otras lo he hecho casi sin darme cuenta, pero hoy quiero decirte que no voy a vivir más así. Ayúdame con tu Espíritu a seguir tomando esta misma decisión todos los días de mi vida. Quiero despertar cada mañana pensando en Ti y mirándote a Ti. Sé que todo será diferente de esa manera, porque mi vida está entusiasmada contigo. Amén.

día 15

corazón incrédulo, corazón necio

Tener siempre los «ojos abiertos» es una de las mejores maneras de adquirir sabiduría en la vida. Hace pocos meses, en uno de nuestros viajes como familia a Alemania, conducíamos nuestro coche por una transitada autopista cuando de repente nuestros ojos se fijaron en algo que nunca antes habíamos visto. No quiero decir que sea algo imposible, porque a buen seguro habrá sucedido otras veces, pero la verdad es que era la primera vez que ocurría delante de nuestros ojos: una grúa llevaba a un coche que se había estropeado; hasta aquí todo «normal» dentro de lo que cabe. Lo que nos hizo pensar fue que el vehículo transportado era un coche fúnebre con el féretro dentro.

Durante varios segundos nadie pronunció una sola palabra. Lo que habíamos visto era algo extraordinario, aunque tan «normal» como la vida misma. Cualquier vehículo puede averiarse sea cual sea el «pasajero» que lleve adentro. De pronto alguien dijo: «Supongo que el que va en el coche fúnebre no tiene mucha prisa por llegar a su destino». «Sí, no creo que se haya enfadado por eso», dijo una de nuestras hijas. Yo me quedé pensando largo tiempo. Es obvio que el muerto no tenía ninguna prisa, ni le preocupaba demasiado un pequeño «contratiempo» en su viaje. Desgraciadamente no se daba cuenta de nada. A veces podemos llegar a ser así de necios, aunque no haya llegado ese momento: podemos vivir sin darnos cuenta de nada, o lo que es peor, darnos cuenta cuando ya es demasiado tarde.

Nuestro corazón es necio cuando le da importancia a cosas que no la tienen, cuando se preocupa por situaciones que no merecen la pena. La necedad llena nuestro corazón cuando no somos capaces de creer que hay algo mucho más importante que lo que se ve, y que nuestra vida puede ser completamente diferente; que no tenemos que ir corriendo de un lugar a otro y de una actividad a otra procurando ganar cosas que no nos acompañarán cuando la vida se acabe, para ser felices. ¿Recuerdas la historia que Jesús contó sobre el hombre rico que sólo se preocupó de ampliar su casa para guardar más cosas? *«Necio»*, le dijo Dios, *«esta noche vienen a buscar tu alma, y lo que has provisto; ¿para quién será?»* (cf. Lucas 12:20).

El muerto ya no tenía ninguna prisa.

Perdóname que sea tan directo, pero la necedad de nuestro corazón se descubre cuando decidimos no creer en Dios. Somos necios cuando no queremos acercarnos a quien más nos ama, cuando no confiamos en el Ser más leal que existe. La necedad de nuestro corazón se hace «palpable» cuando no creemos a Aquel que nunca ha mentido. Cuando vivimos de esa manera llenamos nuestro corazón de dudas. Cuando desconfiamos de la Verdad con mayúscula, estamos enseñando a nuestro corazón a dudar de todo y de todos.

Es impresionante que en la Biblia Dios no dice que el incrédulo es ignorante o poco sabio. Directamente explica que el que quiere perder a propósito la relación con su Creador es un necio. Así, con todas las letras (*«Insensatos y tardos de corazón para creer»* dijo el Señor Jesús, Lucas 24:25, LBLA). Somos ignorantes cuando desconocemos algo, pero somos necios cuando sabemos que algo es cierto y queremos negarlo. Pensamos que con nuestra negación ese «algo» desaparecerá de la realidad, y eso es una necedad. ¡Mucho peor cuando nos va la vida en ello! Ni aunque todo el mundo se empeñe en negar a Dios, Él va a desaparecer de la escena. Esa es la razón por la que un corazón incrédulo es malo y necio casi a partes iguales.

El corazón incrédulo es malo y necio a partes iguales

Y el «círculo» se cierra cuando nos damos cuenta de que la incredulidad llevada al extremo cae en la necedad: *«El necio ha dicho en su corazón: No hay Dios. Se han corrompido, han cometido hechos abominables; no hay quien haga el bien»* (Salmo 14:1, LBLA). La Biblia no habla de ateos, sino de personas que no quieren aceptar que Dios está ahí. Y no habla de «perversos» sino de necios, porque alguien que no quiere creer en Dios (a pesar de que tiene la oportunidad de buscarlo, hablarle y ver que está ahí), es un necio.

Esa es la razón por la que muchos acaban desistiendo de sí mismos y de Dios. Han acostumbrado tanto su propio corazón a la incredulidad, que al final no pueden creerse ni a sí mismos. Cuando un corazón vive desconfiado es imposible que salga de su propia necedad. Y lo que es peor, termina completamente convencido de que los necios son todos los que no son como él.

A lo largo de los últimos años hemos conocido a muchas personas que rechazaron a Dios en su corazón. Algunos han visto cómo Dios cambiaba las circunstancias; otros han contemplado milagros con sus propios ojos: gente que Dios sanó de enfermedades graves o personas rescatadas de lo más profundo del mal. Muchos se acercaron a Dios cuando lo necesitaban y Dios respondió haciendo cosas increíbles y manifestándose de una manera real… pero cuando ya no le «necesitaron» más, siguieron con su vida incrédula y su corazón limitado por la necedad. Lo que ata al corazón no es el no conocer lo que Dios puede hacer en una vida, sino la decisión de no querer verlo o no querer aceptarlo.

> *Lo que ata al corazón no es no haber visto lo que Dios puede hacer en una vida, sino la decisión de no querer aceptarlo.*

La misma incredulidad puede encontrarse en la vida de muchos que se llaman cristianos. No rechazan a Dios, pero de alguna manera son incapaces de creer que Él tenga poder para cambiar una vida. El escritor a los Hebreos ya lo advirtió de una manera muy clara:

«Tened cuidado, hermanos, no sea que en alguno de vosotros haya un corazón malo de incredulidad, para apartarse del Dios vivo» (Hebreos 3:12, LBLA).

En el caso de un hijo de Dios, la incredulidad de corazón le lleva a ser más "malo" que necio. La Biblia dice que un corazón malo de incredulidad, va naciendo en nosotros cada vez que estamos lejos de nuestro Padre celestial, cuando confiamos más en nosotros mismos o en otras personas que en Él. Vivimos como incrédulos cuando sabemos que Él es fiel y no sólo no nos deja sino que siempre va a ayudarnos, pero a pesar de todo desconfiamos de su Palabra. No sabemos (¡no queremos!) descansar en Él.

Ese es el problema: querer controlar todas las cosas con nuestras manos; el mismo problema del pueblo de Dios en tiempos del profeta Isaías. Problema tan grave que Dios tuvo que decir: *«¡Estoy harto!»* (cf. Isaías cap. 1), porque sabiendo que eran el pueblo de Dios, cada vez que necesitaban ayuda iban a pedirla en Asiria o Egipto, en lugar de orar y descansar en el Señor.

Pretendían vivir adorando a Dios y acercándose a Él en ritos impresionantes mientras desconfiaban de su ayuda y de sus Promesas. Eran un pueblo incrédulo y perverso, porque el no creer siempre lleva a la desconfianza, y ésta a la deslealtad. Eso siempre ocurre en los que saben que Dios está ahí, pero por alguna razón desconfían de Él.

«La insensatez del hombre pervierte su camino, y su corazón se irrita contra el SEÑOR» (Proverbios 19:3, LBLA).

Es curioso que cuanto más lejos estamos de Dios y nos equivocamos, más nos enfadamos con Él. Pensamos que Él tiene la culpa de lo que nos ocurre, y si no fuera así, al menos no impidió que nos equivocásemos o tomásemos una mala decisión. Nosotros, que siempre defendemos nuestra libertad, ¡le echamos la culpa a Dios de no impedir que hagamos mal! Así somos, no sólo desconfiamos de Él, sino que le culpamos de nuestros males. Por eso nuestro corazón es necio.

> A veces pensamos que Dios tiene la culpa de todo, y si nuestro sufrimiento es consecuencia de algo que nosotros hemos hecho, decimos: «¿Por qué Dios no me impidió hacerlo?».

Tenemos que recordar que hay una diferencia muy grande entre estar decepcionado con Dios, como lo podía estar Job (o nosotros a veces cuando estamos sufriendo), y estar irritado con Dios; pensando que Él no sabe lo que hace y que nosotros lo haríamos mucho mejor en su lugar. Cuando no creemos lo que Dios dice, o pensamos que es imposible que Él pueda hacer algunas cosas, no sólo estamos limitando nuestro corazón, sino que le estamos limitando a Él también.

Sí, porque eso mismo sucedió en algunos lugares en los que el Señor Jesús no pudo hacer milagros «por la falta de fe de ellos». A lo largo de la Biblia encontramos que nuestro pecado puede limitar la obra de Dios: nuestra envidia, nuestro orgullo, las malas relaciones familiares, el desconocimiento de su Palabra o la propia incredulidad, por poner algunos ejemplos. De alguna manera que es difícil de entender para nosotros, Dios extiende su mano para bendecirnos, pero espera que nosotros tomemos lo que Él nos ofrece. Si no le creemos, nuestro corazón no sólo es incrédulo sino también necio.

rompiendo los límites

Es muy fácil decir que un corazón incrédulo es transformado cuando confía plenamente en lo que Dios dice y hace. Si nuestra vida está atravesando por momentos de paz quizás podemos entenderlo perfectamente, pero si estamos llenos de dudas, parece que cuanto más nos dicen que tenemos que confiar, peor nos sentimos con nosotros mismos por no hacerlo. Cuanto más necesitamos descansar, peor nos caen los consejos sobre confiar en Dios.

Conozco a muchos creyentes que viven preocupados por sus dudas. Piensan que cualquier mínima duda les aleja de su Creador, y no les juzgo porque en muchos momentos de mi vida yo pensé lo mismo. Cuando leemos la Biblia nos damos cuenta de que Dios no se avergüenza de los que dudan, sino de aquellos que no quieren confiar. El problema no está en el desencanto o la desilusión, sino en la decisión de no querer confiar más. Lo grave no son nuestras dudas (¡todos las tenemos!), sino el alejarnos de nuestro Padre que siempre nos va a ayudar a vencerlas.

A veces incluso podemos tener dudas porque algo que está sucediendo sobrepasa nuestro entendimiento, pero al mismo tiempo ¡sabemos que Dios no va a defraudarnos porque nunca lo ha hecho! Podemos dudar de muchas cosas, de nuestro futuro, de lo que vamos a hacer, o de si seremos capaces de vencer un problema o una situación difícil; pero de lo que podemos estar siempre seguros es de que Dios no va a abandonarnos. Eso es lo que hace la diferencia en el corazón. Nuestras dudas no nos afirman contra Dios, ni nos enseñan a darle la espalda, ni tampoco nos deben entristecer porque cuando dudamos pensamos que somos más débiles de lo que deberíamos ser. Dudar es muchas veces aprender a pasar por las tormentas de la vida sabiendo que Dios está ahí, aunque no comprendamos lo que está sucediendo.

> *Si estamos llenos de dudas, cuanto más nos dicen que tenemos que confiar, peor nos sentimos con nosotros mismos por no hacerlo.*

Déjame decirte que todo el que duda tiene fe, aunque esa fe sea débil. El que rehúsa creer es aquel a quien Dios desaprueba, el que está convencido de que ya no queda ninguna esperanza es el que vive al borde del abismo. El que renuncia a que Dios haga su voluntad porque cree (casi siempre inconscientemente) que es más sabio que su Creador es el que tiene su corazón lleno de necedad. Al contrario, un corazón que duda es el que va saliendo adelante en medio de las dificultades, no es aquel que jamás ha tenido luchas o ha vivido sin sufrir ninguna herida.

Si vamos a ser sal y luz en el mundo, tendremos que soportar pruebas y dudar muchas veces, pero Dios va a ayudarnos a vencer muchas veces más aun.

«Por tanto, reconoce hoy y reflexiona en tu corazón, que el SEÑOR es Dios arriba en los cielos y abajo en la tierra; no hay otro» (Deuteronomio 4:39, LBLA).

¿Cómo vencer la incredulidad? Reflexionando en nuestro corazón. ¿Cómo dejar de ser necios? Reconociendo que Dios es Dios arriba en los cielos y aquí en la tierra. Sabiendo que Él tiene la última palabra en todo, y que no hay otro Dios. Son pasos imprescindibles; pensar y meditar en nuestro corazón.

Nos llama la atención, porque siempre hubiéramos imaginado que Dios apelara a nuestra mente para vencer nuestras dudas, pero lo que Él está haciendo es involucrar nuestra vida por completo. Somos nosotros por entero, con nuestro corazón al frente, los que necesitamos reconocer que Dios está ahí, y que es el Señor de todo. Si no lo hacemos, no sólo no venceremos la incredulidad de nuestro corazón, sino que viviremos como necios.

Cuando hemos tomado esa decisión de entregarle nuestra vida por completo, entonces «bajamos» a la realidad de cada día. Recuerda que un creyente puede haber puesto su fe en el Señor en cuanto a su vida pasada y presente, pero estar viviendo al mismo tiempo la necedad de no confiar en Dios para todo lo que pueda venir… Si vivimos de esta manera, nos llenamos de preocupaciones.

Una de las primeras consecuencias que sufre el corazón incrédulo y preocupado, al «desconfiar» de Dios, es no encontrar descanso. Ni de día ni de noche. Nos despertamos muchas veces en la madrugada pensando en cosas que teníamos que haber arreglado, o que nos faltan por arreglar. Dejamos de descansar porque pensamos que no somos capaces de hacer todo lo que tenemos que hacer.

Dios quiere encontrarse con nosotros ¡incluso cuando no podemos dormir!. Si estamos pasando por situaciones difíciles debemos buscarle a Él, hablar con Él. Si hay dudas en nuestro corazón no debemos esconderlas sino decírselas. Aun de noche Dios quiere hablarle a nuestra alma:

«Bendeciré al SEÑOR que me aconseja; en verdad, en las noches mi corazón me instruye» (Salmo 16:7, LBLA).

Dios está cerca en todo momento. Cuando el día nos vence podemos hablar con Él. Si nos despertamos sobresaltados o temerosos sabemos que Él está ahí y nos aconseja. Él habla a nuestro corazón, podemos orar y descansar en Él. Necesitamos dejar todas las cosas en sus manos. Si estamos nerviosos o llenos de ansiedad podemos tomar su Palabra y leer lo que Él nos dice, confiar en cada promesa y recordar que Él está aconsejándonos e instruyéndonos aun casi sin darnos cuenta.

Nunca somos más sabios que cuando derramamos nuestro corazón delante del Señor. Él quiere escuchar nuestras dudas, nuestra desconfianza. Dios quiere curar nuestra debilidad:

«Levántate, da voces en la noche al comenzar las vigilias; derrama como agua tu corazón ante la presencia del Señor» (Lamentaciones 2:19, LBLA).

Una y otra vez Dios nos dice que nos acerquemos a Él cuando aparecen todos nuestros temores. La oscuridad, las dudas, a veces el silencio, la soledad... nos rodean de tal manera que nuestro corazón se debilita. Dios quiere que lo derramemos delante de Él. Como si fuera agua, que no tengamos secretos delante de Él. Dios espera incluso que aprendamos a llorar en Su presencia, que deseemos buscar Su rostro. Cuando lo hacemos, el corazón no sólo se derrama sino que se libera de todo lo que le ata. Cuando derramamos nuestro corazón delante del Señor, nuestra vida pierde sus límites.

hablando con Dios

Padre, aquí está mi corazón. Quiero traer delante de Ti todo lo que me ocurre sin esconderte nada. Quiero derramar mi corazón delante de Ti...

Quiero confiar y descansar en Ti. Sé que tengo muchas dudas en mi mente, pero sé que me escuchas y que vas a ayudarme, y que ocurra lo que ocurra vas a estar conmigo.

No quiero ser necio/a. Voy a tomar tu Palabra y leerla con todo mi corazón y mi mente. Que tu Espíritu me muestre claramente lo que quieres decirme, que me enseñe a amarte y a entender tus palabras. Quiero descansar en Ti, confiar en cada una de tus promesas. Dejar toda mi vida en tus manos y no confiar en nadie ni en nada más que en Ti.

Padre, quiero venir delante de Ti en todo momento, sea cual sea el lugar en el que estoy. Quiero acercarme a Ti cuando te necesito y sin embargo pienso que yo solo/a puedo arreglarlo todo. Quiero derramar mi corazón delante de Ti cuando estoy lleno/a de temores, de desconfianza o de dudas. No quiero perder el tiempo preocupándome ni añadiendo necedad a mi corazón; quiero leer tu Palabra y descansar en Ti.

Gracias por comprenderme y por liberar mi corazón de la incredulidad. Enséñame a comprenderte a Ti y a amarte cada día más.

día 16

corazón frío
e insensible

A veces leemos historias en la prensa que nos impresionan. Hace relativamente poco tiempo se supo de un médico en Sudamérica que llegó con su coche nuevo a casa. Su hijo vio el vehículo y pensó en hacer una pequeña broma, así que con un punzón rayó las dos puertas. El padre al verlo respondió pegando a su hijo en la mano, con tal vehemencia que tuvieron que llevar al pequeño al hospital porque la mano se estaba gangrenando debido a los golpes. Desgraciadamente, los médicos no pudieron detener la gangrena, así que la única manera de salvar la salud del niño fue cortarle la mano.

Semanas después, cuando el niño salió el hospital y su padre le llevó a casa, el niño le dijo: «Papá, yo no vuelvo a rayar el coche, ¿me devuelves mi mano por favor?». El padre salió en su coche rumbo al trabajo, pero a los pocos minutos paró el vehículo para suicidarse de un disparo en la cabeza.

En nuestro corazón abrigamos todos los sentimientos: si en nuestra vida hay perversidad, orgullo, odio, insensibilidad, o frialdad; es porque viene de nuestro corazón. No tenemos que buscar alrededor para encontrar a quién culpar de algunas cosas; tenemos que mirarnos a nosotros mismos. Cuando no nos preocupa que los demás sufran, o les hacemos daño a propósito, es porque nuestro corazón es de piedra.

Hay personas que son completamente insensibles y no le dan importancia. Piensan que es algo relacionado con su carácter y lo argumentan así: «Bueno, hay personas más sensibles que otras». Algunos viven con un corazón tan duro que no escuchan nada que otros les digan ¡Y mucho menos quieren aceptar lo que Dios dice! La Biblia nos enseña que hay personas que llegaron a tener un corazón así porque negaron a Dios: «*Pero el corazón de Faraón se endureció y no los escuchó*» (Éxodo 7:13. LBLA). Y en otras ocasiones, son insensibles porque aunque conocen a Dios, no quieren obedecerlo: «*No endurezcáis vuestro corazón como en Meriba*» (Salmo 95:8, LBLA; cf. Hebreos 3:8 y 4:7).

El corazón se vuelve duro cuando nada puede conmoverlo, y nadie puede llegar hasta él. Ni siquiera es capaz de sufrir, porque ha llegado a un estado de «cerrazón» tal, que no hay manera de transformarlo. Es un corazón «que se ha hecho a sí mismo».

Somos insensibles y creemos que es una cuestión sólo de carácter.

Quizás alguien que esté leyendo esto ahora mismo puede pensar: «Ese no es mi problema» y puede que tenga razón; pero déjame que te explique algo: nuestra insensibilidad es una de las mayores dificultades que tenemos delante de Dios. Aun siendo creyentes y estando «comprometidos» con Él y con la iglesia, o estar trabajando para Él, podemos tener un corazón cerrado a Dios. Podemos leer muchos versículos de la Biblia y pensar: «Esto no es para mí», y cuando nos ocurre así, es porque nuestro corazón se está volviendo de piedra. El pueblo escogido por Dios cayó en esa «trampa» y lo mismo nos ocurre a nosotros:

«*Han cerrado su insensible corazón; hablan arrogantemente con su boca*» (Salmo 17:10, LBLA).

Dios nos hizo con un corazón sensible. Dios se relaciona con nosotros, nos escucha y quiere que nosotros le escuchemos. Dios puso en nosotros un corazón que se preocupa de los demás; un corazón de carne y no de piedra. Un corazón que escucha y siente. Un corazón que ama y se ofrece. ¡Dios quiere poner dentro de nosotros un corazón como el suyo!

A veces algunas personas me dicen: ¿Cómo es que Dios te habla? Yo siempre respondo: ¿Cómo es que no te habla a ti? Porque Dios habla a través de miles de circunstancias, de voces diferentes: Habla por su Palabra; Dios habla por su Espíritu; Dios nos habla en la persona del Señor Jesús (cf. Hebreos 1:1); Dios nos habla en la naturaleza y por medio de otras personas. Él no está en silencio, aunque a veces lo creamos así. Somos nosotros los que a veces vivimos insensibles a su voz porque nuestro corazón es duro:

«*Porque el corazón de este pueblo se ha vuelto insensible y con dificultad oyen con sus oídos; y sus ojos han cerrado, no sea que vean con los ojos, y oigan con los oídos, y entiendan con el corazón, y se conviertan, y yo los sane*» (Mateo 13:15, LBLA).

El corazón «desganado»

A medio camino entre el corazón de piedra y el insensible, se queda el corazón apático. No está tan lejos de Dios como para estar endurecido ni se siente tan lejos de Él como para ser insensible, pero vive en la apatía de no querer hacer nada. De no querer moverse de donde está. Reina en esa sensación que tanto nos gusta a veces: «No tengo ganas de hacer nada».

Algunos tienen argumentos para todo: «No tengo ganas de servir a Dios, y a Él no le gustan los hipócritas, así que mejor que no haga nada». Cuando nos dejamos llevar por la apatía nos volvemos insensibles y no somos capaces de entender lo que Dios quiere decirnos. Nos engañamos a nosotros mismos y abandonamos a quien nos puede y quiere sanar.

Oír difícilmente y cerrar nuestros ojos para no ver, son actitudes demasiado comunes dentro de nuestro corazón insensible. Dios nos hizo de otra manera. Dios nos diseñó para sentir, para escuchar, para ver. Hay muchas personas que sólo «piensan». Para ellos su mente es lo único importante, y no les importa en absoluto que su corazón sea de piedra «porque los sentimientos no son buenos», dicen. Creen que pueden seguir a Dios con un corazón insensible, porque al fin y al cabo hacen lo que es correcto y creen lo que es correcto. Olvidan que Dios identifica el corazón insensible con la incredulidad, y la falta de entusiasmo con el orgullo.

Un corazón que escucha y siente, un corazón que ama y se ofrece. ¡Dios quiere poner dentro de nosotros un corazón como el suyo!

Dios mismo tuvo que decirle a una iglesia casi «perfecta» en cuanto a su doctrina y sus obras: *«Tengo una cosa contra vosotros, que habéis perdido el primer amor [...] por lo tanto, arrepiéntete [...]»* (cf. Apocalipsis 2:4). Lo que Dios está hablando es muy serio. A nosotros nos encanta defender lo que creemos y lo mucho que trabajamos. Dios dice que el mundo no va a ser cambiado por las ideas o el trabajo, sino por el amor. Pocos están tan lejos de Dios como los que creen que le conocen y trabajan para Él, pero «su corazón está lejos de mí», como dijo el mismo Señor Jesús...

Es uno de los problemas más grandes en la iglesia de hoy. A veces pudiera parecer que vamos a la iglesia para «congelarnos», mientras disfrutamos, saltamos y gritamos cuando estamos en un espectáculo deportivo; o nos emocionamos cuando vemos una película en el cine o en la televisión. Somos sensibles a todo menos al Amor y la Palabra de Dios. Nos emocionamos con todo menos con nuestro Creador. Somos los «buenos inaguantables», o los «santos antipáticos», cualquiera de las dos definiciones nos vendría de maravilla si no fuera que Dios rechaza a los corazones de piedra.

> **El grave peligro de un corazón insensible es que no escucha lo que Dios le dice. ¡Y no se da cuenta!**

El Señor Jesús se enfrentó con toda la fuerza de su carácter a un tipo de personas determinado: los religiosos. Cualquier lectura sincera y sensible (¡nunca mejor dicho!) del capítulo 23 de Mateo debería hacernos temblar, porque muchas veces nos parecemos demasiado a ellos. La religiosidad, la insensibilidad, la frialdad, la rutina o el aburrimiento no son problemas menores en el reino de Dios, sino frutos del pecado. Cuando vivimos de una manera fría, insensible, a veces hasta despiadada, es cuando más lejos estamos del carácter que Dios quiere de nosotros.

Y ese corazón frío, insensible, «de piedra» está tan esclavizado de sí mismo que tiene el peor problema que se puede tener jamás: No querer escuchar la voz de Dios. Es un corazón insensible a cualquier cambio. Un corazón que ha perdido la esencia misma de Dios: el amor.

rompiendo los límites

«Yo les daré un solo corazón y pondré un espíritu nuevo dentro de ellos. Y quitaré de su carne el corazón de piedra y les daré un corazón de carne» (Ezequiel 11:19, LBLA).

La respuesta de Dios al corazón frío es radical, no podía ser de otra manera: Un corazón sólo se hace sensible cuando nace de nuevo. No estamos hablando de un simple maquillaje, sino de un cambio de corazón, un verdadero «trasplante» espiritual. Algo que sólo puede hacer la Gracia de Dios.

Gracia, esa es la clave de todo. Es la expresión de la esencia del carácter de Dios. Cuando Dios se reveló a su pueblo en el Antiguo Testamento, la relación se estableció en base a la ley. Dios es Santo y Justo en su propio carácter, y la única manera en la que el hombre podía acercarse a la Santidad de Dios era comprendiendo las demandas de la ley aunque se diese cuenta de que era imposible cumplirlas.

Dios escribió la ley en tablas de piedra, porque la ley en sí misma es «insensible», sólo está hecha para cumplirse. La ley juzga y dicta sentencia, no «entiende» nada de corazones, vidas, sentimientos o debilidades. La ley era necesaria para demostrar nuestra culpa, para enseñarnos que estamos a «años luz» de la Santidad de Dios. La ley era imprescindible para decirnos que no sólo no somos perfectos, sino que jamás podremos serlo por nosotros mismos.

Es impresionante que las personas que quieren seguir la ley «a rajatabla» se comportan de la misma manera con los que tienen alrededor: son inflexibles, justicieros, hasta crueles. Pueden juzgar a todo y a todos... ¡Menos a sí mismos, claro! Algunos, aunque han aceptado el evangelio de la Gracia de Dios, expresada en la muerte y resurrección del Señor Jesús en nuestro lugar, pretenden vivir la vida cristiana bajo los imperativos de la ley: no sólo son «de piedra» ellos mismos, sino que quieren que los demás lo sean también.

¡El mismo problema en el que cayó el pueblo elegido por Dios una y otra vez! No es extraño que Dios les dijese (¡también una y otra vez!): *«Quitaré de vosotros vuestro corazón de piedra y os daré uno de carne».* No es que no podamos cumplir la ley, ¡es que no podemos vivir de acuerdo a ella! Dios la escribió en piedra para que «golpeáramos» contra ella nuestro orgullo y nuestros deseos de querer ser como dioses; para que nos diéramos cuenta de nuestra indignidad y nuestro pecado.

> *Algunos no sólo son «de piedra» ellos mismos, sino que quieren que los demás lo sean también.*

De eso se trata la Gracia de Dios: Él pone dentro de nosotros corazones de carne. Corazones sensibles, que no esperan ser perfectos porque saben que es imposible, pero aspiran a serlo por el poder del Espíritu Santo. Corazones que no juzgan a los demás porque conocen su propia debilidad. Corazones que se saben y se sienten indignos del amor de Dios, y por eso lo disfrutan sin límite. Corazones que se dan cuenta de que es imposible cumplir una ley escrita en piedra, y por eso aman incondicionalmente a Aquel que derrochó su amor por ellos: más allá de todos los límites. De eso se trata seguir al Señor Jesús, de que podamos «comprender» aunque sea en lo mínimo, la Gracia de Dios.

Cuando nos acercamos a Dios nuestro corazón deja de estar «frío», de la misma manera que es imposible acercarse al sol sin arder. No se puede seguir a Dios sin derrochar calor. Nadie puede creer que seguimos a Dios si somos fríos, calculadores y distantes.

Algunos creyentes no quieren acercarse tanto a Dios como para que el fuego del Espíritu les transforme. Quieren seguir un cristianismo «calculador» y en cierta manera distante. Es imposible vivir así y agradar a Dios. ¿Recuerdas lo que les sucedió a los dos que iban a Emaús el día en el que el Señor resucitó? Él se apareció y comenzó a hablar y a pasear con ellos, pero ellos no se dieron cuenta que era Jesús el que conversaba a su lado. Cuando el Señor se fue, dijeron: «No ardía nuestro corazón [...]? (cf. Lucas 24). Cuando Dios habla no podemos permanecer insensibles, aunque a veces no nos demos cuenta de que Él está ahí.

A través de toda la Biblia, uno de los símbolos del Espíritu Santo es el fuego: *«Ardía mi corazón dentro de mí; mientras meditaba, se encendió el fuego; entonces dije con mi lengua [...]»* (Salmo 39:3, LBLA). Cuando nos acercamos a Dios, rompemos los límites de nuestro frío corazón, porque la presencia de Dios hace arder nuestra vida. Cuando meditamos en su Palabra, el fuego se enciende dentro de nosotros, el calor nos llena por completo: esa paz delicada, amable y cariñosa se apodera de nosotros en un abrazo eterno. Cuando el Espíritu de Dios toca nuestra vida, el corazón deja de ser de piedra y se hace un corazón de carne. Sensible. Capaz de escuchar a Dios y emocionarse.

Cuando Dios habla nuestro corazón arde, no puede ser de otra manera.

No podemos olvidar que si nos acercamos a Dios y su fuego no renueva nuestro interior, es porque algo anda mal dentro de nosotros. Si seguimos siendo insensibles a Dios, es quizás porque nunca hemos temblado delante de Él. Sí, quizás sabemos mucho de su Palabra o vamos a la iglesia continuamente, pero no como si fuera lo más importante en nuestra vida. No como para que Dios ponga Su mano sobre nosotros y transforme todas las cosas de acuerdo a Su voluntad.

Job aprendió lo que significaba liberar su corazón cuando dijo: *«Ante esto también tiembla mi corazón y salta de su lugar»* (Job 37:1, LBLA). Cuando nuestro corazón está frío, insensible o apático, la única manera en que Dios puede transformarlo es hacerlo temblar. Dios toca nuestra vida y hace tambalear todas nuestras estructuras para que nos demos cuenta de que le necesitamos a Él. Dios afirma y fortalece nuestro corazón cuando temblamos en su Presencia, no por miedo, sino por ese bendito temor de no querer hacer nada contrario a Él.

Aun sabiendo que Dios es Amor, y que Su amor por nosotros es inquebrantable, jamás debemos olvidar Su santidad y Su justicia. Aunque no nos guste recordarlo, una de las mejores cosas que pueden ocurrir en nuestra vida es pasar un examen delante de Dios, para que nuestro corazón se vuelva sensible.

«Temblad, y no pequéis; meditad en vuestro corazón sobre vuestro lecho, y callad» (Salmo 4:4, LBLA).

La victoria sobre el mal no se obtiene cuando conocemos todas las respuestas, sino cuando amamos. Vencemos el pecado no por el conocimiento frío en nuestra mente sino por un corazón sensible que tiembla delante de quien ama por temor a defraudarle. Examinar nuestro corazón en medio de la noche, meditar en lo que Dios dice y hace, es un paso imprescindible para acercarnos al Señor y escucharle. Cuando nos despertamos en la noche, o cuando meditamos en la tranquilidad de nuestro hogar, es cuando mejor podemos ver cómo está nuestro corazón y lo lejos o cerca que estamos del Señor.

Es la gran paradoja de la vida cristiana: cuanto más frío está nuestro corazón, menos tiembla. Cuanto más cerca estamos del Señor y más arde nuestra vida en su Presencia, más nos emocionamos con Él. Nuestro corazón encuentra su lugar porque está hecho a la imagen de Su Creador.

Por último, recuerda que Dios también puede hablarte por medio de un buen amigo: *«Como el agua refleja el rostro, así el corazón del hombre refleja al hombre»* (Proverbios 27:19, LBLA). Contra la insensibilidad, amistad. Parece un slogan publicitario, pero realmente es así: Dios muchas veces utiliza a nuestros amigos no sólo para que se preocupen por nosotros, sino también para que nosotros nos preocupemos por ellos. No estamos hechos para vivir solos. Nuestro corazón no es feliz en la soledad, la insensibilidad y la frialdad aunque a veces lo creamos así. Cuanto más trabajamos en la amistad, más se ensancha nuestra alma, porque ya no vivimos solamente en nuestro corazón, sino en el corazón del amigo.

Los buenos amigos nos ayudan a acercarnos a Dios. Nos enseñan cuando nuestro corazón está duro. Nos muestran que de la misma manera que Dios no hubiese sido «perfecto» si no viviera dentro de la Trinidad, tres personas distintas relacionándose entre sí, pero un solo Dios; tampoco nosotros podemos ser felices si no nos relacionamos con otros. Y no sólo hablamos de amistad sino también de relaciones familiares. Dios nos hizo nacer en una familia para ayudarnos unos a otros. Los corazones de piedra, fríos y arrogantes, tienen dentro de sí mismos su propia condenación.

> *Es la gran paradoja de la vida cristiana: cuanto más frío está nuestro corazón menos tiembla.*

Esa es una de las razones de la existencia del cuerpo de Cristo; Dios no nos salva para estar solos. El apóstol Pablo escribe en todas sus cartas cómo su corazón fue confortado por los amigos que Dios le dio: Tito, Epafras, Bernabé, Timoteo, Priscila y Aquila… Las listas que Pablo da al final de sus cartas son una muestra del amor de Dios con él, y el apóstol lo sabía.

Por eso el Espíritu de Dios quiso que esas listas llegaran a nosotros, para que nos demos cuenta de que no podemos vivir solos. Parte del plan de Dios es trabajar en nuestro corazón a través de los demás miembros del cuerpo de Cristo.

Dios quiere estar cerca de nosotros para que nuestro corazón «arda» y deje de ser de piedra. Lo hace con Su presencia, con las circunstancias; trabaja a través de la familia y de nuestros amigos. Dios usa a otras personas en el mismo cuerpo de Cristo para hablarnos, animarnos, consolarnos y fortalecernos. Dios quiere usarnos a nosotros también para ayudar a otros. Para que dejemos de poner límites a nuestro corazón.

hablando con Dios

Padre, dame un corazón sensible. Quita de mí este corazón de piedra, que no es capaz de mirar a nadie sino a sí mismo, y que tantas veces se alegra por lo malo que le ocurre a otros, que sólo busca su propio bien. Necesito que mi corazón arda para Ti… Que pueda creer todo lo que Tú dices.

Necesito que mi corazón pueda confiar en Ti aun cuando las tempestades azoten mi vida. Enséñame a temblar en tu presencia, no de miedo sino de emoción. No porque me sienta incómodo, sino porque mi ilusión es escucharte y abrazarte. Enséñame a emocionarme por tu Espíritu Santo y que cada vez que lea tu Palabra sepa que Tú mismo estás hablando.

Enséñame a disfrutar con tu Palabra, a escuchar lo que Tú quieres decirme. Ayúdame a ver lo que quieres enseñarme, tener mis ojos abiertos para verte y mis oídos dispuestos a escucharte. Dame sabiduría para conocer lo que quieres decirme, por cualquier medio o persona que quieras hablarme. Te necesito.

Dame sabiduría para cuidar a mis amigos y agradecerles todo lo que Tú haces por medio de ellos. Necesito ser sensible para ayudarlos yo a ellos cuando lo necesitan. Enséñame a dar gracias por todas las personas que forman Tu iglesia, el cuerpo de Cristo, y danos un corazón sensible para amarnos unos a otros. En el nombre del Señor Jesús te lo pido.

día 17

corazón
infiel

A comienzos de los años ochenta, los estudios en la Universidad consumían la mayor parte de mi tiempo. A punto de terminar mi carrera y con la tesis doctoral en puertas, a duras penas podía sacar tiempo para ayudar en la iglesia y para disfrutar con los amigos. Muchas veces me veía en situaciones «tensas» sólo porque había que correr de un lugar a otro sin casi prestar tiempo a detalles o palabras. En uno de esos días reinó un malentendido con mi mejor amigo, y por varios días no nos hablamos ni intentamos solucionarlo. Aparentemente no había tiempo para eso. Los dos estábamos demasiado ocupados como para poder hacer algo. Lo triste fue que al pasar los días, nuestra amistad se fue enfriando poco a poco, y aquello parecía no tener remedio.

Bastantes días después tuve que tomar un tren para ir a la ciudad en la que estábamos estudiando, y momentos antes de llegar a la estación me di cuenta de que mi amigo tenía que tomar el mismo tren durante esos días. Cuando llegué al vagón que estaba señalado en mi billete y al asiento que me tocaba ocupar, casi me caigo de la sorpresa: al lado mismo estaba sentado mi mejor amigo. Nos sonreímos y comenzamos a hablar casi sin parar durante las más de siete horas que duró el viaje. Cuando comparamos los dos billetes, nos dimos cuenta del sentido del humor de nuestro Dios. Yo había ido a comprarlo esa misma semana, él tenía su billete desde hacía casi un mes; y con más de veinte días de diferencia, Dios había querido que los dos estuviésemos sentados durante todo el viaje el uno al lado del otro.

Todavía conservo los dos billetes como recuerdo. Dios nos enseñó muchas cosas durante esos días sobre lo que significa ser fiel a quien quieres. Creo que esa fue la última vez que discutimos «en serio». El Señor permitió que nuestra amistad continúe firme, y cada vez que recordamos aquel momento, sólo podemos sonreír agradecidos. Los dos aprendimos que la fidelidad es más importante que cualquier otra circunstancia.

Sé que algunos dicen todo lo contrario, pero yo creo que nuestro corazón está hecho para ser fiel. Un corazón es feliz cuando pronuncia promesas de fidelidad. A todos nos ha pasado, cuando tenemos un buen amigo no queremos que se vaya jamás.

Nuestro corazón es feliz cuando es fiel.

Cuando nos casamos, prometemos demostrar nuestro amor hasta la eternidad. Amamos a nuestros hijos, a nuestros padres y hermanos, nos gustaría no separarnos de ellos nunca. Nuestro corazón es así, es feliz cuando es fiel.

Algunos creen que la infidelidad es atractiva, porque a veces, esa sensación de introducirse en lo desconocido puede hacernos temblar de emoción, y en cierta manera es como si estuviésemos viviendo una aventura nueva; pero la realidad es que un corazón infiel vive esclavizado, porque termina sin poder confiar en nadie. Puede decirse que no sabe confiar ni siquiera en sí mismo y es imposible encontrar significado en la vida si no podemos confiar en nada ni en nadie.

Ser infiel parece ser la moda: vivir de una manera desleal en las relaciones personales con nuestra familia, con los amigos, con los que nos conocen, o con la gente con la que trabajamos… Ser infiel incluso en lo que hacemos, porque muchos trabajan sólo cuando les ven; y aparentan una cosa y son otra. Mienten sin ningún rubor, y te enseñan que ya no tiene valor, no sólo la palabra de una persona en un trato, sino incluso lo que está escrito, porque siempre habrá «letra pequeña» a la que referirse cuando quieran decir o hacer lo contrario a lo que se han comprometido. Vivimos en una sociedad infiel, y a fuerza de recibir infidelidades nos volvemos infieles nosotros también.

Cuando nuestro corazón descubre que no puede confiar en casi nadie, se va destruyendo poco a poco. No está hecho para vivir esas experiencias. ¿Has pensado alguna vez por qué hay personas que vuelven a buscar a su primera pareja después de casarse tres o cuatro veces más? Puede que se den cuenta demasiado tarde de que lo que realmente importaba era luchar por lo querido, vivir de una manera diferente… ser fiel, en «dos» palabras.

La infidelidad siempre esclaviza a nuestro corazón en todas las áreas de la vida. Cuando decimos algo y no lo cumplimos, o cuando mentimos; cuando abandonamos a quien confía en nosotros, cuando vivimos según los dictados del momento y renunciamos a nuestro honor, cuando hacemos así, terminamos siendo esclavos de todo y de todos. Los demás aprenden que no somos dignos de confianza y nosotros dejamos de confiar en ellos porque pensamos que nos pueden hacer lo mismo que nosotros les hemos hecho.

Exactamente igual ocurre en nuestra relación con Dios. Déjame que te lo diga de una manera muy sencilla: Un creyente es aquel que confía en Dios; fiel es la persona en la que Dios puede confiar. Cuando somos infieles nada nos hace vivir tranquilos, porque llegamos a desconfiar de todo el mundo. Dudamos incluso de la fidelidad de Dios, porque pensamos que Él no se preocupa por nosotros, que no nos va a cuidar. Llegamos a sentir que no somos valiosos para Él y que Él no cumple sus promesas, porque nosotros no cumplimos las nuestras.

A fuerza de recibir infidelidades nos volvemos infieles nosotros también.

Nada más lejos de la realidad. Cuando pensamos que Dios es como nosotros, perdemos de vista su fidelidad y le revestimos con nuestra infidelidad. Dios es muy claro cuando nos enfrenta a esa situación y nos señala: *«Pues su corazón no era leal para con Él, ni eran fieles a su pacto»* (Salmo 78:37, LBLA).

Lealtad, fidelidad, confianza, son mucho más que palabras; tienen mucha más trascendencia en nuestra vida de lo que pensamos. Si nos dejamos llevar por la infidelidad, vivimos esclavizados por lo nuevo, por lo que pueda presentarse, a veces incluso por la misma muerte, porque siempre queremos probar algo desconocido, porque nuestro corazón jamás se satisface. Aunque nos suena raro, ese mismo «afán» de infidelidad nos puede llevar a la atracción por la muerte, y esa es una de las razones por las que alguna gente se suicida, porque piensa que por muy malo que pueda ser lo que hay «al otro lado», siempre será mejor que lo de ahora. Ese acaba siendo el peor engaño de nuestro corazón desleal.

Desgraciadamente muchos son infieles a Dios aun a pesar de que lo único que ganan es su propia locura. El Señor Jesús nos enseñó que el maligno viene para robar, matar y destruir (Juan 10:10), y lo hace porque él es infiel en su corazón; fue desleal a quien le creó y vive con el único objetivo de que todos sean tan infelices y malvados como él. Muchos le siguen ciegamente, otros lo hacen aun sabiendo en dónde se están metiendo sin querer reconocer que el corazón jamás encontrará su libertad mientras vive en el robo, la muerte y la destrucción.

Nadie puede ser libre si es infiel. Es curioso, porque muchos pueden pensar que la fidelidad «ata» más que ninguna otra cosa, y que quizás un corazón infiel puede hacer «más cosas» y vivir con más «libertad» que uno que ha decidido amar con lealtad. Es la gran paradoja del amor: cuanto más amamos a alguien más fieles queremos ser, más queremos edificar la confianza en esa persona o en esa amistad. La lealtad conviene a nuestro corazón, porque le enseña a descansar en el amor a pesar de todos los sufrimientos o los desengaños. Ésa es la razón por la que es mejor sufrir por un desengaño que vivir sin poder confiar jamás en nadie.

El amor se mide con el termómetro de la entrega y muchas veces del sufrimiento, todo lo demás son sólo palabras. Cuando amamos nos entregamos, y cuanto mayor es el amor, mayor es la fidelidad. Fidelidad que a veces implica sufrimiento, pero esa decisión de entregarnos la tomamos con gusto porque el amor no tiene precio. Si no hay entrega, fidelidad y deseo inquebrantable de seguir al lado de quien amas, es porque el amor no es sincero, no es válido, o es mucho menor de lo que pensamos.

Creyente es el que confía en Dios. Fiel es aquel en quien Dios confía.

Algunos hablan de «amor libre» como si eso fuese lo mejor que puedes conseguir. Afirman que el amor no tiene ataduras y que se puede ir de un lugar a otro viviendo como uno quiere sin pensar en las consecuencias. Para los que defienden el amor libre, la fidelidad no existe y la lealtad de corazón es sólo una cualidad momentánea. Son personas que no saben realmente lo que es amar, porque el amor, cuanto más se manifiesta y más perfecto se hace, es más leal. El amor vive y disfruta de la fidelidad y la confianza. El amor se acuesta descansando en la persona que ama y se despierta agradeciendo la confianza mutua con esa persona. Cualquier otra cosa es sólo un juego que destruye y mata.

Destruye nuestro corazón y el de los demás. Nos esclaviza con una vida llena de engaños y mentiras. Nos mata con sobresaltos y sorpresas desagradables casi a cada momento, nos impide vivir tranquilos y en paz. Un corazón que no ama y no es fiel, no sabe ser feliz.

rompiendo los límites

A veces, nuestro corazón está limitado por características o circunstancias que podemos descubrir de una manera muy sencilla. En el caso del corazón infiel ocurre todo lo contrario: es difícil descubrir que nuestra lealtad no es firme, así que podemos hacer muy poco si no dejamos que Dios nos examine a fondo. La infidelidad es una enfermedad de lo más profundo del corazón, que no puede curarse a base de pequeñas dosis de medicina, Dios tiene que trabajar en lo más hondo de nuestro ser.

¿Sabes la razón? Muchas veces ni siquiera nosotros mismos sabemos lo que tenemos en nuestro interior, así que el deseo que el rey David expresó en una de sus canciones es la mejor motivación que podemos tener: *«Escudríñame, oh Dios, y conoce mi corazón; pruébame y conoce mis inquietudes»* (Salmo 139:23, LBLA). Algunos pensamientos y deseos que tenemos dentro de nosotros son casi imposibles de reconocer. Los demás no lo ven, nuestra apariencia no lo delata e incluso nosotros mismos no nos damos cuenta de que están ahí; así que sólo Dios puede llegar hasta lo más profundo de nuestro corazón para ver si hay alguna conducta infiel, si realmente somos leales o no.

Ese examen es imprescindible para que nuestro corazón encuentre la libertad, porque muchas veces tenemos actitudes dentro de nosotros que nos esclavizan. ¡Y ni siquiera nos damos cuenta!

Pedir a Dios que pruebe nuestro corazón es una de las claves de la vida. Desde las primeras páginas de la Biblia Dios nos enseña que a veces, circunstancias que Él permite que atravesemos ocurren simplemente para probar nuestro corazón: *«Dios [...] te puso a prueba para conocer lo que había en tu corazón»* (Deuteronomio 8:2, NVI). Dios nos prueba para que nuestra fidelidad sea fortalecida, porque cuando Él permite una situación difícil, es siempre para sacar lo mejor de nosotros.

«Por tanto, debes comprender en tu corazón que el Señor tu Dios te estaba disciplinando así como un hombre disciplina a su hijo» (Deuteronomio 8:5, LBLA).

Ahora puede que alguno no quiera seguir leyendo, porque si no nos suele gustar hablar de «exámenes», ¡mucho menos aceptamos que tengan que disciplinarnos! Pero es imprescindible. La lealtad de nuestro corazón necesita ser probada. No sólo debemos dejar que Dios nos examine y nos discipline, ¡tenemos que desearlo!

Dios conoce lo que hay en lo más profundo de nuestro corazón y nos ama. Él sabe todo lo que somos: nuestros pensamientos, nuestros hechos, nuestras motivaciones;

conoce cada uno de nuestros errores y nuestras faltas, pero JAMÁS nos abandona ni dice una sola palabra de nosotros a nadie. Eso es fidelidad en grado sumo. Cuando nosotros comprendemos lo que eso significa, aprendemos a ser fieles de la misma manera. Aprendemos a amar sin abandonar, a querer sin criticar; aprendemos a tener un corazón como el de Dios. Y cuando somos leales somos libres, porque Dios rompe los límites de nuestro corazón.

A veces nuestro corazón puede ser tan infiel que no nos damos cuenta.

Cuando Dios nos examina, nos prueba, y nuestro corazón no tiene secretos para Él, nos tiene por fieles. No quiere decir que seamos perfectos, sino que Dios confía en nosotros. Dios siempre va un paso más adelante que nosotros, siempre nos considera mejores de lo que somos, siempre espera lo mejor; siempre está dispuesto a ayudarnos para vivir de una manera más libre:

«*Hallaste fiel su corazón delante de ti, e hiciste con él un pacto para darle la tierra [...] para darla a su descendencia. Y has cumplido tu palabra, porque eres justo*» (Nehemías 9:8, LBLA).

Es curioso porque cuanto más examinamos nuestro corazón, más indignos nos sentimos. Cuanto más deseamos y dejamos que Dios lo examine, más fieles nos encuentra Él. Todo depende de nuestra actitud y de nuestras motivaciones. Si queremos escondernos de Dios estamos perdidos: ¿Recuerdas lo primero que Adán y Eva hicieron después de pecar? Esconderse. Si intentamos vivir siempre de una manera transparente delante de Dios, nuestro corazón aprende a ser fiel.

Por último, necesitamos que nuestro corazón no sólo sea fiel a Dios, sino también a nuestra familia, a nuestros amigos, a la gente que nos rodea. Si realmente estamos cerca de Dios, los demás van a notarlo. Si vivimos una vida fiel a Él, también viviremos de la misma manera con nuestra esposa, nuestro marido, hijos, padres, hermanos, amigos, iglesia, etc. Dios no admite la lealtad sólo en una dirección, Él no quiere nuestra fidelidad a costa de abandonar a todos los demás. Cuando nos creemos tan «espirituales» que nos despreocupamos de todos los demás, Dios dice que nuestras oraciones no son ni siquiera escuchadas (cf. 1 Pedro 3:7). Si hablamos de fidelidad y conocemos lo que significa ser fieles, todos tienen que darse cuenta. Comenzando por nuestra familia:

«*El hará volver el corazón de los padres hacia los hijos, y el corazón de los hijos hacia los padres, no sea que venga yo y hiera la tierra con maldición*» (Malaquías 4:6, LBLA).

Aunque este no es un libro sobre situaciones familiares, sí hay un par de cosas que debemos saber al leer ésta promesa de Dios. Lo primero es que si hemos pasado (io estamos pasando ahora!) por circunstancias familiares injustas, cosas que no podemos cambiar o remediar; personas que no nos aceptan o no nos aman, o incluso que no quieren saber nada de lo que Dios dice, hay una promesa para nosotros. Dios puede ayudarnos, en primer lugar viviendo con nosotros en el sufrimiento, y en segundo lugar marcando un día en el que Él tendrá la última palabra, no los que nos hacen sufrir.

Aprendemos a amar sin abandonar, a querer sin criticar.

Hay una consecuencia de la fidelidad que jamás debemos olvidar, y es vivir siempre en la voluntad de Dios. Demasiadas veces incluso personas «espirituales» y en puestos importantes en organizaciones misioneras e iglesias dejan a un lado todo tipo de lealtad, para abandonar a su familia, a su marido o su mujer dependiendo del caso; y siguen «sirviendo» a Dios como si nada hubiera sucedido.

Sé que no podemos entrar aquí en la profundidad del tema, ni mucho menos mencionar todas las circunstancias, pero algo anda mal cuando somos capaces de tomar decisiones drásticas que cambian vidas por completo, sin pensar un solo momento en la fidelidad de Dios con nosotros… y en la que nosotros le hemos prometido y debemos a los demás.

Demasiadas personas dejan de ser fieles a su familia, amigos, conocidos etc. Como si nada pasara y siguen viviendo como si nada hubiese ocurrido.

Matrimonios que se rompen de una manera demasiado fácil, amigos que se distancian para siempre por cualquier cosa, iglesias que se dividen por auténticas tonterías no son los mejores ejemplos de fidelidad que los que conocemos a Dios deberíamos dar a este mundo. Puede que necesitemos más que nunca que Dios examine a fondo nuestro corazón, que nos pruebe por completo.

Puede que necesitemos más que nunca que Dios coloque dentro de nosotros un corazón fiel como el Suyo. Lo necesitamos nosotros y lo necesitan los que nos rodean.

hablando con Dios

Padre, siempre sentimos temor cuando tenemos que pasar por pruebas. No nos gusta que nadie nos examine, porque tenemos miedo a fallar. Yo quiero que me examines y pruebes mi corazón. Que llegues hasta donde Tú quieras y me enseñes a ser fiel.

Mira mis motivaciones, mis actitudes. Prueba mis sentimientos si estoy haciendo o planeando algo en contra de Ti, o de mi familia, o de mis amigos. No me dejes caer en la senda de la infidelidad.

Prefiero sentir la disciplina de tu mano que hacer algo que te deshonre a Ti. Quiero ser fiel en mi matrimonio, en mi familia, en mi iglesia. Fiel con mis amigos. Fiel en los tratos que hago con otras personas. Fiel en el trabajo, en el lugar en el que Tú me has colocado.

Quiero ser fiel a Ti, aunque me cueste la vida. Te pido que Cristo sea santificado en mi vida, que cuando los demás me vean puedan ver algo de Él.

Quiero tener un corazón como el Tuyo, porque a pesar de que fallo muchas veces, Tú sigues siendo fiel. Sigues amándome y confiando en mí.

Quiero vivir como Tú, en el nombre del Señor Jesús.

día 18

corazón
avaro

Hace muy pocos meses estaba viendo uno de los informativos de una cadena de televisión. De repente, las noticias políticas y de sucesos dejaron paso a una imagen que me cautivó: trescientos «Ferraris» recorrían la misma calle, uno detrás de otro. La ciudad era Hong Kong, y el periodista explicó que se trataba de batir un record mundial para inscribir en el libro Guiness: «El mayor número de coches de la conocida marca italiana en una sola calle».

En principio, me quedé impresionado con el hecho de que hubiera en Hong Kong más coches de este estilo que en ninguna otra ciudad del mundo, teniendo en cuenta que la ciudad asiática tiene muy pocos kilómetros de carretera como para sacarle el máximo partido a un bólido que puede alcanzar los trescientos kilómetros por hora. Al ver las imágenes, encontré coches de todos los modelos, alguno de ellos incluso con un precio superior a los cuatrocientos mil euros, pero lo más curioso fue ver que muchos de esos coches no estaban matriculados. Me pregunté la razón, y de repente el periodista que cubría la noticia dijo: «Quizás algunos de ustedes se están preguntando por qué muchos coches no están matriculados». «Buen periodista», pensé yo… «La razón es que mucha gente tiene un Ferrari, pero no paga los gastos del seguro y la matrícula. Simplemente lo tiene en el garaje, para que todos sepan que lo tiene, pero nunca lo matricula ni lo saca a la calle».

¡Vaya locura! Comprar uno de los mejores coches del mundo para tenerlo escondido. Gastar cientos de miles de euros en un deportivo para jamás viajar en él. No sé si se trata de un problema de avaricia, de orgullo, de soberbia, de culto a las apariencias; o incluso todo a la vez. Hasta es difícil de creer que se trate de un problema de locura, porque de otra manera tendríamos que admitir que son muchos los que están locos.

Todo por tener algo más que los demás, por aparentar, por enseñar a otros que tenemos el suficiente dinero para satisfacer nuestros caprichos. Todo nos entra por la vista, y queremos que sea nuestro todo lo que vemos. No es algo nuevo, la Biblia nos enseña que el corazón avaro vive de lo que ven sus ojos:

> Hay personas que ejercitan su corazón en la avaricia... No dejan de «entrenarse» para ser más avaros cada día.

«Tienen los ojos llenos de adulterio y nunca cesan de pecar; seducen a las almas inestables; tienen un corazón ejercitado en la avaricia; son hijos de maldición» (2 Pedro 2:14, LBLA).

La Palabra de Dios es impresionante siempre, sus definiciones son perfectas. No sólo nos habla de un corazón lleno de adulterio, sino que nos dice que la razón es que ese mismo corazón está «ejercitado» en la avaricia. ¡No deja de entrenarse cada día para ser más avaro! De la misma manera que hacernos ejercicio físico o que nos disciplinamos para encontrar tiempo para nuestra familia o incluso para leer la Palabra de Dios, ¡hay personas que se ejercitan en ser más avaras cada día! Eso sí que es tener un corazón limitado por completo.

Un corazón avaro es un corazón esclavo. No se sacia nunca. Siempre necesita algo más. Hace muchos años, un periodista le hizo una pregunta genial a la persona más rica del mundo en aquel momento, el conocido Rockefeller; la pregunta fue: «¿Cuánto dinero se necesita para ser feliz?» Rockefeller dijo casi sin pestañear: «Sólo un poco más». La persona que tenía en sus cuentas miles de millones de dólares admitió que para ser feliz necesitaba algunos dólares más. Admitió con sus palabras que el corazón jamás se sacia.

Ese corazón ejercitado en la avaricia no es propiedad exclusiva de los que tienen mucho, sino también el de los que tienen poco, pero desean tener mucho más. No dejan de entrenar a su corazón para ser más avaro y tener más cada día. Tenemos más cosas, dinero y conocimiento que en ningún otro momento de la historia, pero no hemos crecido en amor, y en ayudarnos unos a otros. Vivimos más insatisfechos que nunca, porque nuestro corazón no se sacia.

Job sabía lo que significaba que su corazón se fuera «tras sus ojos»: *«Si mi paso se ha apartado del camino, si mi corazón se ha ido tras mis ojos [...]»* (Job 31:7, LBLA). Hoy deberíamos saber ya de memoria que la apariencia puede llegar a ser la reina de nuestras vidas. El corazón se va detrás de nuestros ojos porque sólo le damos importancia a las cosas que se ven. Cuando vivimos preocupados por la apariencia estamos siendo esclavizados por otras personas, porque vivimos siempre pensando en lo que otros puedan decir de nosotros.

En ese proceso, los ojos del corazón jamás se sacian. Siempre queremos más, siempre hay algo que nos gusta más. Nunca nos sentimos llenos, agradecidos, satisfechos con lo que tenemos. Un corazón avaro se esclaviza a sí mismo porque jamás se siente saciado. Siempre hay algo nuevo que tener, algo bonito que comprar, algo deseable sin lo que (creemos) no podemos vivir.

Es el mayor engaño de la modernidad. Como alguien dijo una vez: «Tratamos de gastar el dinero que no tenemos en lugares que no podemos pagar, para causar buena impresión a gente que casi no conocemos». En el reinado de la avaricia los que toman las decisiones siempre son los demás, porque nosotros sólo nos sentimos satisfechos cuando los demás lo están (¿?). Lo único que importa es quedar bien delante de los demás, estar bien «aparentemente». Se gastan millones de euros en operaciones de estética que incluso a veces ponen en peligro la propia salud para ser de otra manera, para aparentar menos edad, o más edad; o tener más volumen, o menos volumen... ¡O muchas otras cosas, porque parece como si nadie estuviera contento con lo que es y tiene!

> *El corazón avaro se esclaviza siempre por su propia vanidad.*

Esa misma sensación la trasladamos al interior de nuestro corazón. Querer cambiar nuestro exterior es sólo una manera de decir que nos gustaría cambiar también nuestro interior, pero no podemos. En ese proceso nuestro corazón sufre y se hace esclavo de la apariencia. Apariencia física y apariencia espiritual. Salomón escribió un día:

«No codicies su hermosura en tu corazón, ni dejes que te cautive con sus párpados» (Proverbios 6:25, LBLA).

Algunos aplican este versículo sólo a la hermosura de una mujer, pero creo que Dios quiere ir mucho más allá. Dios quiere que lo apliquemos hasta lo más profundo de nuestra llamada sociedad de consumo, que lo único que hace, es consumirnos a cada uno de nosotros. Cuando sólo buscamos la belleza y la apariencia somos esclavos de lo que se ve. Incluso llegamos a juzgar a los demás por lo que tienen, ¡pecando al hacer distinción de personas! (cf. Santiago capítulo 2). Amamos a los que tienen mucho y nos acercamos a los que acaparan dinero mientras despreciamos a los que tienen poco. Caemos en la esclavitud de la apariencia física y espiritual porque podemos estar jugando en nuestra vida espiritual y hacer muchas cosas sólo *«para que los demás nos vean»* (cf. Mateo 23).

Lo recordamos una vez más: Aun teniendo todo, el corazón avaro no disfruta de lo que tiene. El mismo Salomón, la persona más rica del mundo (¡algunos dicen que de todos los tiempos!), lo descubrió en su propia vida: *«Dije yo en mi corazón: Ven ahora, te probaré con el placer; diviértete. Y he aquí, también esto era vanidad"* (Eclesiastés 2:1, LBLA). El corazón avaro jamás es libre, porque jamás se satisface; siempre quiere más. Vive siempre acaparando con la sensación de que todo es vanidad; «correr tras el viento» sin alcanzar nada.

El que es avaro jamás disfruta. No es feliz con lo que tiene por miedo a perderlo o a gastarlo. No puede ser feliz tampoco porque ve cosas que no puede alcanzar. No sabe ni puede disfrutar de lo que tiene ni de lo que no tiene. No sabe ni puede disfrutar con otras personas por temor a lo que puedan pensar, decir o hacer. El que vive en la avaricia está limitado en lo más profundo de su interior, porque jamás es feliz. Nunca le ha abierto una puerta al contentamiento.

rompiendo los límites

La avaricia se ha «disfrazado» con muchos trajes diferentes. Alguno de ellos incluso suena espiritual: «No es bueno derrochar lo que tanto nos cuesta conseguir». Es cierto, Dios no nos llama a derrochar, o a vivir tirando lo que Él nos regala; pero también tenemos que reconocer que nuestro amor al dinero es mayor de lo que pensamos. Y el problema se hacer más grave cuando Dios nos dice que ese amor al dinero es la raíz de todos los males.

Algunos pueden pensar que ser un poco avaro no es malo, que puede ser parte de nuestro propio carácter. «Hay gente más desprendida, a mi me cuesta más dar», parece un buen argumento. La gran sorpresa nos la llevamos cuando Dios nos dice que tener un corazón avaro es ser idólatra:

«Pero que la inmoralidad, y toda impureza o avaricia, ni siquiera se mencionen entre vosotros, como corresponde a los santos; ni obscenidades, ni necedades, ni groserías, que no son apropiadas, sino más bien acciones de gracias. Porque con certeza sabéis esto: que ningún inmoral, impuro, o avaro, que es idólatra, tiene herencia en el reino de Cristo y de Dios» (Efesios 5:3-5, LBLA).

La sorpresa para muchos es darse cuenta que para Dios, ser avaro es literalmente ser «idólatra».

Está muy claro. La avaricia ni siquiera se debe mencionar entre nosotros, está a la misma altura que cualquier otra necedad. Dios va más allá y nos dice que el avaro es idólatra y por lo tanto no tiene herencia en Su reino. Nada de excusas. Nada de diferencia de temperamentos o cualidades; el avaro vive completamente equivocado aun yendo a la iglesia, porque su dios es el dinero. Es un idólatra con todas las de la ley.

La única manera de luchar contra esa idolatría es dar. Sólo liberamos nuestro corazón de la esclavitud de la avaricia y del amor al dinero cuando disfrutamos de lo que tenemos y ayudamos a otros; de esta manera nos parecemos a Dios. Sí, porque si somos un reflejo del carácter de Dios no debemos olvidar que la avaricia es justamente lo contrario a lo que Dios es, porque Él da siempre, sin esperar nada a cambio. Dios da sin medida y a todos, lo merezcan o no; mejor dicho, lo merezcamos o no; aunque también habría que discutir si alguien merece que Dios le dé algo.

A Dios le encanta bendecir, regalar, y lo que da siempre es muy valioso; a nosotros, hablar mal y acumular, aunque lo tengamos no sirva para nada.

A Dios le encanta bendecir, dar, regalar; y le encanta hacerlo sin límite y con el corazón abierto. A nosotros nos suele gustar más hablar mal (eso es maldecir, no podemos olvidarlo) y acaparar… lo máximo posible.

Si no comprendemos eso es porque no hemos llegado a entender las palabras del Señor Jesús: *«No podéis servir a Dios y a las riquezas»* (cf. Mateo 6:24, LBLA), porque en último término, tal como el Señor enseñó, sólo existen dos dioses en el mundo: Dios y «mamón» («riquezas» en el idioma arameo). En nuestra vida todo se reduce a saber a quién estamos sirviendo. Si servimos a Dios, nuestro corazón conoce lo que es el desprendimiento, el ayudar a otros, bendecir, dar… porque Dios es así.

Si «adoramos» a las riquezas, sólo nos preocupamos de nosotros mismos, de tener y acaparar; y en eso confiamos. Es curioso el contraste con la frase que aparece escrita en inglés en el billete de dólar: «Confiamos en Dios», porque en su raíz, «mamón» significa «donde uno se apoya», es decir, aquello en lo que uno confía. Ese es el contraste: Cada uno de nosotros decide en quién confía en su vida, y sólo hay dos posibilidades: o confiamos en Dios, o confiamos en el dinero. Esa decisión nos marca para siempre, porque la estamos tomando una y otra vez, un día tras otro.

«No confiéis en la opresión, ni en el robo pongáis vuestra esperanza; si las riquezas aumentan, no pongáis el corazón en ellas» (Salmo 62:10, LBLA).

El corazón avaro no depende de lo que tiene ni crece cuando aumentan las posesiones. ¡Se puede ser avaro incluso no teniendo nada! Pero hay que reconocer que cuanto más se tiene, más peligro existe de querer poner nuestro corazón en lo que tenemos; nuestra confianza en las posesiones o nuestra seguridad en la cuenta bancaria. Cuanto más tenemos, mayor es el peligro de buscar la comodidad en todo aquello que hemos podido adquirir, y nuestra fuerza en el trabajo o la inteligencia que «tenemos» para ganarlo todo.

Rompemos los límites de nuestro corazón cuando damos un vuelco a las cosas, cuando comenzamos a verlas como Dios las ve. A nosotros nos encantan las apariencias, y esa es la razón por la que se le da tanta importancia a las marcas de ropa, los modelos de coches, los últimos aparatos electrónicos o los lugares «chic» y el tipo de gente que hay en ellos.

Dios mira el corazón, así que no le importa en absoluto lo que nosotros «nos ponemos» encima. Jamás habla sobre la apariencia de las personas, si no es para hacernos comprender que no sirve para nada. Sí, lo has leído bien, para nada; porque todo lo que tenemos, por muy caro que sea es sólo algo material que va a ser destruido, se va a corromper o alguien puede robarlo. Así viven todos los que *«se jactan en las apariencias y no en el corazón»* (2 Corintios 5:12, LBLA).

Sólo podemos vivir con un corazón libre de las ataduras de la avaricia cuando le damos importancia a lo que hay dentro de cada persona. Cuando aprendemos a buscar el corazón de las personas más que su exterior.

> **A Dios no le importa en absoluto lo que nosotros nos «ponemos» encima.**

«Pero el Señor dijo a Samuel: No mires a su apariencia, ni a lo alto de su estatura, porque lo he desechado; pues Dios ve no como el hombre ve, pues el hombre mira la apariencia exterior, pero el Señor mira el corazón» (1 Samuel 16:7, LBLA).

Nos preocupan demasiado las cosas que se ven y esa es una de las razones por las que nuestro corazón no es feliz. Pasamos días enteros dándole vueltas a la cabeza para conseguir llegar a una cifra de dinero o para comprar tal o cual cosa, mientras perdemos de vista el disfrutar con cientos de cosas que Dios ha puesto a nuestro alcance. Nos olvidamos de que todas las cosas que merecen la pena son las que no se ven. Si quieres tú mismo/a puedes hacer una lista: amor, vida, paz, fuerza, salud, amistad, tranquilidad, descanso, confianza… podría estar todo el día añadiendo cualidades y características que no se ven ni pueden comprarse con dinero. El corazón avaro no las conoce.

Lo mismo ocurre cuando hablamos de disfrutar de muchas cosas invalorables e imposibles de comprar:

◗ Pasear, hablar y jugar con nuestros hijos/padres/amigos.

◗ Ver la salida/puesta de sol con alguien a quien amas.

◗ Escuchar música, cantar, tocar…

◗ Abrazar a quien quieres.

◗ Pasar tiempo con tu familia, con tus amigos.

❱ Caminar por la naturaleza, respirar y disfrutar.

❱ Contar historias divertidas y reírse con las personas a las que amas…

La lista es también interminable, porque todo lo que Dios hace y nos regala es así. Recuerda siempre que como Dios es eterno, sus regalos también disfrutan de esa eternidad.

«[…] Al no poner nuestra vista en las cosas que se ven, sino en las que no se ven; porque las cosas que se ven son temporales, pero las que no se ven son eternas» (2 Corintios 4:18, LBLA).

El último paso para vencer la avaricia es aprender a dar. Así de sencillo: que nuestro corazón sea feliz ayudando a otros. La Biblia dice que Dios ama al que da con alegría de corazón (cf. Éxodo 25:2, 1 Crónicas 29:9, 2 Corintios 9:6-7). Lo que ocurre es que muchas veces no nos dejamos llevar por Él. Puede más nuestro corazón avaro: *«Y todo aquel a quien impulsó su corazón y todo aquel a quien movió su espíritu, vino y trajo la ofrenda del SEÑOR»* (Éxodo 35:21, LBLA).

Dios impulsa nuestro corazón y mueve nuestro espíritu. Somos libres cuando dejamos de acaparar y damos a otros. Disfrutamos de lo que tenemos cuando dejamos de pensar en lo que nos falta. Y lo más importante de todo: comprendemos el corazón de Dios y nos parecemos a Él cuando damos. Es lo que Dios espera de nosotros…

Todo lo que merece la pena no se puede comprar.

«¿No es que partas tu pan con el hambriento, y a los pobres albergues en tu casa, que cuando veas al desnudo lo cubras y no te escondas de tu hermano?» (Isaías 58:7, RVR 1960).

Muchos hablan del evangelio y dicen las cosas que hay que predicar y vivir. Nuestra avaricia y nuestro no comprender el carácter de Dios nos impiden hablar, predicar y vivir algo imprescindible en el corazón de Dios, y es la ayuda a los más necesitados.

El Señor Jesús no tenía nada, nosotros lo tenemos prácticamente todo. Él predicaba al aire libre, nosotros en grandes iglesias lujosas. Él se preocupaba por los pobres, los alimentaba, pasaba tiempo con ellos; nosotros buscamos la gente de dinero para que entreguen sus diezmos. La iglesia del primer siglo lo compartía todo, puede que no sea el modelo de Dios para nuestros tiempos, pero lo que sí es seguro es que tampoco es el modelo de Dios la manera en la que vivimos ahora. Dios quiere que demos, que partamos nuestro pan con el hambriento. Si lo hubiéramos comprendido, prácticamente no habría hambre en el mundo porque el número de los llamados creyentes es prácticamente igual al número de los que pasan hambre. Bastaba con que cada uno de nosotros se preocupase por una sola persona, que cada uno de nosotros cubriera a uno sólo que esté desnudo.

La advertencia de Dios es muy seria: «*El que tiene bienes de este mundo, y ve a su hermano en necesidad y cierra su corazón contra él, ¿cómo puede morar el amor de Dios en él?*» (1 Juan 3:17, LBLA). No se trata de ser generoso o no, sino de que si cerramos nuestro corazón a los que pasan necesidad, demostramos que el amor de Dios no está en nosotros. Si no ayudamos a los que lo necesitan es porque no le conocemos a Él, por mucho que hablemos de Él. Por mucho que tengamos puesto Su nombre en nuestra puerta o en la puerta de nuestra iglesia.

Es hora de decidir romper los límites de nuestra avaricia y dejar de escondernos de los que tienen necesidad. Dejar de escondernos de los que tenemos cerca, de los que nos necesitan; porque nunca nos parecemos más a Dios que cuando damos. Nunca reflejamos más el carácter de Dios que cuando ayudamos a otros.

Cuando aprendemos a dar de corazón, nuestro corazón comienza a sentir como Dios siente. Comienza a romper sus límites.

hablando con Dios

Padre que estás en los cielos, mi corazón enloquece muchas veces con lo que ve. Piensa que sólo puede ser feliz si lo tiene todo o casi todo. Padre, enséñame a ser feliz con lo que tengo, con mi familia, con las cosas que me das, con «estar contigo». Padre, toca mi corazón para que pueda comprender que no hay nada como vivir sin hacerle caso al brillo de la apariencia; que la persona más feliz no es la que más tiene, sino la que está satisfecha con lo que tiene.

Enséñame a ser feliz con el pan de cada día. Habla a mi corazón y emociónalo con tu presencia para que aprenda a ser como Tú, y sepa ayudar a los demás. Hoy mismo voy a ayudar a gente que sé que lo necesita…

Señor, quiero ser feliz dando, ayudando. Quiero ser como Tú. Voy a orar y buscar desde hoy mismo a personas sin recursos…

Quiero proclamar tu Palabra y tu evangelio con mis palabras, sí, pero también con mis hechos. Quiero vivir como Tú.

Y lo quiero hacer todo en el nombre del Señor Jesús.

día 19

corazón solitario, corazón huérfano

Su historia es muy parecida a la de tantas otras personas: María fue abandonada por su marido, padre de sus cuatro hijos, sólo dos meses después de nacer su última niña. Él parecía un buen hombre, pero su especialidad era aparentar. Iba a la iglesia, se confesaba cristiano, hablaba a todos de su fe; pero un día, justo cuando su familia más lo necesitaba, abandonó a todos para vivir una supuesta libertad, sin querer saber nada más de sus seres queridos. Su mujer cayó en una profunda soledad, de repente se dio cuenta de que su vida hasta ese momento había sido sólo un engaño tras otro; pensó en quitarse la vida, pero su amor a Dios y a sus hijos fue mucho mayor que el deseo de escapar a su angustia. Hoy sus hijos son mayores, y ella sigue fiel al Señor y contenta con su vida, aun a pesar de que su corazón vivió en la soledad durante muchos años.

Dios puede curar las heridas más profundas de nuestro corazón, no tengo ninguna duda. A lo largo de los años siempre he visto cómo el Espíritu de Dios toca nuestra vida de muchas maneras diferentes, y una de ellas es cuando después de la proclamación de la Palabra de Dios hay un llamamiento para venir al frente y orar. Siempre recuerdo a un hombre en Alemania que vino a orar conmigo después de escuchar cómo Dios puede restaurar nuestra vida. Me llevé una sorpresa al ver que ese hombre era uno de los responsables de la iglesia y tenía unos sesenta años de edad. Cuando le pregunté la razón por la que quería orar me dijo:

«Siempre fui un hijo no deseado. Cuando tenía catorce años me vine a trabajar aquí, a Alemania y jamás supe nada más de mis padres. Mi padre nunca me aceptó. Jamás me dijo que me quería, nunca me abrazó. Toda mi vida me he sentido como un huérfano hasta hoy. Dios ha quitado la amargura de mi corazón, y sé que Él es el mejor Padre que puedo tener».

No es un caso único. Casi ni podemos imaginar la gran cantidad de personas que sienten mucho más que soledad en su corazón; viven con la frialdad terrible que experimenta alguien que es huérfano. Nadie les abraza, nadie les dice que les quieren. Nunca se han sentido deseados o amados. Si el corazón solitario sufre una herida profunda, el corazón huérfano vive al borde de la muerte.

> *A veces no importa si tenemos mucha gente a nuestro alrededor, nuestro corazón se siente huérfano cuando se sabe no querido.*

A veces no importa si tenemos mucha gente a nuestro alrededor. El corazón se siente huérfano cuando se sabe no deseado. En ocasiones incluso nos puede hacer bien pasar un tiempo solos, nosotros tomamos esa decisión, pero el que tiene un corazón huérfano es siempre por imposición. Son los demás o las circunstancias los que lo han dejado marcado.

¡Cuántas historias parecidas! ¡Cuántos corazones solitarios! Mientras paseamos por la calle, o vamos a nuestro trabajo, ni imaginamos lo que hay en el corazón de los que nos rodean… ¿Quizás en nuestro propio corazón? La soledad suele ser una de nuestras mayores desgracias, porque casi cualquier otro límite del corazón admite compañía, por lo menos tenemos a alguien con quien compartir nuestra falta. Cuando uno está solo, casi no importa lo que ocurra en la vida, porque no encontramos a nadie con quién vivir alegrías o tristezas, esperanzas o frustraciones.

Ésa es una de las razones por las que la premio Nobel Teresa de Calcuta, respondiendo a una entrevista en la que le preguntaban sobre personas ricas y pobres dijo: «No hay mayor pobreza que la soledad». Realmente impresionante, porque puedes tener todo lo que quieras, pero si no tienes con quién compartirlo, es como si no tuvieras nada. Puedes pensar que estás en lo más alto del mundo: si estás solo/a no sirve de nada.

La soledad parece una, pero tiene muchas circunstancias diferentes:

En primer lugar, tenemos que decir que la soledad está enraizada en lo más profundo de nuestra sociedad, porque nuestro estilo de vida nos lleva a no preocuparnos por lo que le sucede a los demás. Vivimos demasiado rápido, con demasiadas cosas encima de nosotros. Demasiado ocupados. La soledad brota como fruto del egoísmo. Hace muy poco tiempo, en Madrid, un hombre permaneció muerto durante más de treinta horas en un conocido parque transitado por cientos de personas, sin que nadie se diera cuenta de que había fallecido. Todos creían que dormía. Nadie le echó de menos. Nadie se preocupó por él. Nadie se acercó durante los dos días que estuvo tumbado para ver si le pasaba algo; ésa es una parábola de nuestra sociedad, porque muchas personas viven día a día como si estuvieran muertos. Nadie se preocupa por ellos, nadie se daría cuenta de su falta.

En segundo lugar nos encontramos con la soledad de los que han perdido a alguien. Puede que sea la soledad más difícil, porque realmente nos encontramos solos. Quizás uno de nuestros seres queridos ha tenido que irse lejos, o puede que se haya ido definitivamente. La enfermedad, el dolor, la muerte, la separación son circunstancias que agravan nuestra soledad y que limitan nuestro corazón. Es una soledad cruel, de la que aparentemente nadie tiene culpa y ante la que no se puede hacer nada. Esa misma frustración es la que nos va causando más dolor, porque creemos que no hay salida. Llegamos a pensar que pase lo que pase no podemos recuperar lo que hemos perdido.

No hay mayor pobreza que la soledad.

Relaciones rotas, sueños acabados, vidas que parecen caer en la rutina porque perdieron a quien querían. Día tras día nos encontramos personas que viven solas y su corazón sufre. Nunca pensaron en vivir de esa manera. Nunca decidieron que las cosas iban a ser así, pero de una manera u otra después de muchos años se encuentran solas. Y esa soledad rompe el corazón.

En tercer lugar conocemos la soledad de las personas mayores, los que son apartados después de darlo todo porque según algunos «estorban». La soledad de su familia, de sus amigos, la sensación de no poder estar con aquellos a quienes aman. Ya no tienen fuerzas para trabajar o para valerse por sí mismos, y entonces muchos los arrinconan. Los llevan a centros especializados para que no «molesten» a nadie ni le quiten tiempo a nadie. Ésa es la soledad producto del desagradecimiento y del egoísmo total. Lo dieron todo, y ahora se encuentran solos porque los demás están «demasiado» ocupados en su vida, hasta que llegan a la misma edad y se dan cuenta de que viven la misma soledad que un día despreciaron.

La soledad aparece también cuando nuestro corazón cae en el olvido por parte de otros. Sentimos a veces que no le importamos a nadie. Vivimos en la llamada sociedad de la comunicación, pero una gran mayoría de personas no tienen con quién hablar, simplemente son olvidadas por los demás. Esta es la soledad del corazón huérfano. Quizás tú que estás leyendo ahora estés pasando una situación así, pero déjame decirte que si tienes este libro en tus manos ya es una prueba de que Dios te está buscando. Y si alguien te lo ha regalado, es porque Dios no sólo está preocupado por ti, sino que te hizo vivir en el corazón de un amigo, de una amiga. De alguien que realmente te quiere.

La vida nos enseña muchas veces otro tipo de soledad, la de los que sufren. Cuando todo va bien aparecen «amigos» por todas partes, quieren estar con nosotros, vivir de lo que somos o tenemos; disfrutar de nuestra compañía. Cuando sufrimos o las cosas no van tan bien, parece como si todos desaparecieran.

Existe un tipo de soledad que brota como fruto del egoísmo de muchos. Las enfermedades pasan a ser contagiosas, la derrota peligrosa y el sufrimiento traidor, porque te aleja de todos los que hasta ahora «te querían». Pocos saben realmente lo que es la soledad como los que sufren. Cuando las cosas van mal nuestro corazón pasa a estar doblemente limitado, primero por el dolor que estamos pasando, y segundo, por sentirnos solos.

En todos estos casos, nosotros no podemos hacer nada. La soledad aparece por «sorpresa» y hagamos lo que hagamos parece ser nuestra compañera inseparable. En otras ocasiones estamos solos porque queremos. Sí, sé que a nadie le gusta admitirlo, pero muchas veces cosechamos lo que hemos sembrado antes. Puede que hayamos menospreciado a otras personas, y ahora cuando los necesitamos nadie acude a nuestro lado. Puede que nosotros mismos seamos de esos que sólo buscamos lo que otros tienen, y no los amamos por lo que son. Puede que, desgraciadamente, nunca hayamos dedicado tiempo a nuestros amigos y ahora que desearíamos que estuvieran a nuestro lado, ni siquiera saben que estamos solos.

Y lo que es más triste, puede que hayamos dedicado todo nuestro tiempo a nuestro trabajo, nuestros gustos o nuestra vida, mientras despreciamos el tiempo que podríamos pasar con la familia, con nuestros padres y/o nuestros hijos; nuestros hermanos o incluso con nuestro cónyuge, y ahora que les necesitamos, simplemente no están. Esa soledad que aparece cuando uno se ha preocupado sólo de sí mismo y se queda sin nadie, es terrible. Es una soledad con condena. Muchos dicen que es un sentimiento sin remedio.

En el fondo, la soledad es producto del miedo. Del nuestro o del de otras personas. Cuando nos escondemos queremos estar solos, y además, buscamos que nadie nos encuentre. Podemos escondernos por muchas razones: hemos hecho algo malo, no queremos que los demás sepan cómo somos, hemos sufrido demasiado o simplemente queremos estar solos. Todo comenzó un día, un primer día en el que quisimos escondernos de nuestro Creador. ¿Recuerdas lo primero que el hombre y la mujer hicieron cuando desobedecieron a Dios? Se escondieron (cf. Génesis 3). Cuando Dios los «descubrió» el hombre respondió: *«Tuve miedo y me escondí»*.

La primera consecuencia del pecado es la soledad. Lo que conseguimos cuando nos rebelamos contra Dios es un corazón solitario y lleno de miedo. Ésa es la peor soledad, la existencial; la soledad de Dios. No por parte de Él, que siempre está a nuestro lado; sino de nosotros, que lo primero que hemos aprendido en la vida es a darle la espalda.

De alguna manera tendríamos que decir que esa soledad es la fuente de las demás soledades; el mayor peligro, la base de la esclavitud de nuestro corazón. Cuando queremos estar «solos de Dios» y le damos la espalda a Él, despreciamos a la fuente de la vida y rompemos voluntariamente nuestro corazón. Muchas veces lo hacemos de una manera despiadada, no para Él, que siempre permanece a nuestro lado, sino para nosotros mismos. Perseguimos voluntariamente una soledad que nos destruye cuando no queremos hablarle ni escucharle a Él y pocas veces nos damos cuenta de que estamos hechos para vivir de una manera completamente diferente.

> *Nuestra soledad es a veces fruto de menospreciar a otros.*

Nuestro corazón no quiere estar solo. Aun en los momentos en los que buscamos tranquilidad y descanso, necesitamos saber que Alguien está ahí. Que nos ama y nos comprende, que puede hablar cuando necesitamos que nos hable y puede callar de amor cuando necesitamos el silencio. Pero si decidimos vivir dejando a Dios a un lado, perdemos nuestra vida para siempre.

rompiendo los límites

Cuando hablamos de soledad, hay algo que jamás debemos olvidar: a veces estar solos puede hacernos bien. El Señor Jesús buscaba la soledad cuando «necesitaba» meditar, hablar con su Padre, o simplemente descansar. Nunca debemos sentirnos culpables si nuestro corazón necesita esos momentos de soledad: instantes para poner en orden nuestra vida, para meditar en lo que estamos haciendo, para orar o para descansar de tanto ruido y tantas actividades.

Nuestro corazón necesita estar solo a veces, y no reconocerlo puede llevarnos a graves problemas en nuestra vida. Algunas personas huyen de la soledad porque no quieren pensar. Les encanta el ruido y las prisas. No son capaces de vivir sin un cierto grado de locura en sus actividades. Y aunque nuestro carácter sea así, de vez en cuando necesitamos:

❱ Parar y pensar dónde estamos y hacia dónde va nuestra vida.

❱ Hablar con el Señor y leer su Palabra tranquilamente, escuchándole y descansando. Buscar horas para estar a solas con Dios y con nosotros mismos.

❱ Buscar momentos a solas con nuestra familia y/o nuestros amigos para hablar, para estar juntos, para disfrutar de las relaciones que Dios nos regala.

Ese grado de soledad no sólo es necesario, sino que es imprescindible para poder tomar buenas decisiones. Necesitamos pensar. Parar de vez en cuando y examinar lo que estamos haciendo, lo que somos; intentar llegar a lo profundo de nuestro corazón y nuestras motivaciones.

Estar solo a veces es bueno. Pero para vencer los límites de la verdadera soledad, tenemos que aprender a vivir sabiendo que Dios está siempre con nosotros. Él nunca nos abandona, su fidelidad no tiene límites; así que podemos descansar en Él. Recuerda:

«Esto traigo a mi corazón, por esto tengo esperanza: Que las misericordias del SEÑOR jamás terminan, pues nunca fallan sus bondades; son nuevas cada mañana; ¡grande es tu fidelidad!» (Lamentaciones 3:21-23, LBLA).

Sea cual sea la razón de nuestra pretendida soledad, cuando reconocemos que Dios está ahí, esa soledad deja de maltratarnos. No estamos solos. Dios no está callado. Él está a nuestro lado hablándonos de cientos de maneras diferentes para que no olvidemos que Él jamás nos abandona. Su misma esencia le «delata"»porque Él es Amor con mayúsculas. Escucha:

«¿Puede una mujer olvidar a su niño de pecho, sin compadecerse del hijo de sus entrañas? Aunque ellas se olvidaran, yo no te olvidaré» (Isaías 49:15, LBLA).

Dios cumple siempre sus promesas. Seas quien seas, estés donde estés y sea cual sea la razón por la que crees que estás solo/a, si confías en Dios, puedes estar seguro/a de que está a tu lado. Dios jamás desamparó a ninguno de sus hijos. Sólo lo hizo con su Hijo Amado, el Señor Jesús, cuando estaba en la cruz. El Señor tuvo que gritar: *«Dios mío, Dios mío, ¿para qué me has desamparado?»,* cuando llevaba todo el peso de nuestros pecados, nuestras enfermedades, nuestras tristezas… nuestra soledad encima de Él. Dios le desamparó para no desampararnos nunca a nosotros. El único momento de la eternidad en el que el Señor Jesús no pudo llamarle Padre, porque nuestro pecado «rompió» la comunicación entre Dios y su Hijo, el Señor Jesús lo soportó por amor a nosotros para que nunca estuviésemos solos. Para que nunca se rompiese la relación de cada uno de nosotros con nuestro Padre celestial.

Él sabe lo que significa sentirse solo. El Señor nos comprende y nos ayuda hasta límites que no podemos ni siquiera imaginar. Jesús soportó el dolor y la tristeza más impresionantes por amor a cada uno de nosotros, para que pudiéramos vencer la soledad. Él soportó tanto dolor, que ángeles tuvieron que venir a ayudarle. Sólo Él, un Dios infinito, podía haber soportado un sufrimiento casi infinito. Por eso jamás estamos solos, aunque nos sintamos así.

¿No lo crees? Fíjate lo que sucedió en la vida del Señor: Su familia le tuvo por loco y sus amigos le abandonaron cuando más los necesitaba. Los que le seguían le despreciaron, y aquellos a quienes había conocido gritaron para que le quitaran la vida y lo crucificaran. Tuvo muchos enemigos sin que Él hubiera hecho nada malo, y su Padre celestial le desamparó mientras pagaba el precio por nuestra culpa. Él, que podía cambiarlo todo porque era Dios, lo soportó por amor a cada uno de nosotros. Jamás estamos solos, Él está con nosotros.

Su reino no está formado por súbditos, sino por hijos. La fortaleza de su imperio que no tiene fin, no está basada en el poder de sus guerreros, sino en el amor de sus hijos.

Si estamos sufriendo por lo que otros han hecho o estamos soportando el peso de las circunstancias, hay algo que siempre podemos hacer: *«Confiad en Él en todo tiempo, oh pueblo; derramad vuestro corazón delante de Él; Dios es nuestro refugio»* (Salmo 62:8, LBLA).

Cuando estamos en la presencia de Dios, la soledad desaparece. No importa el lugar, Dios nos escucha siempre y nos habla siempre. Él está a la distancia de una oración, de un deseo. Dios es el que nos protege, el que jamás nos abandona. El que espera siempre que le llamemos cuando le necesitamos. Que hablemos con Él sea cual sea la circunstancia por la que estamos pasando.

Es impresionante que incluso muchas personas que son cristianas puedan sentirse así, como si no tuvieran a nadie en este mundo. Algunos llegan a pensar que su vida no tiene valor, sin darse cuenta de que su valor es infinito porque el precio que Dios pagó por esa vida es infinito. Dios dio a su propio Hijo por nosotros, y podía haberse quedado allí, pero no lo hizo. Su Amor incondicional le llevó a hacernos hijos suyos. Cuando le entregamos nuestra vida, Él pasa a ser nuestro Papá (Juan 1:12), y aun si no somos capaces de comprenderlo o sentirlo, su mismo Espíritu (que vive dentro de nosotros) nos lo recuerda a cada momento:

«Y porque sois hijos, Dios ha enviado el Espíritu de su Hijo a nuestros corazones, clamando: ¡Abba! ¡Padre!» (Gálatas 4:6, LBLA).

Abba, la primera palabra que pronuncia un niño desde que nace. El Espíritu Santo dentro de nuestro corazón nos enseña a llamarle «Papá» a Dios... Suena casi increíble, ¿verdad? Ninguna religión puede decir lo mismo. Jamás ninguna creencia en la historia de la humanidad había llegado tan «alto». Vivir sabiendo que Dios nos hace sus hijos y que podemos llamarle Padre, es muchísimo más de lo que nadie hubiera podido imaginar.

Cuando el Señor Jesús lo anunció, los religiosos de su tiempo le condenaron. Los estudiosos de la ley dijeron que estaba loco, y los que conocían y «entendían» el Antiguo Testamento llegaron a decir que un demonio se había apoderado de Él. Todo porque comenzó a hablar de Dios como Padre, y nos enseñó a todos a llamarlo así. Dios se hizo cercano de una vez y para siempre. Tan cercano que a muchos le pareció irreverente, pero no debe importarnos, porque es lo que Dios mismo decidió. Su reino no está formado por súbditos, sino por hijos. La fortaleza de su imperio que no tiene fin, no está basada en el poder de sus guerreros, sino en el amor de sus hijos. El corazón de Dios responde a las manos extendidas de cada uno de nosotros, y no a los sacrificios y penitencias de la religiosidad.

> *Dios desamparó por un instante eterno a su propio Hijo para no desampararnos jamás a nosotros.*

Dios ha decidido ser nuestro Padre, nuestro Papá. Dios no quiere que nuestro corazón jamás se sienta huérfano.

En cierto modo, no importa la imagen que tengamos de nuestros padres. Dios es el Padre por excelencia. Si nuestros padres aman al Señor y su ejemplo ha sido formidable, ¡perfecto!, va a ser mucho más sencillo comprender a nuestro Padre en los cielos. Pero si has tenido muchas dificultades en esa relación, o tus padres te abandonaron, jamás olvides que Dios nunca va a hacerlo. Dios es el Padre perfecto, el Papá que siempre está con nosotros.

Recuerda que el Señor Jesús nos enseñó a orar de esa manera: Padre nuestro que estás en los cielos... «Papá nuestro». «Mi Papá». A lo largo de todo el nuevo testamento, Dios se presenta como Padre en la mayoría de las ocasiones, es como quiere ser tratado, es el «derecho» que nos dio a cuantos creímos en Él.

Déjame decirte que no tenemos ningún derecho a sentirnos huérfanos. Déjame recordarte una y otra vez que Dios es nuestro Padre y nuestra Madre al mismo tiempo, que Él puede curar nuestro corazón... que podemos sentirnos queridos, abrazados, que Él nos «admira» porque Él nos creó. Que Él nos ha dado el inmenso privilegio de ser hermanos de su Hijo Unigénito, el Señor Jesús. Que no sólo permitió, sino que envió voluntariamente a la cruz a su único Hijo para poder dar vida eterna a millones de hijos más.

Dios ama, acepta y libera el corazón de los huérfanos. Dios es el Padre que hemos dejado de lado una y mil veces, y que sigue esperando que volvamos a casa, al lugar donde pertenecemos. A nuestro Creador, a Aquel que nos ama con «locura», porque la Biblia dice que la cruz de Cristo es la locura de amor de Dios enviando a su Hijo a morir, para que ninguna de sus criaturas tenga que morir.

No lo dudes: tengas la religión que tengas y creas en lo que creas, si no conoces al Señor Jesús personalmente, si no sabes que fue voluntariamente a una cruz en tu lugar, lo que puedas hacer no te acerca más a Dios. Al contrario, te puede alejar definitivamente de Él. Por favor, no te enfades conmigo si te digo que el único Dios que existe está esperando que vuelvas a casa. Si eres budista tienes que pasar algún tiempo y ciertas circunstancias para que puedas expiar tus culpas. Si eres musulmán, tienes que pagar el castigo para ser aceptado. Si sigues alguna filosofía oriental quizás tengas que pasar alguna que otra reencarnación antes de saber que puedes volver a casa. Si sigues alguna otra religión o secta, aun llamada cristiana, tienes que trabajar duro para volver; o quizás sufrir alguna que otra penitencia o sacrificio, porque siempre te han dicho que la divinidad tiene que «enternecerse» con tus sacrificios y trabajos. Existen cientos de creencias y religiones diferentes todas muy respetables, pero ninguna de ellas te permite entrar en la casa del Padre tal como eres. Hagas lo que hagas, trabajes lo que trabajes; y aunque te arrepientas y hagas penitencias una y mil veces, jamás podrás llegar a Dios por medio de ellas. Ninguna puede liberar tu corazón huérfano.

Mientras tanto, Dios sigue saliendo a esperar a los que vuelven. El único Dios que existe extiende sus brazos y te sonríe cuando te ve llegar. Puedes seguir creyendo lo que quieras y vivir así si quieres, yo prefiero sentir su abrazo. Aun sucio, miserable e indigno como me siento, puedo descansar en los brazos de mi Padre y pedirle no sólo que limpie mi corazón, sino también que lo haga libre. Descansando en Su Gracia, jamás voy a sentirme huérfano.

Cuando ayudamos a vencer la soledad de otros

Puede parecer increíble, pero una de las mejores maneras de vencer la soledad es preocuparnos nosotros por la soledad de los demás. En ese sentido, los pequeños detalles, las llamadas a los amigos, los mensajes que podemos enviar a personas que puedan estar sufriendo, son una manera genial que Dios utiliza para aliviar la soledad de nuestro corazón. Cuando nos preocupamos por otros, sabemos lo que significa que alguien se preocupe por nosotros.

Vencemos la soledad cuando le dedicamos tiempo a otros. Tiempo para nuestra familia y nuestros amigos. Tiempo con los que tenemos cerca y nos necesitan. Tiempo con las personas de más edad y con los niños. Vencer la soledad de nuestro corazón es tener los ojos abiertos; Dios puede utilizar cualquier detalle para hablarnos, para que podamos ayudar a otros también.

Ésa es otra de las razones por las que nuestro corazón necesita estar cerca del Señor. Si puedes, hoy mismo toma una hoja de papel y escribe. Piensa en cuánto necesitas al Señor y díselo, porque Él ha prometido que jamás te abandonará. En esa confianza y con esa seguridad escríbele: «Padre, te necesito por…».

hablando con Dios

Padre que estás en los cielos, gracias porque puedo llamarte Papá… Señor, Tú sabes que algunas veces me siento solo. Es como si nadie me comprendiera. Me da la impresión de que todos viven su vida y no le importo a nadie. Siento una necesidad muy grande en mi corazón y me parece que el mundo sigue sin que nadie se preocupe por mí.

Gracias porque realmente no es así. Tú me amas de una manera increíble y jamás me has dejado solo. Podría partirse el mundo en pedazos y las montañas caerse de repente y Tú no dejarías de amarme, de estar junto a mí.

Padre, necesito tus abrazos de una manera que no puedo explicar ni tampoco entender. Necesito escucharte al leer tu Palabra, verte en cientos de circunstancias y personas que Tú pones delante de mí; necesito que abras los ojos de mi corazón para que pueda darme cuenta de todo lo que haces por mí y cómo me dices «te amo» de mil maneras diferentes.

Recuerdo ahora a las personas que me quieren y te doy gracias por sus vidas. Enséñame a ayudarles cuando se sientan solas, y recordarles a todos que Tú puedes resplandecer siempre en nuestro corazón.

Gracias porque conoces todo lo que siento, y gracias a Ti, Señor Jesús, porque nos has prometido que estarías con nosotros todos los días hasta el fin del mundo, y tus promesas siempre se cumplen. Sé que estás aquí conmigo, ahora mismo. No me importan las circunstancias o las dificultades aunque a veces lleguen a preocuparme; saber que no me abandonas nunca es lo que hacer vivir a mi corazón.

Sobre todas las cosas, y en todos los momentos de mi vida, necesito recordar siempre que te quiero… Y la razón es porque Tú has prometido no dejar nunca de quererme a mí.

día 20

corazón agobiado, corazón estresado

Los médicos y los sociólogos nos dicen que el estrés es una de las enfermedades más frecuentes en los últimos cuarenta años. Jamás habíamos vivido tan agobiados como ahora. De alguna manera que no logramos comprender, no sólo no somos capaces de disfrutar de lo que tenemos (¡de la vida misma!), sino que además vivimos siempre en plena carrera para alcanzar más cosas, para visitar más lugares, para tener más… Nos preocupamos de lo que ocurre ahora, de lo que sucedió ayer y de lo que pueda pasar en el futuro, a pesar de que no tenemos ninguna seguridad de si vamos a vivir en él.

Dios nos hizo de otra manera. Él se «preocupa» solo por una cosa: cuidarnos a cada uno y llenar nuestro corazón de su paz. Dios nos envía señales a cada momento para que nuestro corazón no esté agobiado, y de nosotros depende descansar en Él, o preocuparnos más cada día.

Cuando Miriam y yo nos casamos, fuimos de viaje de luna de miel a Brasil. Tenemos muchos amigos en ese hermoso país, y disfrutamos como nunca de más de veinte días de viajes, amistades, comidas, playas, paisajes, descanso y todo lo que te puedas imaginar que puede pasar en una luna de miel. Nuestro viaje de vuelta a España tenía una pequeña escala de cinco horas en el aeropuerto de Sao Paulo, así que llamamos por teléfono a uno de nuestros amigos allí, Alex, por si quería vernos y pasar unas horas juntos antes de volver a casa.

A él le encantó la idea, así que cuando aterrizamos en el aeropuerto, tomamos nuestras maletas y le vimos. Inmediatamente fuimos a facturar nuestro equipaje de vuelta a España y cuando llegamos para buscar nuestras tarjetas de embarque nos encontramos con una desagradable sorpresa que se resume en una sola palabra: «overbooking»». Ya sabes, la compañía había reservado más pasajes que asientos en el avión, así que teóricamente no podíamos volver a casa hasta el día siguiente a pesar de que teníamos nuestros pasajes pagados. Alex, nuestro amigo, nos sonrió y nos dijo:

«No hay ningún problema, podéis venir a casa y tomar el mismo avión mañana».

No era una mala idea, pero antes le pedimos a la chica que estaba en el mostrador de la compañía aérea que tomara nuestros nombres para la lista de espera de ese mismo vuelo por si acaso. Vimos que en ese momento éramos los primeros en la lista, así que pensamos que había bastantes posibilidades y nos quedamos charlando juntos en el aeropuerto, esperando noticias.

Pocas horas más tarde todos los pasajeros habían subido al avión, y en ese momento, la responsable de vuelo nos hizo una señal para que acercáramos nuestras maletas y presentáramos nuestra documentación.

«Quedan dos asientos libres, así que pueden volver a casa en este mismo vuelo». (¡Eso sí eran buenas noticias!). «Sólo tienen que presentarme ahora su documentación y pagar quince dólares de tasas de embarque cada uno, en total treinta dólares».

Era nuestro último día de luna de miel, así que ya habíamos cambiado todo el dinero, pero le dijimos a ella que podíamos sacar los treinta dólares con nuestra tarjeta visa, y dárselos de inmediato. Ella se quedó muy seria y nos dijo:

«El cajero automático más cercano está a diez minutos andando desde aquí, y el vuelo no puede esperar más, todos están embarcados ya. Si no tienen los treinta dólares, llamamos a los siguientes en la lista de espera y viajan ustedes mañana».

Nuestro corazón suele agobiarse cuando quiere controlarlo todo.

Alex sonrió y yo le dije: «Bueno, parece que al final vamos a ir a tu casa ¿no?». Él no dijo nada y simplemente abrió su maletín delante de nosotros y la encargada de vuelo. Ella estaba comenzando a impacientarse y nos pedía que dejáramos el espacio para los siguientes en la lista, pero nuestro amigo comenzó a hablar mientras sacaba un sobre de su maletín...

«Cuando venía a veros pasé por mi oficina para recoger la correspondencia. Era muy temprano, pero sentí que tenía que ir a por las cartas que habían llegado hoy. Entre ellas estaba esta carta de un amigo que vive en Alemania.

Hacía varios meses que no me escribía, pero hoy llegó una carta suya comentándome algunas cosas de su familia y del trabajo. Al final de la carta hay una post data que dice: "Alex, cuando iba a cerrar la carta, sentí como que Dios me decía que debo poner treinta dólares en ella, así que tú sabrás la razón, porque yo no lo entiendo, pero ahí van los treinta dólares"».

Tomamos los dólares y se los dimos a la encargada de vuelo. Ella despachó nuestras maletas y entramos en la pasarela que nos introducía en el avión. Antes, le dimos un fuerte abrazo a Alex y le dijimos que le reenviaríamos los treinta dólares cuando llegásemos a España. El viaje intercontinental duró bastantes horas, pero no dejamos de hablar y asombrarnos del cuidado de Dios ni un solo momento. No podíamos dormir ni hacer nada, sólo hablar y dar gracias a Dios, que quiso que un hijo suyo en el otro extremo del mundo enviase una carta que llegase justo en la misma mañana que nosotros íbamos a necesitar treinta dólares. Miriam y yo hablamos y oramos casi sin parar. «Alex mismo podía habernos dejado los treinta dólares», «o nosotros podíamos no haber cambiado todo el dinero para que no hubiese problemas» […] pero Dios quería hacerlo de otra manera. Quería que descansásemos en Él, y sobre todas las cosas quería dejarnos claro que jamás iba a abandonarnos. Que nuestra vida la cuida Él, y no merece la pena vivir agobiados o estresados. Dios quiere siempre que aprendamos a trabajar, sí, a hacer las cosas de la mejor manera posible y a vivir cumpliendo nuestra palabra y nuestro trabajo… pero al mismo tiempo dejando todas las cosas en sus manos, porque Él tiene cuidado de nosotros.

En casa guardamos el resguardo del giro postal que le enviamos a nuestro amigo de Brasil con el pago de los treinta dólares, para no olvidar nunca que nuestro corazón no tiene razones para estar agobiado.

Cuando todo va bien, llegamos a creer que somos invencibles.

Dicen los expertos que una de las características que hace surgir el estrés es querer tener todo controlado, que nada se nos escape de las manos. Y como eso es imposible, no importa que corramos de un lugar a otro intentando estar en diez sitios al mismo tiempo para resolver veinte problemas en una hora. Lo único que logramos si queremos vivir así es terminar con nuestra salud, en primer lugar la de nuestro corazón, porque lo llenamos de agobios; y en segundo lugar nuestra propia salud física, porque no hay cuerpo que resista el ritmo que muchas veces queremos imponernos a nosotros mismos. Y lo grave de todo esto es que no importa si tenemos mucho o poco en la vida, casi todos solemos comportarnos de la misma manera.

Todo suele comenzar cuando las circunstancias son buenas, hemos conseguido lo que deseábamos y pensamos que las cosas van bien: «*En mi prosperidad yo dije: Jamás seré conmovido»*, dice el salmista (Salmo 30:6, LBLA). Raramente un corazón estresado reconoce que lo está, porque cuando todo va bien, llegamos a creer que somos casi invencibles.

Si no queremos vernos derrotados, tenemos que parar y pensar en lo que está dominando nuestra vida. *«Un corazón apacible es vida para el cuerpo, mas las pasiones son podredumbre de los huesos»* (Proverbios 14:30, LBLA). Si vivimos agobiados vamos a terminar con nuestra salud. Si las pasiones dominan nuestra existencia nuestro corazón jamás tendrá paz. Necesitamos apasionarnos con la vida que Dios nos da, pero esa pasión no puede quitar la paz de nuestro corazón; todo lo contrario, cuando una pasión es buena y viene de Dios, llena de calma nuestra vida porque aprendemos que merece la pena vivir por lo que estamos haciendo. Nosotros mismos podemos hacernos un pequeño examen: si estamos corriendo exaltados de un lugar a otro sin saber muy bien porqué, es porque hemos caído en la intranquilidad. Si somos capaces de hacer lo que tenemos que hacer con pasión y paz en nuestro corazón casi en la misma medida, vamos por el buen camino.

Cuando no es así, el ser humano es capaz de desarrollar mecanismos de defensa impresionantes, ¡casi sin darse cuenta! Todos nos hemos visto más de una vez fingiendo que todo va bien, aparentando que no ocurre nada malo aunque estemos consumiéndonos por adentro. Eso es parte de nuestro carácter, proviene de un corazón limitado que no quiere reconocer sus propias debilidades. Un corazón agobiado que no es sincero y que aparenta lo que no es y lo que no tiene.

Marta, una mujer que servía sinceramente a Dios, se encontró con ese problema cuando el mucho trabajo le hacía agobiarse no sólo a sí misma, sino a todos los que estaban a su alrededor. Si lo que estamos haciendo nos domina (¡aunque sea un trabajo espiritual), no sólo no descansamos, sino que incluso podemos recriminar las cosas que otros hacen. ¡Hasta podemos llegar a decirle a Dios que se está equivocando! El Señor Jesús vio el corazón estresado de Marta y le habló con toda su ternura: *«Estás agobiada por muchas cosas, pero sólo una es necesaria [...]»*. Si vivimos agobiados no sólo nos estresamos a nosotros mismos, sino que no comprendemos cómo otros pueden vivir tranquilos. ¡No descansamos hasta «agobiar» a todo el mundo!

Es difícil de comprender, pero no importa si lo que estamos haciendo es bueno o no. Si ese trabajo nos domina, nuestro corazón estará esclavizado por él. Puede que suene incluso muy espiritual que «no tengamos tiempo ni para descansar», pero lo que Dios dice al respecto es muy claro: Tener un corazón agobiado no es lo que Dios desea para nosotros. Un corazón estresado jamás puede confiar.

rompiendo los límites

Creo que puedes encontrar cientos de libros sobre el estrés. Es la enfermedad de nuestro tiempo, sobre todo en el llamado primer mundo. Seguro que pueden ayudarte mucho, pero déjame que te «libre» incluso del estrés de tener que leerlos, escribiendo cuatro pasos muy sencillos para que tu corazón viva sin estar esclavizado por las preocupaciones.

1. La Palabra de Dios es imprescindible.

La Biblia nos enseña que pensar y meditar en nuestro corazón es mucho más que un hábito: *«Sean gratas las palabras de mi boca y la meditación de mi corazón delante de ti, oh SEÑOR, roca mía y redentor mío»* (Salmo 19:14, LBLA). Dios proclama que sus palabras son las que pueden liberar nuestra vida. El Salmo 19 es uno de los salmos dedicados casi íntegramente a reflejar el valor de la Palabra de Dios. Merece la pena leerlo con calma y meditar cada una de sus líneas.

Para algunos puede parecer un contrasentido, pero la mejor manera de vencer nuestras múltiples ocupaciones y falta de tiempo es buscar tiempo y quitarlo de otras cosas, para estar en la presencia de Dios. Apartar minutos cada día para leer lo que Dios ha dejado escrito para nosotros en su Palabra. Si estamos tan ocupados que no tenemos tiempo para Dios, entonces no sólo estamos demasiado ocupados, sino que nuestro corazón va a sufrir de una manera irreparable.

Si queremos no desesperarnos, tenemos que buscar a Dios en su Palabra: Tener encuentros cara a cara con Él en la tranquilidad del día, de la noche o en cualquier momento de cada día en el que podamos buscarle de todo corazón. Si podemos apartar tiempo en la primera hora del día, genial. Quizás tengamos que despertarnos antes, reajustar nuestro horario, o abandonar algunas ocupaciones que no merecen la pena. Recuerda que no hay nada más importante para que nuestro corazón sea indestructible, que escuchar cada día la voz de Dios por medio de Su Palabra. Recuerda que todo va a pasar, todo tiene un límite, todas las cosas tienen fecha de caducidad; menos la Palabra de Dios, que permanece para siempre.

2. Necesitamos hablar con Dios y adorarle.

«De noche me acordaré de mi canción; en mi corazón meditaré; y mi espíritu inquiere» (Salmo 77:6, LBLA). Cuando hablamos a Dios, liberamos nuestra vida. Cuando nos encontramos con el Señor, aprendemos a echar nuestra ansiedad sobre Él, y las preocupaciones dejan de ser lo más importante para nosotros.

Necesitamos adorar a Dios, cantarle, abrir nuestro corazón y desnudarlo delante de Él. Sea cual sea el lugar en el que estamos, cuando comenzamos a alabar sabemos que Dios es honrado por nuestras palabras, y su Presencia llena nuestra vida de paz. A veces es difícil adorar a Dios, porque las circunstancias nos oprimen más allá de lo que podemos explicar; pero es justo en esos momentos que Dios toma nuestro sacrificio de alabanza y nos devuelve bendición con su rostro brillando para nosotros en miles de formas y circunstancias diferentes.

Cantar a Dios es un resultado «normal» de nuestra relación con Él. Cuando le conocemos a través de su Palabra, cantamos (Cf. Colosenses 3:16, LBLA, *«cantando con acción de gracias en vuestros corazones»*). Cuando el Espíritu de Dios nos llena, el primer resultado es cantar (cf. Efesios 5:19). Sólo nosotros podemos hacerlo. Sólo los hijos de Dios podemos elevar un canto de adoración a nuestro Padre con la gratitud de nuestro corazón.

> *Cuando nuestro corazón encuentra el verdadero placer de escuchar a Dios, se llena de paz.*

Incluso al anochecer, cuando adoramos dejamos de lado nuestras preocupaciones y enfocamos nuestra vida en Dios. Si a veces no podemos dormir, no tenemos que preocuparnos más, sino hablar con el Señor y adorarle. Si es posible, mirar hacia el cielo o a la naturaleza que Él ha creado y agradecerle tantas cosas que hace por nosotros. Cuanto más vemos a Dios, menos nos preocupamos de nosotros mismos.

Recuerda siempre que un corazón que canta aprende a vivir confiado y descansado. Jamás debemos olvidar que Dios vive permanentemente con nosotros y podemos hablar con Él; cantarle cuando vamos en nuestro coche, cuando caminamos por la calle, cuando trabajamos, si nuestro estilo de trabajo nos lo permite… yo mismo crecí escuchando a mi madre que cantaba himnos y coros todos los días mientras limpiaba la casa o hacía la comida. ¡No teníamos casi nada, pero jamás vi a mis padres preocupados por las cosas materiales o estresados por trabajar prácticamente el día entero! Nuestro corazón vive en libertad cuando canta.

3. Dios trabaja para cumplir nuestros sueños.

Uno de los mayores descubrimientos en mi vida espiritual fue leer la Biblia muy lentamente buscando todo lo que está escrito sobre el carácter de Dios. Muchas veces pensamos o decimos cosas de Él que no son ciertas, y otras nos dejamos llevar por prejuicios o ideas que otros han escrito y dicho durante cientos de años como si fueran ciertas. Cuando vamos descubriendo el carácter de Dios, nos damos cuenta de que Él es Alguien que restaura todas las cosas. Dios no hace basura, no comete errores.

Dios restaura nuestros sueños. Bendice nuestra vida concediendo *«el deseo de tu corazón, y cumpliendo todos tus anhelos»* (Salmo 20:4, LBLA). Dios hace cielos nuevos y tierra nueva, renueva por completo nuestra vida; se deleita en darnos «sorpresas» y derrocha imaginación para bendecirnos. Dios ve lo que hay en lo profundo de nuestro corazón y lo lleva a cabo. No necesitamos vivir estresados para llegar a algún lugar o tener algún sueño, Dios puede hacerlo en un solo momento: *«Tú le has dado el deseo de su corazón, y no le has negado la petición de sus labios»* (Salmo 21:2, LBLA). Dios puede hacerlo incluso cuando estamos descansando. Su especialidad es asombrar a nuestro corazón. Y ningún corazón sufre estrés cuando vive asombrado y feliz.

4. El último paso es casi una consecuencia de todos los demás.

Escuchar a Dios, hablarle, estar con Él y saber que Él cumple nuestros deseos, nos llena de paz ¡casi sin darnos cuenta! El profeta Isaías lo explicó de una manera admirable cuando escribió: *«Tú guardas en completa paz a todos los que tienen sus pensamientos llenos de Ti»* (paráfrasis Isaías 26:3).

¡Es tan sencillo que nos impresiona leerlo! Cuando estamos viviendo en la presencia de Dios, no nos preocupamos de lo que puede ocurrir. Las circunstancias pueden o no cambiar, pero nada puede quitar la paz de nuestro corazón. Sentimos el mismo cansancio, tenemos los mismos problemas, sufrimos las mismas pruebas; pero la paz de Dios llena nuestro corazón de una manera que no podemos explicar y mucho menos expresar. (¡Es una paz que sobrepasa todo lo que podemos comprender! Cf. Colosenses 3:15 y Filipenses 4:7).

La clave es que Dios llene los pensamientos de nuestro corazón. Hay una pregunta que siempre hago, sobre todo cuando hablo a los jóvenes: «¿En qué piensas cuando no piensas en nada?» Todos se sonríen al escucharla, porque creemos que cuando no pensamos en nada, pues eso, no pensamos en nada… pero no

Aún en los momentos más oscuros, Dios hace que surja una canción en nuestro corazón.

es cierto. Siempre hay algo en nuestro corazón, algún pensamiento íntimo, alguna sensación en lo más profundo de nuestra alma. Quizás algún deseo, un sueño, una afición o una persona. Lo más terrible sería encontrar orgullo, odio, amargura o tristeza… pero déjame decirte que si Dios está en nuestra mente, en lo más profundo de nuestro corazón, hemos encontrado la paz.

Si cuando no estamos hablando o meditando o con otras personas, nos sorprendemos a nosotros mismos cantando al Señor, o recordando un texto bíblico o hablando con Dios, es porque Él ha llenado de libertad nuestra vida, y nuestro corazón llega a tocar lo infinito.

Dios cumple nuestros sueños.

¿Cómo hacerlo? Buscándole a Él con nuestros pensamientos. Dejando de preocuparnos tantas veces y echando a un lado tantos pensamientos de «tengo que hacer», «tengo que resolver», y cientos de cosas parecidas. Recordando frases de la Palabra de Dios y comenzando una canción en nuestro corazón cada vez que pensamos en Él, porque Dios llena de paz nuestra vida. Él, que tiene el universo entero en sus manos, es el ser más tranquilo que existe. Su «corazón» no conoce las preocupaciones ni el estrés. Nosotros somos sus hijos y Él quiere que nos parezcamos a Él, así que deja de preocuparte, háblale y pídele que llene de paz tu vida. Tu corazón te lo va a agradecer muchísimo.

hablando con Dios

Padre, necesito estar contigo.

Tengo en mis manos una Biblia, y necesito que me hables. Quiero llenar mi corazón y mi mente con tu Palabra todos los días. Lo que más deseo es que me hables, quiero conocerte, amarte, saber lo que piensas y lo que sientes…

Y de la misma manera quiero contarte todo lo que hay dentro de mí. Sin excepción. No quiero esconder nada. Me gustaría estar tan cerca de ti, que cada vez que me distraiga me encuentre a mí mismo hablando contigo.

Quiero tener una canción en mi corazón para ti, quiero adorarte, que tu Espíritu me llene para que pueda disfrutar de la paz que Tú me regalas; la paz que va más allá de lo que yo mismo/a puedo pensar.

Dame sabiduría para dejar las cosas que no puedo hacer, para decir «no» cuando no puedo hacer más. Llena de paz mi corazón y líbralo de la tentación de querer controlarlo todo, de querer arreglarlo todo…

Tú, que cuidas cada una de las hierbas del campo y de las aves de cielo, me cuidas también a mí en cada momento.

Descanso en Ti.

día 21

corazón
débil

Hace varios años, estaba predicando al aire libre en un parque de Carballiño (Galicia), cuando vi en la primera fila a una chica en una silla de ruedas. Era tetrapléjica, y no podía utilizar prácticamente ningún miembro de su cuerpo. Cuando terminé de hablar, me le acerqué y le pregunté su nombre, y ella me dijo: «Sara». Inmediatamente le dije si conocía el significado de su nombre y me respondió que no. «Sara quiere decir princesa», le dije. «Tú eres una princesa para Dios, no lo olvides nunca». Me miró y sus ojos comenzaron a brillar llenos de lágrimas.

Han pasado muy pocos años desde que la ciencia descubrió que cada persona tiene un código genético diferente. Todos somos especiales, únicos. Dios hizo de cada uno de nosotros un poema, de tal manera que todos somos irrepetibles. Inigualables. Nadie puede ser lo que nosotros somos. Dios quiso que todos seamos amados por igual, escuchados por igual, exclusivos desde dentro de su misma esencia.

Hace tiempo leí de un profesor que levantó su mano con un billete de cien euros en ella, y le dijo a sus alumnos: «¿Quién lo quiere?»; prácticamente toda la clase gritó y alzó sus manos. Entonces el profesor hizo algo raro, demasiado raro para ellos… Tomó el billete y lo pisoteó, lo arrugó, lo escupió y lo enseñó de nuevo. «¿Quién lo quiere?», volvió a repetir, y todos continuaron gritando y alzando sus manos. Nada de lo que había ocurrido hizo perder al billete su propio valor. Todos aceptaban el mismo billete aun arrugado, pisoteado y escupido.

El profesor explicó entonces que el valor del billete no varía por las circunstancias externas; es siempre el mismo. De igual manera, no importa si nosotros somos despreciados, «pisoteados», considerados como un fracaso, o si nos «echan de todos los concursos» porque piensan que no tenemos valor.

Todos somos especiales, únicos, inigualables.

Nuestro valor como personas no lo deciden las circunstancias. Lo decide lo que tenemos dentro, y eso nadie puede quitárnoslo.

Lo sabemos. Pensamos muchas veces que es así, pero las circunstancias de la vida, otras personas o nuestros propios fracasos nos «ayudan» a olvidar el valor que tenemos. Y nuestro corazón se debilita. Comienza a pensar que eso del valor es sólo una teoría y poco a poco nos deslizamos en una pendiente que nos lleva a una baja autoestima. Puede que no sea por una circunstancia en concreto, o una frase que alguien ha dicho; pero la suma de varias situaciones, palabras y sentimientos hacen que un día nos demos cuenta de que tenemos menos valor del que pensamos. Y nuestro corazón comienza a sufrir.

Muchas personas viven así, no son capaces de recuperar su valor. Terminan no teniendo personalidad ni ideas propias. Sus vidas las controlan otras personas y otras circunstancias que ellos no han escogido. Olvidan que Dios nos hizo a cada uno de nosotros y somos únicos. Olvidamos que el mundo jamás sería el mismo si nosotros no somos nosotros mismos.

Muchos viven con etiquetas que otros les han puesto a lo largo de su vida. Siempre son el «feo», la «inútil», el «gafas», la «gorda», y así cientos de crueles palabras que jamás olvidamos. Basta que alguien nos lo diga cuando somos niños para que quedemos marcados. Basta que cualquier persona nos señale para que todo nuestro «mundo» se venga abajo.

Otras veces no son los insultos los que nos hacen daño, sino frases que la gente repite: «Este niño nunca llegará a nada»; «No puede estudiar, no es inteligente»... Alguien que estaba muy cerca de nosotros lo dijo, y casi sin darnos cuenta lo creímos; quizás fue un profesor, un compañero/a o a veces incluso ¡nuestra propia familia!

Lo más triste sucede cuando las personas a las que queremos comienzan a decir frases «sólo como una broma», pero que nos hieren y nos marcan de por vida. Cuando un corazón es débil, cualquier cosa le hiere, y muchas veces son otras personas las que debilitan nuestro corazón cuando nos menosprecian, o cuando piensan que no tenemos valor.

A veces también son las circunstancias las que pueden vencernos. Algo que no hemos hecho, una mala decisión, una situación perdida o la imposibilidad para superar lo que tenemos por delante, hacen que vivamos con una baja autoestima. Solemos ser muy crueles con nosotros mismos, así que casi siempre nos comparamos con lo que otros pueden hacer y muchas veces pensamos en nuestros propios fracasos, y entonces… nuestro corazón se debilita. Nos convencemos a nosotros mismos de que no podemos hacer algo y nadie puede hacernos cambiar de opinión.

> *A veces son otras personas las que debilitan nuestro corazón cuando nos dicen que no tenemos valor.*

Cuando nuestro corazón comienza a fallar

Los médicos nos dicen que uno de nuestros órganos más importantes es el corazón. Tenemos que cuidarlo lo máximo posible para que no falle. ¡Nos va la vida en ello! Nuestra vida interior también es así, puede que físicamente nuestro corazón esté muy fuerte, pero nos damos cuenta de que el alma comienza a fallar cuando sólo encontramos males alrededor de nosotros. Cuando tenemos miedo de lo que pueda ocurrir.

«Porque me rodean males sin número; mis iniquidades me han alcanzado, y no puedo ver; son más numerosas que los cabellos de mi cabeza, y el corazón me falla» (Salmo 40:12, LBLA).

Esa sensación de que algo va mal nos consume por completo. Cuando sabemos que nos hemos equivocado nuestro corazón se debilita. Cuando nos damos cuenta de que las cosas que nos suceden pueden ser nuestra culpa, desfallecemos.

«¡Qué débil es tu corazón —declara el Señor DIOS— cuando haces todas estas cosas!» (Ezequiel 16:30, LBLA).

Muchas veces nosotros mismos nos metemos en situaciones que nos van limitando. Costumbres que dañan nuestro cuerpo, decisiones que nos debilitan, sustancias que nos hieren y destruyen nuestra personalidad… El hombre es especialista en destruirse a sí mismo, y en seguir haciéndolo a propósito aun sabiendo que le está costando la vida. Algunas de las enfermedades más mortales de nuestro tiempo derivan del consumo de ciertas sustancias, pero a muchos no les importa. Siguen debilitando no sólo su corazón sino también su vida entera.

Cuando nos destruimos a nosotros mismos estamos perdiendo por completo el valor que Dios nos da como personas. Cuando le damos la espalda a Dios, perdemos el mayor referente de nuestro valor, así que vamos poco a poco muriendo como personas. Nuestro corazón se debilita literalmente hasta su propia muerte. Cuando nos rebelamos contra Dios nada parece tener sentido y desfallecemos por completo:

«¿Dónde más seréis castigados? ¿Continuaréis en rebelión? Toda cabeza está enferma, y todo corazón desfallecido. De la planta del pie a la cabeza no hay en él nada sano, sino golpes, verdugones y heridas recientes; no han sido curadas, ni vendadas, ni suavizadas con aceite» (Isaías 1:5-6, LBLA).

Muchos tienen un corazón débil porque han sido maltratados, abusados o señalados desde niños. Otros desfallecen porque las circunstancias de la vida los han «aplastado» en sufrimiento y desesperación. Muchos otros han sido heridos y han recibido golpes, porque no tuvieron en cuenta que había Alguien que quería protegerlos, y le han dado la espalda. Rechazaron a su propio Creador cuando más le necesitaban.

De la misma manera que en muchos otros límites del corazón, somos nosotros los que escogemos si queremos seguir viviendo con un corazón débil y desfallecido, o si por el contrario queremos libertar nuestro corazón. Porque incluso en eso Dios es extraordinario, porque puede poner un corazón sin límites dentro de personas limitadas y débiles como nosotros.

rompiendo los límites

Miriam y yo llevamos diecinueve años casados. Una de mis bromas favoritas es contar que yo la tuve en mis brazos cuando era poco más que un bebé, porque nací once años antes que ella. Siempre le digo que yo la quise antes que nadie. No es cierto, porque mucho antes la conocieron sus padres, que la concibieron, y más particularmente su madre, que la llevó en su vientre... pero aun así tampoco es del todo cierto, porque quien primero la conoció y la amó fue Dios mismo, su Creador. *«Antes de que te formara en el seno materno, te conocí»* (Jeremías 1:5, LBLA), dice el Señor. Dios nos conoció y nos amó incluso antes de que fuéramos formados.

Dios nos ama desde mucho antes de que hubiésemos sido concebidos, desde que estábamos en su corazón.

Dios nos ama con «locura» desde mucho antes de que hubiéramos sido concebidos. Antes de que nuestros padres ni siquiera pensaran en tenernos, Dios ya nos llevaba en su corazón. Él sabe quiénes somos, se regocija con cada uno de nosotros; nuestra existencia fue el primer y más importante regalo que Dios nos hizo. Pudo no haberlo hecho, pero quiso que naciéramos y que nuestra vida tenga sentido. Nos regaló todo lo que somos, y ese regalo es de un valor incalculable.

No fueron nuestros padres los que se empeñaron en tenernos. No fuimos un accidente. No fueron otras personas las que tomaron la decisión de que naciéramos. Aunque hubiese alguna posibilidad de no nacer, Dios escogió regalarnos la vida porque sabía (¡y sabe!) que somos valiosos. Él tenía planes impresionantes para nosotros, sueños que cumplir, una vida admirable para realizar, y esa es la razón por la que quiso que naciéramos. Él mismo piensa que somos extraordinarios, y Él nunca se equivoca.

«El SEÑOR tu Dios está en medio de ti, guerrero victorioso; se gozará en ti con alegría, en su amor guardará silencio, se regocijará por ti con cantos de júbilo» (Sofonías 3:17, LBLA).

Dios quiere que seamos como somos, nosotros mismos.

Jamás hubiéramos imaginado que Dios es así. Pocas cosas hacen tanto daño a nuestro Creador como aquellos que hablan de Él diciendo cualquier cosa y además viven de cualquier manera deshonrando Su nombre. Dios es impresionante. Él nos ama tanto que canta cuando piensa en nosotros. Nos ama de tal manera que muchas veces es imposible expresar con palabras el amor que siente, por eso calla de amor. ¡El Creador infinito y Eterno se regocija en cada uno de nosotros y baila al vernos!

Nuestro corazón se debilita y desfallece muchas veces por no conocerle, por no estar a su lado, por no haber aprendido a disfrutar de su Presencia.

No necesitas ser otra persona. No te preocupes por lo que otros tienen o cómo viven. Sé tú mismo/a. No tenemos que cambiar lo que Dios ha puesto dentro de nosotros, porque para Él somos valiosos. Un «Picasso» no tiene valor por el material con que está hecho, sino por la persona que lo pintó. Puede que nuestro cuerpo aparente tener el mismo valor que el de muchas otras personas, pero Dios nos diseñó, y su firma es lo que hace que nuestro valor sea incalculable.

Dios podía «simplemente» habernos creado y aun con ese sólo hecho nuestro valor sería infinito, pero no se quedó ahí. Tenemos valor porque Él nos hizo, pero tenemos valor también porque somos amados. Hay cosas que tienen valor por sí mismas, pero otras tienen mucho más valor porque las amamos. Hay playas en el Caribe o el Pacífico que son las más impresionantes del mundo, pero la playa gallega en la que le pedí a Miriam que fuera mi mujer y oramos juntos por primera vez, es la que más valor tiene para nosotros.

La foto que ha ganado el último premio internacional de prensa es valorada por todo el mundo. La foto que tú siempre llevas contigo de la(s) persona(s) que amas tiene muchísimo más valor para ti. Dios tiene nuestra «foto» en su casa. Dios se emociona al vernos y le encanta pasear con nosotros, hablarnos y escucharnos. Cuando estamos con Él nuestro corazón se fortalece y aprende que su valor es incalculable.

> **Dios envió a su propio Hijo a la muerte para ganar tu corazón. ¿Habrías esperado eso?**

¿Cuánto vale tu corazón? El profeta Isaías escribió de parte de Dios que Él es capaz de dar mundos enteros por nosotros (cf. Isaías 43:4 y ss.) pero aun así se quedó corto al explicarlo, porque Dios mismo dio lo mejor que tenía por cada uno de nosotros: Envió a su propio Hijo a la muerte para ganar tu corazón. ¿Habrías esperado eso?

Decíamos al comienzo de este capítulo que muchas veces son otras personas las que debilitan nuestro corazón con sus palabras o sus hechos. Si leemos el Salmo 73 vamos a sentirnos identificados perfectamente con lo que el compositor sentía: oraba a Dios para que castigara a la gente que le había hecho mucho mal. Aunque no es un deseo demasiado «cristiano», Dios no nos lo reprocha, más bien al contrario, si nos acercamos a Él vamos a descubrir cómo Él fortalece nuestro corazón:

«Sin embargo, yo siempre estoy contigo; tú me has tomado de la mano derecha. Con tu consejo me guiarás, y después me recibirás en gloria. ¿A quién tengo yo en los cielos, sino a ti? Y fuera de ti, nada deseo en la tierra. Mi carne y mi corazón pueden desfallecer, pero Dios es la fortaleza de mi corazón y mi porción para siempre» (Salmo 73:23-26, LBLA).

Si nuestro corazón es débil, tenemos que recordar que Dios está siempre con nosotros. Si creemos que no tenemos fuerzas para seguir, tenemos que saber que Él nos toma de la mano y nos guía. Si nos sentimos tan desfallecidos que creemos que vamos a morir, Dios sigue diciéndonos que está con nosotros aquí en la tierra y que nos guiará hasta el cielo; que nada ni nadie puede vencernos ni apartarnos de Él. Porque Él es la fortaleza de nuestro corazón.

«Porque los ojos del Señor recorren toda la tierra para fortalecer a aquellos cuyo corazón es completamente suyo» (2 Crónicas 16:9, LBLA).

El segundo paso que tenemos que dar es pedir a Dios que haga fuerte nuestro corazón. Muchas veces las limitaciones, las indecisiones y las dudas aparecen porque nuestro corazón es débil. No sabemos tomar decisiones, y si lo hacemos, siempre estamos dudando si deberíamos haber hecho otra cosa. La clave es poner los ojos en el Señor.

La Biblia dice que Dios recorre toda la tierra para fortalecer nuestro corazón. Como si estuviese «escaneando» el universo busca corazones débiles, que sean completamente suyos, sin doblez. No tanto porque sean perfectos, sino porque han decidido darse por completo.

Cuando todo lo que somos está en las manos de Dios, Él nos fortalece. Cuando no queremos esconder nada; cuando los deseos de nuestro corazón y todos nuestros pensamientos los ponemos delante de Él. Cuando es así, las indecisiones y las dudas son mucho más pequeñas.

> *Cuando nuestro corazón se fortalece en la gracia de Dios, los límites desaparecen.*

Ése es el motivo de nuestro viaje. Necesitamos fortalecer nuestro corazón en la gracia de Dios para romper los límites. *«No os dejéis llevar por doctrinas diversas y extrañas, porque buena cosa es para el corazón el ser fortalecido con la gracia»* (Hebreos 13:9, LBLA). Esa es no sólo la manera de curar nuestro corazón, sino también la base de todo, la gracia de Dios. No debemos dejarnos llevar de un lugar a otro, de una doctrina a otra; no es bueno para nosotros que cualquiera pueda convencernos de muchas cosas fuera de la gracia de Dios. Muchos intentan disminuirla, apagarla, hacerla inútil o explicarnos que tenemos que hacer más cosas para acercarnos a Dios. Él sigue esperándonos con los brazos abiertos para fortalecer nuestro corazón con su gracia.

Nada puede hacernos más fuertes, porque la gracia nos muestra nuestra debilidad. Es la gran paradoja de la vida cristiana, la misma que Pablo explicó una y otra vez: cuanto más débiles sabemos que somos, más fuertes nos sentimos. Cuando nuestro corazón se fortalece en la gracia de Dios, alcanza la libertad. Nadie puede derrotarlo. Nadie puede hacernos daño, aplastarnos o escondernos.

Lo mejor que puede hacer nuestro corazón es descansar en la gracia de Dios.

hablando con Dios

Padre, tu sabes que a veces no tengo ganas de orar. Pienso que no me escuchas, que estás ocupado con cosas demasiado importantes como para preocuparte por lo que yo pueda sentir o hacer. A veces siento como si estuviera hablando con las paredes o mis palabras se las llevara el viento. Te necesito. Hazme ver cuál es mi valor. Enséñame una vez más cómo fuiste capaz de dar a lo más querido, al Señor Jesús, sólo por mí.

Padre, hoy quiero descansar en tu Gracia. Descansar de todas mis obras, de todo lo que he intentado hacer para que Tú me consideres digno. Quiero recordar para siempre que Tú me amas y que tu Gracia me sostiene. Sin saber demasiado cómo explicarlo, sí sé que Tú fortaleces mi corazón con tu Gracia y eso es suficiente para mí. No necesito nada más.

Gracias por el valor que me has dado. Gracias porque no me abandonas nunca. Gracias porque me tomas de la mano y me guías en mi vida. No solamente aquí, sino por toda la eternidad. Aunque a veces me sienta débil, desamparado o solo, sé que estás conmigo.

Señor Jesús, te quiero con todo mi corazón. Sabes exactamente lo que siento y fuiste capaz de sufrirlo todo por mí. Gracias porque siempre me ayudas. Gracias porque me fortaleces con tu Espíritu y puedo descansar en Ti.

A veces comienzo a orar y pienso que no me escuchas. Pero es curioso, solamente con que diga una frase, con que me acerque a Ti… Sólo que tenga el deseo de hablar contigo, siento que tu Gracia es suficiente y mi debilidad se va. Gracias Señor.

día 22

corazón
terco

«Porque bien advertí a vuestros padres el día que los hice subir de la tierra de Egipto, y hasta hoy los he amonestado con insistencia, diciéndoles: "Escuchad mi voz". Pero no escucharon ni inclinaron su oído, sino que cada cual anduvo en la terquedad de su malvado corazón. Por tanto, hice caer sobre ellos todas las palabras de este pacto, que yo les mandé cumplir y no lo cumplieron» (Jeremías 11:7-8, LBLA).

Decir algo sobre nuestro terco corazón es complicado. La misma terquedad llega a convencernos a nosotros mismos de que no somos tan malos como creemos. Quizás alguno de los que están leyendo ahora mismo estén saltando ya al capítulo siguiente, pensando que esto no va con vosotros. Ésa es la razón por la que quise comenzar con una advertencia de Dios mismo. Nada de medir palabras ni de relatar historias. Nada de introducciones o explicaciones sobre lo que hay en nuestro corazón. No. Esta vez es Dios mismo quien habla, y todos (sin excepción) tenemos que escuchar. Como cuando nos hacen una fotografía en un lugar donde no deberíamos haber estado y no hay manera de negarlo.

¿El problema? No solemos obedecer la primera vez que Dios nos dice algo (¡a veces ni a la segunda, tercera, cuarta….!). Él siempre tiene que hablarnos con insistencia. No es un juego de palabras decir que nuestra terquedad delata demasiado rápido lo tercos que somos. Por culpa de nuestro corazón desobediente, Dios tiene que amonestarnos una y otra vez después de haber derrochado con nosotros amor y ternura infinitos. Por culpa de nuestro corazón insensible nos hemos acostumbrado no sólo a no obedecer, sino incluso a no escuchar lo que Dios dice: «Cada uno anduvo en la terquedad de su malvado corazón» porque como muchas veces no podemos controlarnos a nosotros mismos, nuestro terco corazón termina siendo malvado también. La línea de separación entre las dos «cualidades» es demasiado fina. Nos la saltamos casi siempre.

Tercos por naturaleza

Nuestro corazón es terco cuando nos empeñamos en algo, y no somos capaces de vivir si no lo conseguimos o no lo hacemos. Nuestro corazón es terco cuando queremos imponerles lo que pensamos a los demás, caiga quien caiga, y normalmente los que caemos somos nosotros. La terquedad de nuestro corazón es total cuando ya no nos importa justificar lo que hacemos; simplemente queremos pasar por encima de los demás (¡y de Dios mismo!) al precio que sea. Nuestro corazón pasa de ser terco a ser malvado cuando queremos discutir por discutir. Sólo por sentir el engañoso placer de sentirse vencedores sobre cualquier otra persona.

> La persona de corazón terco llega a creer que es feliz viviendo así. ¡Incluso piensa que Dios está de su parte!

Somos capaces de hacer daño a otros y continuar haciéndolo, aun sabiendo que sufren. No nos importa, nosotros tenemos razón. Nuestro corazón terco se vuelve insensible y malvado, dando un paso más hacia nuestro egoísmo. Y hasta llegamos a creer que somos felices cuando vivimos así. Y lo que es más grave, llegamos a creer que Dios está de nuestra parte. La gran mayoría de los dictadores a lo largo de la historia lo han dicho así, y creo que el mejor esfuerzo que podemos hacer para luchar contra un corazón terco es reconocer que a veces cada uno de nosotros también somos pequeños «dictadores».

Cuando alguien vive según la terquedad de su corazón acaba siendo un problema para todos los que le rodean. Siempre quiere salirse con la suya: en la sociedad, en el trabajo, en la iglesia, en la familia… es capaz de destruir a cualquiera que se le ponga por delante sin preocuparse. Incluso llega a pensar que está haciendo bien, porque «él/ella tiene la razón». A lo largo de los últimos años hemos visto muchas familias rotas por culpa de corazones tercos. Iglesias heridas espiritualmente por la terquedad de algunos de sus miembros o de sus dirigentes. Sociedades rotas y/o destruidas por la arrogancia y la maldad de los que tenían que tomar decisiones… Querer tener razón siempre, ganar a cualquier precio, ser infeliz si las cosas no van como nosotros queremos, o simplemente no querer escuchar a nada ni a nadie, son las características de un corazón terco; y por lo tanto, esclavo de su propia maldad.

Si volvemos al principio, nos damos cuenta de que en muchas ocasiones somos inconstantes en nuestra vida porque somos tercos para reconocer el problema que tenemos. No queremos dar nuestro brazo a torcer. A veces preferimos perderlo todo antes de perder nuestra «razón»: Aun viendo que el camino que seguimos no es adecuado, que no da resultados, y que nos estamos equivocando. Aún dándonos cuenta de que estamos haciendo daño a otras personas seguimos haciéndolo, porque el corazón terco se vuelve insensible. Nada le importa, sólo tener razón. Si otros son heridos, es su problema; el de corazón terco se acuesta con la satisfacción de «haber dejado las cosas en su sitio», no importa los cadáveres que hayan quedado por el camino.

Los corazones esclavizados por su propia terquedad suelen ser los legalistas por excelencia.

Déjame recordarte sólo un pequeño ejemplo: Juan fue el llamado «discípulo del amor» y damos gracias a Dios por su vida, porque sus enseñanzas y su cercanía a Dios nos impresionan y nos bendicen. Pero en una ocasión, la terquedad le venció, ¿recuerdas? Salieron con el Maestro para predicar en una ciudad y fueron rechazados. Juan se volvió al Señor y le preguntó: «¿Quieres que enviemos fuego del cielo para consumirlos?». Ése es el corazón terco. No sólo quiere mantener lo que cree (lo cual en sí mismo no es malo), sino que quiere imponerlo a cualquier precio. Incluso «quemando» a los demás.

Los corazones esclavizados por su propia terquedad suelen ser los legalistas por excelencia.

El corazón terco es el que dice: «¿Ves como yo tenía razón?», cuando algo malo le sucede a otra persona que no ha querido hacer lo que le había aconsejado. No le importa hacer llorar a alguien a quien ya ha hecho callar. No le preocupa añadir sufrimiento ajeno a su «victoria».

Nada que ver con el Señor Jesús, el corazón más limpio del universo, que fue capaz de preguntarle a sus discípulos: *«¿Queréis vosotros iros también?»,* cuando no entendieron lo que estaba diciendo (cf. Juan 6). El corazón terco nunca restaura, siempre hiere, y sin darse cuenta va alejando de sí a casi todos, aun a los más queridos o cercanos. El problema es que reconoce demasiado tarde que a quien más hiere, es a sí mismo, porque jamás sabe lo que significa disfrutar de la gracia de Dios, y de la sincera amistad de otros. Cuando un corazón terco se vuelve legalista desprecia la gracia y el gozo, con lo que se vuelve esclavo de sí mismo para siempre.

> *El corazón terco quiere imponer lo que cree a cualquier precio, incluso quemando a los demás.*

¡Espera! ¡Todavía no hemos terminado! Cuando caemos en la terquedad, sólo admitimos como amigos a personas que piensan como nosotros. No tenemos compañeros, sólo personas que nos siguen. Nadie va a nuestro lado, abrazando nuestro hombro, sino detrás de nosotros, diciendo «sí» a todo lo que decimos. El corazón terco se vuelve soberbio porque siempre quiere estar por encima de todos. No sólo quiere tener razón, sino que los demás lo reconozcan. La victoria no es únicamente dejar vencidos a los demás, sino en lo posible humillarlos. Y no importa que su «enemigo» sea alguien incluso de su propia familia, alguien que ama. Cuando somos soberbios, en nuestro mismo carácter está nuestra desgracia, porque jamás somos felices con nadie. Siempre encontramos defectos en todos, siempre queremos controlar a todos. La propia terquedad lo exige.

No nos gusta ser descubiertos

¿Qué hacemos cuando nos «descubren»? ¿Cómo reaccionamos cuando tenemos que escondernos? Creo que nos parecemos demasiado a la primera pareja que ha existido en la tierra. A veces pienso que siempre seguimos nuestro «modelo». Cuando Adán y Eva desconfiaron y se rebelaron contra Dios, se escondieron y buscaron hojas de higuera para cubrirse. No buscaron la presencia de Dios, por si Él tenía una solución a su problema. No le llamaron reconociendo su error y le preguntaron sinceramente sobre lo que deberían hacer, ¡seguro que Dios tendría una solución preparada! No.

> *Somos capaces de crear hojas de higuera «espirituales» para que no nos descubran.*

Cuando se sintieron desnudos prefirieron mantener su propia terquedad y se escondieron.

Igual que nosotros hoy. Casi nunca buscamos a Dios cuando caemos sino que nos escondemos y creamos nuestras propias hojas de higuera…. ¡A veces incluso hojas «religiosas» y excusas «espirituales»! Hojas que se las lleva el viento en cualquier momento para dejarnos desnudos cuando menos lo esperamos. Parece que nos sirve cualquier cosa, menos acercarnos al Señor.

Es impresionante que en el libro de Proverbios Dios dice que el que es «sabio en su propia opinión» jamás alcanzará la sabiduría, ¡mucho menos la libertad!

El que cree ser sabio y no quiere aprender nada es el peor de los ignorantes: El corazón terco llega a pensar que tiene la razón por encima de Dios mismo. Los escribas y fariseos le dijeron de todo al Señor Jesús: que estaba equivocado, que engañaba a la gente, que tenía un espíritu malo e incluso ¡que hacía milagros por el poder del diablo!

Esa última línea jamás debemos traspasarla. Dios es Dios, y tenemos que aprender no sólo a escucharle, sino a admirarle y obedecerle. Él nunca se equivoca. Pero aun Dios mismo no «puede» hacer vivir de otra manera a un corazón terco si no es a base de sufrimiento y dolor. Cuando un corazón soberbio es quebrantado, es cuando comienza a pensar si realmente debe seguir viviendo así. Porque no tiene mucho sentido creerse muy fuerte ni muy sabio cuando no puedes ni levantarte de tu cama.

rompiendo los límites

¿Recuerdas lo que hablamos al comenzar este capítulo? Uno de los mayores problemas del corazón terco, es que jamás lo admite. Es demasiado orgulloso como para pensar que no tiene razón. Por eso, lo que Dios quiere en primer lugar es que reconozcamos que le necesitamos.

No podemos seguir pensando: «Este capítulo le viene genial a alguien que yo conozco».

Es curioso, pero la cura comienza cuando experimentamos el mismo «sufrimiento» que estamos infringiendo a los demás. De repente las cosas cambian, la gente ya no nos escucha y nadie se acerca a nosotros por lo que somos… y entonces nos damos cuenta de que quizás hemos hecho demasiado daño. Entonces reconocemos que hemos ido demasiado lejos, que hemos sido tercos hasta la saciedad.

Normalmente el terco, por definición, no admite que tenga que cambiar nada.

No esperes a que ocurra eso. Deja de discutir contigo mismo y pide a Dios que haga que tu corazón sea más sensible.

De eso se trata: de buscar a Dios con todo nuestro corazón. Si ha habido momentos en nuestra vida en los que no hemos querido escucharle o nuestra terquedad nos ha impedido obedecerle, tenemos que arrodillarnos y postrarnos delante de Él. Es lo que Dios le pidió a su pueblo escogido, pueblo terco en grado sumo (¡como nosotros!): *«Pero de allí buscarás al SEÑOR tu Dios, y lo hallarás si lo buscas con todo tu corazón y con toda tu alma»* (Deuteronomio 4:29, LBLA).

La Biblia dice que Dios resiste a los soberbios y da gracia (illena de gracia!) a los humildes. Cuando somos tercos de corazón no sólo vivimos limitados, sino que además nos alejamos de nuestro Padre. Muchas veces Dios utiliza las circunstancias, la enfermedad, las desilusiones, y sobre todo el paso del tiempo para hablarle a nuestro terco corazón. Más vale tomar una decisión ahora, que tener que hacerlo cuando estamos enfermos, cansados, solos o envejecidos por nuestra soberbia, nuestro querer controlarlo todo y «saber» de todo.

La enfermedad y la debilidad suelen ser algunas de las «herramientas» que Dios utiliza con un corazón terco. No porque el terco necesite el sufrimiento, sino porque ino es capaz de escuchar de ninguna otra manera!

Esa es una de las razones por las que Dios llena de gracia a los humildes, a los pobres de corazón; a los que creen que no merecen nada y piensan que quizás estén equivocados. A los que admiten que no pueden controlarlo todo y a los que sienten que necesitan a su Padre. A los que buscan desesperadamente la sabiduría de Dios y sobre todo, el estar en la presencia de Dios porque saben que no pueden hacer nada sin Él.

Lo que Dios hace dentro de nosotros cuando le entregamos nuestro terco corazón no es volverlo inconstante, débil o pusilánime, itodo lo contrario! Dios lo fortalece, lo llena de gracia y de gozo. Lo hace indestructible, mucho más de lo que nosotros habíamos imaginado. Dios reaviva nuestro corazón volviéndolo radiante en sus ilusiones y sensible en su trato con los demás...

Pero recuerda siempre que en ese proceso de libertad, el corazón se vuelve humilde.

«Ahora he decidido en mi corazón hacer un pacto con el SEÑOR [...]» (2 Crónicas 29:10, LBLA).

La sanidad de nuestro corazón pasa obligatoriamente por la cercanía con el Señor y el desafío de tomar decisiones delante de Él. Necesitamos hacer pactos con Dios. Comenzando por pequeñas cosas del día a día, decisiones que pensamos que no tienen importancia. Hacer un pacto con el Señor es dejar todo en sus manos, rechazar nuestra terquedad de querer controlarlo todo y la soberbia de pensar que casi siempre tenemos razón. Buscarle a Él con un corazón deseoso de aprender, y ser llenado por nuestro Padre que está en los cielos. Un corazón que disfrute con la presencia del Espíritu de Dios guiando cada detalle. Repito, cada detalle.

El corazón terco no quiere escuchar y mucho menos obedecer. Dios nos lo recordó al comienzo de este capítulo: «Yo les mandé cumplir y no lo cumplieron». Sigue siendo impresionante que, de alguna manera que no comprendemos, Dios «depende» de nuestra obediencia para dar libertad a nuestro corazón. Igual que a nosotros, los que somos padres, a Dios le encantan los hijos obedientes. De la misma manera que pocas cosas «rompen» nuestro corazón como cuando nuestros hijos nos aman y nos obedecen, nada llega al corazón de Dios de una manera más rápida que un corazón que le ama y le obedece.

hablando con Dios

Padre, reconozco la terquedad de mi corazón y el querer hacer casi siempre lo que yo quiero. Reconozco mi maldad porque he sido terco/a sin ningún sentido. Perdóname por haber hecho daño a tanta gente queriendo tener razón. Perdóname por ser insensible y hacer sufrir a otros, incluso haber roto relaciones con otras personas, simplemente por la terquedad de mi corazón.

Restaura mi vida, mis relaciones, la vida de mi familia, de la iglesia… Enséñame a obedecerte y a amarte sobre todas las cosas. Quiero aprender a vivir en humildad. Quiero reconocer que no puedo controlar yo solo/a mi vida ni querer saber siempre todo lo que ocurre, ¡y mucho menos querer pasar por encima de los demás o de Ti mismo!

Quiero escuchar tu voz. Quiero leer tu Palabra y cumplirla. Quiero estar contigo con todo mi corazón. Te necesito.

Hoy más que nunca.

día 23

corazón desanimado, corazón cansado

Tenía veinticuatro años y era una de las épocas más complicadas de mi vida. Aparentemente todo iba bien, estaba sirviendo a Dios en la iglesia y había entrado en el Consejo Pastoral cinco años antes. En aquel momento me quedaban muy pocos meses para terminar mi tesis doctoral en la Universidad Complutense de Madrid, era joven y Dios siempre me había regalado momentos increíbles sirviéndole a Él... pero en mi interior algo fallaba. No estaba insatisfecho, pero sí me preguntaba si lo que estaba haciendo merecía la pena. ¿Sabes? Creo que todos hemos tenido a veces esa sensación de no saber si estamos malgastando nuestra vida o si lo que estamos haciendo merece la pena.

En uno de mis viajes a Madrid en tren para ver a al tutor de mi tesis doctoral, subí al vagón que me correspondía completamente desanimado. Pasaron varios minutos y observé que nadie más subía en el mismo compartimento, así que comencé a orar, hablándole a Dios sobre la insatisfacción que había dentro de mi corazón. Me daba la impresión de que estaba viviendo la vida de todo el mundo menos la mía. Hacía lo que me pedían, ayudaba a todos, intentaba servirle en todas las cosas, pero mi corazón se sentía incomprendido.

Cuando habían pasado bastantes minutos, el tren paró en una de las estaciones y una mujer mayor subió al mismo compartimento. Comenzamos a hablar para ir pasando mejor las largas horas del viaje, y de repente me di cuenta que abría sus ojos entusiasmada con todo lo que yo le contaba. Me preguntó lo que hacía y después de escucharme, me animó a seguir sirviendo a Dios. «Pocas personas pueden hacer lo que tú haces», me dijo. Me repitió una y otra vez que el mundo no sería igual si no hubiera personas que ayudaran a los demás. Al despedirnos le regalé un Nuevo Testamento que llevaba conmigo y ella sonrió como si estuviera esperando que hiciera exactamente eso.

Jamás pude localizarla. Aun con los datos que me dio, no encontré el lugar en el que me dijo que trabajaba. Todos los detalles que mencionó de su vida parecieron desaparecer en un momento. Más de una vez pensé si fue Dios mismo que envió un ángel para liberar mi corazón desanimado. Fuera lo que fuera, le agradecí al Señor ese «encuentro».

> Podemos caer en el desánimo tanto por haber hecho lo correcto, como por haber hecho lo incorrecto.

Sé que muchos comprenden perfectamente lo que estoy diciendo: una de las peores cosas que nos puede ocurrir es vivir con esa sensación de que nada está pasando, de que lo que hacemos tiene poco valor; es como si nadie nos hiciese caso. Ese sentimiento es peligroso, porque a veces nos lleva a abandonar y pensar que no queremos hacer nada, que mejor sería «meterse en la cama y dormir», o irse a un lugar bien lejos de donde estamos, para no encontrar a nadie ni hablar con nadie.

Es curioso que nuestro corazón pueda estar desanimado por muchas causas; pero nunca debemos tener una primera reacción de culpabilidad cuando estamos así, porque podemos caer en la desilusión, tanto si hemos hecho mal, ¡como si hemos hecho bien! ¡A veces nuestro corazón se desanima simplemente porque está cansado!

Hace varios años, fue muy conocida la historia de un ejecutivo en una empresa de Nueva York que apareció muerto en su apartamento. Se había quitado la vida. Inmediatamente los investigadores revisaron las cuentas por miedo a que hubiera cometido un desfalco, pero todo estaba bien. Después de remover algunos papeles encontraron una carta en la que el hombre explicaba que su vida no tenía ningún sentido. Había hecho siempre lo correcto, había ayudado a mucha gente y siempre intentó hacer todo de manera justa, pero nunca recibió el agradecimiento de nadie, y ese desánimo pudo con él.

Nos desanimamos cuando hemos trabajado por mucho tiempo haciendo el bien, pero no recibimos ninguna recompensa, ningún agradecimiento. ¡A veces incluso nos devuelven incomprensión y malas palabras! No somos únicos, el mismo apóstol Pablo lo sufrió muchas veces; porque aunque siempre abrió su corazón para ayudar a los demás, en ocasiones sólo recibió problemas y disgustos. Su manera de actuar era limpia: «*Nuestra boca [...] os ha hablado con toda franqueza, nuestro corazón se ha abierto de par en par»* (2 Corintios 6:11, LBLA), pero muchas veces el desánimo caía de una manera implacable sobre él, al ver lo poco que se daban cuenta. Aun así, seguía dándolo todo como si nada hubiera pasado (cf. 2 Corintios 12:15).

Nuestro corazón se desanima también cuando conseguimos todo aquello por lo que habíamos luchado por largo tiempo. Si no somos capaces de abrazar pronto otro sueño, nos sentimos desilusionados porque nos damos cuenta de que lo conseguido no era tan importante en la vida. Aunque nos haya costado años llegar hasta ahí.

Es casi increíble, pero ese gran triunfo puede desanimarnos, porque nada de lo que sucede después iguala lo extraordinario. Es como si nuestro corazón se hubiera instalado en el éxito y a partir de ese momento, sólo las «cosas grandes» nos hacen sentir bien. Cuando no aprendemos a disfrutar del día a día y de las cosas sencillas, nuestro corazón se desanima.

> *Cuando no sabemos disfrutar de las cosas sencillas del día a día, nuestro corazón se desanima.*

Otra fuente de desánimo es ver que las cosas no cambian. Quizás hemos hecho todo lo posible por ayudar a los demás, y da la impresión de que ellos no comprenden nada. Pasamos los años trabajando y todo parece igual que al principio. Llegamos a pensar que nadie nos hace caso, peor incluso: ¡Que no entienden lo que estamos haciendo! A veces incluso dentro de nuestra familia, otras son los amigos; en muchas ocasiones es en nuestro trabajo en donde no nos sentimos comprendidos. Otros se sienten mal después de años en el ministerio. ¡Es normal que nos desanimemos!

Caemos en el desánimo también cuando alguien nos acusa falsamente y otros entristecen nuestro corazón con mentiras. *«Habéis entristecido el corazón del justo con falsedad»* (Ezequiel 13:22, LBLA).

Cuando estamos desanimados por alguna de estas razones, no debemos sentirnos culpables. Es más, podemos llegar a estar tan cansados que nuestro corazón no tenga fuerzas para nada (cf. Salmo 143:4). Nunca comprendí ésa sensación mejor que cuando Iami (mi hija mayor) la compartió conmigo hace poco. Yo veía que estaba cansada, sin ganas de hablar ni de jugar y que sólo quería tirarse encima de la cama. Le pregunté si estaba agotada y me respondió: «No, no estoy cansada, lo que pasa es que no puedo conmigo».

Esa respuesta fue genial, porque eso es exactamente lo que siente nuestro corazón algunas veces: ¿Verdad que hay días en los que no podemos con nosotros? No es tanto que estemos cansados, sino que nos desanimamos; puede que no se trate de nada en concreto, pero sabemos que las cosas no van bien. Nos sentimos como si no pudiéramos dar un paso más.

El problema es que nuestro corazón desanimado nos lleva a la infelicidad. Es una sensación diferente, si la has vivido lo sabes. A veces el corazón se siente infeliz sin saber la razón. Se levanta por la mañana y parece que todo va al revés. Se viste con la sensación de que las cosas no van bien y comienza a caminar pensando que es imposible vencer esa frustración. No ocurre nada en concreto, pero ese sentimiento comienza a derrotarnos.

Cuando vivimos así, no nos damos cuenta de que estamos desanimados. Puede que vivamos frustrados porque alguno de nuestros sueños no se está cumpliendo, e inconscientemente llegamos a pensar que no merece la pena seguir. En esos días, cualquier cosa que ocurre nos vuelve más infelices y no somos capaces de «levantar el vuelo» porque solemos ver todo de una manera negativa. A veces no tenemos paciencia para esperar el momento en el que se cumpla lo que esperamos, y eso nos desanima.

> *A veces nos sentimos desanimados sin saber la razón. Es normal.*

En último lugar tenemos que hablar del desánimo que viene por nuestra culpa. El desánimo de aquellos que le han dado la espalda a Dios en su vida, y más tarde o más temprano, llega el momento en el que no encuentran sentido en sus vidas.

«¿Continuaréis en rebelión? Toda cabeza está enferma, y todo corazón desfallecido» (Isaías 1:5, LBLA).

Si estamos lejos de Dios no debemos extrañarnos de que nuestro corazón esté desfallecido. En ese caso la debilidad viene cuando estamos lejos de quien puede darnos las fuerzas para seguir adelante. Aunque no nos guste admitirlo no podemos rebelarnos contra Dios y después vivir como si nada hubiera pasado, porque nuestro corazón va a pagar las consecuencias.

Lo sorprendente es que ese «estar lejos de Dios» puede llegar también a la vida de los que le siguen. Cuando estamos sirviendo a Dios, y en el trabajo constante del día a día nos olvidamos de amarle con todo nuestro corazón, tarde o temprano vamos perdiendo lo que realmente es importante. A veces casi sin darnos cuenta, el trabajo o el ministerio llegan a tomar el lugar del Señor y ¡son más importantes para nosotros que el Señor! Nuestro amor a Él, la relación con nuestro Padre, el amor a la Palabra de Dios, la oración, la dependencia del Espíritu Santo… todo parece pasar a un segundo lugar delante de nuestro trabajo para Él. El ministerio pasa a ser nuestro «dios»: la planificación, las actividades y las reuniones llegan a ser más importantes que las personas, y lo que es más grave, ¡más importantes que Dios mismo!

Es muy difícil que alguien reconozca que le está pasando eso, pero una de las señales de ese peligro es que nuestro corazón se desanima, se vuelve infeliz y vive frustrado. Ya nada es importante sino cumplir los objetivos, y tarde o temprano caemos en la trampa del desánimo, porque hemos dejado que las actividades ocupen el lugar en nuestro corazón que sólo Dios puede ocupar.

La planificación, las actividades y las reuniones llegan a ser más importantes que las personas, y lo que es más grave, ¡más importantes que Dios mismo!

Frustraciones, impaciencia, desagradecimiento, tristeza, cansancio, infelicidad… son demasiados pesos para que pueda llevarlos un corazón desanimado: Lo limitan hasta lo sumo, porque le hacen creer que no hay solución, le hacen vivir con la sensación de que no habrá fuerzas para seguir adelante. Creo que casi todos conocemos esa sensación ¿verdad?

No pienses que no hay vuelta atrás. Aun en el peor de los desánimos Dios puede liberar nuestro corazón.

rompiendo los límites

¿Desanimados? Debemos buscar el rostro de Dios. Cuando estamos agotados, sólo Dios puede refrescar nuestro corazón. Puede que suene demasiado espiritual, pero Dios se encarga de buscar situaciones y personas que van a fortalecer nuestro corazón. Es una de sus maneras favoritas de ayudarnos. Necesitamos tener los ojos bien abiertos para encontrarle y ver su sonrisa. Él no sólo va a hablarnos de muchas formas diferentes sino que hará que le sintamos muy cerca de nosotros. Nuestra vida es completamente diferente cuando estamos cerca de Él, llenos con su presencia. *«Cuando dijiste: Buscad mi rostro, mi corazón te respondió: Tu rostro, SEÑOR, buscaré»* (Salmo 27:8, LBLA). David sabía exactamente qué hacer cuando estaba desanimado, porque se sintió así muchas veces. *«De todo corazón busco tu rostro»* (Salmo 119:58, NVI). Ése era su «secreto» y ése es el mejor deseo que podemos tener.

¿Desalentados? Tenemos que buscar el rostro de Dios. Cuando estamos tan cansados que casi no sentimos nuestro propio aliento, necesitamos esperar en el Señor. Él no sólo nos anima, sino que nos consuela; de hecho, esas dos palabras se intercambian en el griego del Nuevo Testamento con suma facilidad, para enseñarnos que Dios nos anima y nos consuela en todo momento.

Otra vez necesitamos recordar uno de los salmos: «*Esforzaos, y aliéntese vuestro corazón, todos vosotros que esperáis en el SEÑOR*» (Salmo 31:24, LBLA). Tenemos que poner algo de nuestra parte para no estar desanimados: esperar en Dios, porque Él va a alentar nuestro corazón... pero jamás debemos olvidar que somos nosotros los que tenemos que tomar la decisión de dejar las cosas en sus manos y esperar en Él.

Sólo estamos bien cuando aprendemos a esperar en el Señor.

Quizás otros nos desanimaron, esperábamos que hicieran algo y no fue así; o quizás dijeron mentiras o nos acusaron de algo injusto. Muchas veces no podemos solucionarlo todo, querer dejarlo todo en claro y buscar desesperadamente «que se haga justicia». No, sólo vamos a estar bien cuando esperamos en el Señor.

¿Nos sentimos casi sin fuerzas? Necesitamos buscar el rostro de Dios. Cuando estamos débiles, recordamos lo que el Espíritu Santo inspiró al apóstol Pablo en uno de los momentos más difíciles de su vida: estaba en la cárcel, muchos le habían abandonado, y aparentemente no tenía ni fuerzas (era casi anciano), ni dinero, ni futuro, porque no sabía si saldría de prisión. Su respuesta a todas las circunstancias fue un cántico de triunfo impresionante, la carta que más veces habla del gozo de la presencia del Señor Jesús, la dirigida a los Filipenses. Casi al final de la carta, un grito de júbilo:

«*¡Para todo tengo fuerzas por medio de Cristo que me da el poder!*» (paráfrasis Filipenses 4:13).

Nosotros solemos cambiar los términos, y pensamos que el poder es lo importante. Buscamos tener «poder» y admiramos a las personas que tienen «poder». Dios ve las cosas de otra manera: Dios pone en nosotros las fuerzas en todo momento para vivir según Su poder. De hecho, algunas versiones traducen el versículo al revés, sin darse cuenta de que en el original griego el énfasis está en que no depende de nuestro poder sino el Suyo. Si confiamos en nuestro poder, nos desanimamos enseguida porque es muy pequeño. Cuando comprendemos que vivimos con nuestras fuerzas, pero descansando completamente en Jesús, que nos da el poder, aprendemos a vivir como vencedores, porque el Señor tiene en sus manos el poder de una vida indestructible (cf. Hebreos 7:16).

Para que podamos entenderlo es bueno leer todo el capítulo 40 del libro de Isaías. En los dos últimos versículos, Dios deja escrita una frase que aparentemente parece un contrasentido: «*Dios multiplica las fuerzas al que no tiene ninguna*» (Isaías 40:29, RVR 1960). Cualquiera diría que eso es una imposibilidad matemática (multiplicar por cero es siempre cero), pero Dios hace ese milagro en nuestra vida. Cuando sabemos que no tenemos fuerzas, Dios las multiplica.

¿Agotados? Tenemos que venir a la presencia de Dios. *«Desde los confines de la tierra te invoco, cuando mi corazón desmaya. Condúceme a la roca que es más alta que yo»* (Salmo 61:2, LBLA). Cuando nuestro corazón desmaya y se siente desalentado, Dios lo pone en alto. Cuando nos encontramos hundidos o creemos que no podemos seguir, Dios nos eleva a lo alto de una roca.

Si otros nos han hecho daño con sus palabras y pensamos que no podemos caer más bajo de lo que estamos, el Señor nos conduce a sí mismo, a la Roca que es más alta que cada uno de nosotros. Nos coloca en su misma Presencia, nos eleva hasta su seno para que podamos ver las cosas de otra manera, para que no nos dejemos llevar por los que quieren hundirnos. Invocamos a Dios desde lo más profundo o lo más distante (¡los confines de la tierra!) y Él restaura nuestro corazón desanimado. Por favor, lee con mucha atención:

«Considerad, pues, a aquel que soportó tal hostilidad de los pecadores contra sí mismo, para que no os canséis ni os desaniméis en vuestro corazón» (Hebreos 12:3, LBLA).

El Señor Jesús soportó absolutamente todo por nosotros, no sólo para ayudarnos sino también para comprendernos. Él no sólo quiere que no nos desanimemos, sino incluso que ¡no nos cansemos! El Señor es el único que puede quitar todo peso de nuestra vida; todas las cosas que nos cansan o nos desaniman, sean palabras, circunstancias, frustraciones... sea lo que sea. Cuando vivimos atravesando el desierto del desánimo y no comprendemos lo que está ocurriendo, Él está con nosotros. Cuando no sabemos la razón por la que las puertas no se abren y quizás siguen sin abrirse durante meses (¡o años!), el Señor está con nosotros. Él soportó voluntariamente toda la enemistad, la hostilidad que nosotros podamos sentir.

¿Infelices? Necesitamos estar cara a cara con Dios. Él es el ser más imaginativo que existe, busca siempre circunstancias y «regalos» para nosotros derrochando felicidad.

Cuando Dios nos sonríe aprendemos a descansar. Nuestro corazón rompe los límites de la infelicidad. ¿Recuerdas las palabras del Señor Jesús? *«Venid a mí los que estáis trabajados y cargados, y yo os haré descansar»* (Mateo 11:28, RVR 1960). No caigas en el desánimo. No te preocupes por las pruebas porque a menudo son regalos de Dios; nuestros momentos a solas con Dios muchas veces están llenos de lágrimas, pero estamos seguros de que Él siempre nos escucha.

«Espera al SEÑOR; esfuérzate y aliéntese tu corazón. Sí, espera al SEÑOR» (Salmo 27:14, LBLA).

Todo debe comenzar y terminar con el Señor. Cuatro pasos tan sencillos como fáciles de recordar. Y nos asombra que el primer paso y el último son idénticos...

1. «**Espera al Señor**». Buscar su rostro y entusiasmarnos con Él. Recordar que Él tiene un tiempo para todo, y no debemos desanimarnos.

2. «**Esfuérzate**». Seguir al Señor no es estar tumbado esperando sus «milagros» cada día de nuestra vida. Aun cuando nos quedemos sin fuerzas, Él va a multiplicarlas. Hay que seguir adelante y luchar.

3. «**Aliéntese tu corazón**». Confiar en el Señor es no permitir que nuestro corazón se debilite, ni pensar que lo que hacemos no sirve de nada. Tenemos que alentar nuestro corazón con la Palabra de Dios y el poder del Espíritu Santo.

4. «**Sí, espera al Señor**». Buscar el rostro de Dios continuamente y esperar en Él, porque Él tiene siempre la primera y la última palabra en todo. No son las circunstancias, los hechos o las personas las que deciden todo, sino Dios. Cuando esperamos en Él aprendemos a descansar.

Y el desánimo habrá dejado de limitar a nuestro corazón.

hablando con Dios

Padre que estás en los cielos, me siento desanimado/a. Aparentemente nadie se preocupa por lo que estoy pasando, y a veces creo que estoy solo/a. Tengo muchas cosas que me gustaría hacer, pero creo que me quedan pocas fuerzas. A veces pienso que muy pocas cosas merecen la pena y eso me desanima cada vez más.

Mira cómo mi corazón desmaya, porque parece no haber nada ni nadie que pueda llegar a comprenderlo. Tú sabes lo que siento, sabes de mi cansancio, de mi desánimo. Toca mi corazón con tu Palabra, y que tu Espíritu sostenga mi vida…

Padre, sabes que a veces me canso de hacer las mismas cosas todos los días. Parece que nada cambia, y es como si viviese en la misma rutina cada mañana y cada tarde. Renueva mi corazón. Enséñame a ver que lo que hago tiene valor y que Tú te sientes feliz al verme. Puede que algunos no presten atención a mi vida o a mi trabajo, pero para Ti cada cosa que hago, cada palabra que digo, cada pensamiento que tengo tiene mucho valor.

Gracias por la vida que me regalaste. Casi ni puedo sentir cómo late mi corazón, y cómo cada uno de mis miembros fue perfectamente diseñado por Ti, y funciona a tu aliento de vida, y me maravillo que todo sea así. Que aun en mi cansancio Tú me sostienes. Aun atravesando el desierto Tú me das fuerzas y me siento feliz contigo.

Sólo quiero pedirte una cosa: que nunca deje de amarte. Quiero que todo lo que hago, incluso mi trabajo para Ti, me ayude a quererte más. Cada día estar más cerca de Ti. Quiero buscar tu rostro cada día. Te quiero a Ti.

día 24

corazón herido,
corazón roto

Nate Davis fue un jugador de baloncesto nacido en Estados Unidos que llegó en los años ochenta para jugar en Europa. Durante más de diez años disfrutamos de su juego en España, tanto, que fue considerado uno de los mejores jugadores de la historia. Cinco veces máximo encestador, Nate fue siempre un jugador cercano a todos, sobre todo a los niños. La verdad es que se hizo querer por su carácter y su juego espectacular. Profundamente creyente, siempre habló de lo que Dios significaba para Él: «Dios es lo más importante en mi vida, nada puede compararse a Él, con Él todo es posible», decía a todo el que quería escucharle. Realmente creía que Dios le ayudaba en todo, llegó incluso a jugar con una mano vendada en un partido (la tenía rota) y marcó veintiocho puntos con una sola mano.

De repente, en los últimos años de su carrera, todo pareció cambiar: Una lesión de clavícula le retiró repentinamente del deporte profesional cuando tenía treinta y tres años, al mismo tiempo que su mujer, Annie, se ponía enferma poco después de haber dado a luz a su segundo hijo, Nate Jr. Desgraciadamente para él, ningún médico podía encontrar la causa de la enfermedad de su mujer, así que fueron pasando los meses sin que ella mejorara. Nate perdió absolutamente todo su dinero llevando a Annie de médico en médico por diferentes hospitales de los Estados Unidos. Por fin, alguien encontró la enfermedad que tenía, se llamaba síndrome de inmunodeficiencia (AIDS) y era una enfermedad «nueva» y mortal con la que Annie había sido infectada con una transfusión de sangre en el hospital donde dio a luz.

Muy poco tiempo después, Annie falleció, y Nate se encontró sólo, con sus dos hijos y sin nada de dinero. Intentó hacer algo con el baloncesto, pero uno de sus «amigos» que se había comprometido con él para trasladar todas sus cosas a su casa en el estado de Georgia, se quedó con todo, y nunca más le vio. Nate perdió todos sus trofeos, las camisetas, las fotos… Sus hijos no pudieron tener ningún recuerdo de todo lo que su padre había sido, y Nate tuvo que comenzar una nueva vida como trabajador en una empresa de seguridad.

Pocas cosas nos hacen sentir tan mal como cuando tenemos nuestro corazón herido.

Cuando le encontramos en Atlanta en el año 1996, recordamos muchos momentos juntos en España. No sabíamos nada de él desde hacía casi diez años. Hablamos mucho tiempo, paseamos, le llevé algunas fotos que tenía, en las que él estaba jugando al baloncesto, y él se las enseñaba a sus hijos, ahora mayores, para que supieran quién había sido su padre. Cuando hablamos de Dios, me miró, y me dijo sin dudar un solo momento: «Mi confianza en Él no ha cambiado». «Dios es bueno siempre, nada puede compararse a Él». Las circunstancias de la vida habían roto su corazón, pero él lo había dejado en las manos de Dios, y Dios le devolvió la confianza.

«Mi corazón ha sido herido como la hierba y se ha secado, y hasta me olvido de comer mi pan» (Salmo 102:4, LBLA). Pocas veces nos sentimos tan mal como cuando nuestro corazón está herido. A veces son las circunstancias las que nos hacen daño y no sabemos qué hacer, a veces son otras personas las que nos hieren. Heridos como la hierba que se seca, sin ganas de comer ni de hacer nada, el mundo se nos viene encima, y nada parece tener sentido. No podemos dormir pensando en lo que hemos perdido, o en una enfermedad que ha llegado de repente. Quizás las imágenes se agolpan en nuestra mente al recordar a las personas que nos han herido, gente en la que confiábamos y a la que aparentemente no les importa hacernos daño.

Un día, una chica vino al frente después de una predicación para orar conmigo. Cuando la vi, antes de preguntarle si quería consagrar su vida al Señor, ya me di cuenta de que algo «raro» pasaba; no sólo parecía distante, sino que no permitió que esa distancia de seguridad se rompiese literalmente, porque daba un paso atrás cada vez que yo quería acercarme. Tenía unos diecisiete años y un corazón malherido, y le pregunté la razón. Sin dejar que me acercara rompió a llorar y me contó que desde muy niña había sido abusada sexualmente por su padre y sus hermanos mayores. No podía ni quería confiar en nadie, y mucho menos que ninguna persona se acercara físicamente a ella. Cuando comenzamos a orar, le pedí sinceramente al Señor que le hiciera ver el valor que ella tenía y que restaurase su corazón. Los dos lloramos juntos cuando orábamos porque cuando nuestro corazón está roto, Dios suele usar el llanto para curarlo.

Cuando terminamos de orar ella sonreía por primera vez en mucho tiempo, e hizo algo que nunca olvidaré: rompió su «distancia de seguridad» y se acercó a mí para darme un abrazo. Me dijo que era la primera vez que lo hacía en muchos años, porque su corazón herido no le había permitido acercarse a nadie. Me explicó que cuando orábamos, sintió como si Dios estuviera abrazándola y curando su corazón. Los malos recuerdos del pasado iban desapareciendo poco a poco, y ahora sentía que su vida realmente era valiosa para el Señor.

Hoy es una mujer que habla del Señor a todos, y Dios la está usando para llevar a otras personas heridas a su reino.

Corazón herido, roto. Corazón que parece desangrarse por las heridas del pasado, por las situaciones que no podemos solucionar. Corazón desgarrado por la maldad de otros. Cuando pasa el tiempo y no curamos esas heridas, terminan rompiendo nuestra vida de una manera total. Nos sentimos como si el presente y el futuro no existiesen porque no podemos restaurar nuestros recuerdos.

Amargura, soledad, incomprensión, falta de cariño… gente que nos hizo daño en nuestra niñez o en la juventud. Personas que nos hirieron en los últimos años. Todos hemos pasado por situaciones diferentes que pueden hacer que nuestro corazón se esté rompiendo. Es curioso que casi siempre se habla de esta manera cuando se mencionan los «males» del amor y cuando somos rechazados por alguien que queremos; pero es mucho más que eso, porque un corazón puede haber sido herido sin ser consciente de ello, sin haber hecho nada malo. Las heridas inesperadas de la vida suelen ser las que más daño nos hacen.

Las heridas del pasado, cuando no se curan, son capaces de romper nuestro corazón para siempre.

Hay personas que dicen que los corazones rotos se curan con el tiempo; pero yo creo que lo único que hacen es cicatrizar por sí mismos heridas que nunca se cerraron. Cuando es así, el corazón deja de disfrutar con todo aquello que parezca cercano a su herida: si el dolor que siente es por haber sido rechazado, deja definitivamente de amar. Si la herida es debida a las circunstancias, deja de confiar y de creer que Dios está guiando todas las cosas. Cuando el corazón se rompe por lo que otras personas han hecho o dicho, inmediatamente se aleja de los demás y se encierra en sí mismo. Son heridas que no curan, porque se cierran dejando en su interior la causa de su mal.

Esa es una de las razones por las que las lágrimas son las compañeras del corazón roto durante mucho tiempo. A veces esas lágrimas salen al exterior, pero otras veces se quedan dentro del corazón y hacen más daño todavía. Es algo superior a nosotros.

El corazón cierra a veces heridas dejando en su interior la causa de su mal.

Si nuestro corazón está herido, tratamos una y mil veces de comportarnos como si nada hubiese ocurrido, pero no parece posible. Pretendemos olvidar, pero nos damos cuenta de que haciéndolo sólo nos engañamos a nosotros mismos. Cada vez que pensamos en lo que puede traer el futuro, lo vemos rodeado de tristeza porque sabemos que somos incapaces de llegar a sonreír otra vez. Puede que aparentemente todo vaya bien, pero en nuestro interior (¡en nuestro corazón!) hay heridas imposibles de curar, así que decidimos vivir toda nuestra vida con ellas. Nos acostumbramos al sufrimiento, y en cierta manera, como un mecanismo de defensa, nos gusta vivir así.

El segundo peligro de no restaurar un corazón roto es que con el tiempo, llega a limitarse a sí mismo. Se ensimisma, se encierra; pierde voluntariamente todas las posibilidades de liberarse o disfrutar. Se vuelve amargado, esquivo, melancólico, incluso cruel. Las heridas del corazón nos hacen daño porque nos impiden ser nosotros mismos. Somos capaces de abandonar cualquier cosa o a cualquier persona, por muy buena que sea, con tal de no volver a sufrir. «Me hicieron daño una vez, y no volverán a hacerlo», solemos decir, y lo decimos con razón, porque a nadie le gusta que le rompan el corazón.

Nos alejamos de todo y de todos, y al menos de esa manera nos sentimos seguros. Nuestras decisiones ya no tienen que ver con lo que creemos que es bueno o no, con lo que nos gustaría hacer o no, sino simplemente con que no nos hagan más daño. «Todo se acabó», decimos una y otra vez, y el problema más grave sin ninguna duda, es la decisión que algunos toman pensando que su vida ya no tiene sentido. Muchas personas que se quitan la vida lo hacen por sentir que su corazón se ha roto para siempre. Otros muchos son casi «muertos vivientes», porque en el proceso de no querer que les hagan daño más veces, han perdido todas las ilusiones en la vida. Corazón herido, roto. Corazón que aparentemente ha quedado limitado para siempre.

Aparentemente, sólo. Sigue leyendo un poco más, porque aun para un corazón hecho pedazos hay restauración.

rompiendo los límites

El Mesías se levantó para leer por primera vez en la sinagoga. Había comenzado a enseñar y muchos decían que hablaba de una manera extraordinaria. Había escogido varios discípulos para instaurar el reino de los cielos y mucha gente le seguía admirada no sólo por sus palabras, sino también por su vida y su poder. Este Sábado iba a ser un día trascendental en la historia de Israel (¡y del mundo entero!), porque el mismo Hijo de Dios hablaría en la sinagoga y todos los maestros de la ley, los escribas y los fariseos, los sabios... ¡todos! conocerían el plan de Dios para los hombres. Y el Señor Jesús abrió el libro del profeta Isaías y comenzó a recitar:

«El Espíritu del SEÑOR Omnipotente está sobre mí, por cuanto me ha ungido para anunciar buenas nuevas a los pobres. Me ha enviado a sanar los corazones heridos, a proclamar liberación a los cautivos» (Isaías 61:1, NVI; cf. Lucas 4:18).

En el plan de Dios para este mundo, sanar a los que tienen el corazón roto es una prioridad. El Señor Jesús dio su vida en la cruz por ellos. Por nosotros. Dios quiere curar nuestras heridas, quiere que nuestro corazón no sólo sea restaurado, sino rehecho por completo. ¿Sabes cómo lo hace? Dios venda nuestras heridas.

Dios venda nuestras tristezas

Sí, cada una de nuestras heridas. La Biblia dice que Dios venda nuestras «tristezas» porque sabe que el corazón está roto por las lágrimas y el dolor (Salmo 147:3). Dios sana a los que tienen el corazón hecho pedazos y cura sus heridas. Conoce cada una de nuestras tristezas y las toma en sus manos de la manera más tierna que podemos imaginar para restaurar nuestro corazón. Incluso podemos decir que Dios no deja que cicatricen con el tiempo sino que es especialista en curar en el «hoy», en el «ahora»; en el momento en el que más estamos sufriendo.

Por si alguna vez crees (¡creemos!) que el sufrimiento nos aleja de Dios, déjame decirte que Él piensa todo lo contrario. *«Cercano está el SEÑOR a los quebrantados de corazón, y salva a los abatidos de espíritu»* (Salmo 34:18, LBLA). Muchas veces tenemos una imagen equivocada de nuestro Padre. Pensamos que si todo va bien y estamos alegres, Él va a estar a nuestro lado. Decimos a los demás que no podemos llorar o desanimarnos, porque es una falta de confianza en nuestro Creador. Cada vez que pensamos esto, lo único que hacemos es romper más nuestro corazón. Y alejarnos de Dios.

Dios está cerca cuando sufrimos. Él salva a los abatidos, a los que tienen el corazón roto. Vino a hacerse hombre para eso precisamente: Quiso probar el sufrimiento de una manera directa y real para restaurar nuestro corazón. Llegó a enseñar que los que lloran son felices, porque Él mismo los consuela. Vivió rodeado por los pobres, los despreciados, los que habían abandonado sus sueños, por los que tenían su corazón roto... Y no pienses que lo hizo así porque ellos le buscaron. ¡Fue Él el que los buscó a ellos! Es Dios mismo el que nos busca cuando sufrimos.

«Uno de los soldados le traspasó el costado con una lanza, y al momento salió sangre y agua. [...] Porque esto sucedió para que se cumpliera la Escritura: NO SERÁ QUEBRADO HUESO SUYO. Y también otra Escritura dice: MIRARÁN AL QUE TRASPASARON» (Juan 9:34-37, LBLA).

Sólo hubo Uno que permitió que su corazón se rompiese a propósito, fue el Señor Jesús. Él rompió su corazón por cada uno de nosotros. Cuando al abrir el costado de alguien que acaba de morir sale sangre y agua, es porque su muerte fue debida a la rotura de corazón: físicamente, literalmente. La Biblia dice que el Señor Jesús estaba llevando sobre sí mismo el pecado y el sufrimiento de todos nosotros, y lo hizo voluntariamente. Nadie le quitó la vida, la puso Él mismo por cada uno de nosotros, por cada persona de la humanidad pasada, presente y futura. Su sufrimiento fue tal que rompió su corazón, literalmente. Por ti y por mí.

> *Vivió rodeado por los que tenían su corazón roto. ¡Y fue Él el que los buscó a ellos!*

¿Qué hace Dios para curar nuestras heridas? En primer lugar, espera que le traigamos nuestro corazón. No sirve de mucho saber que Él venda nuestras tristezas, si queremos seguir viviendo con ellas.

Es curioso que algunas veces parece como si nos gustara vivir en el sufrimiento. Nos hacemos «mártires», porque alguien (o las circunstancias) nos ha herido, y pensamos que podemos vivir felices recordándolo y sintiendo pena por nosotros mismos. Esperamos que los demás se compadezcan de nosotros por nuestro sufrimiento y eso nos hace sentir bien, porque nos sentimos «desgraciados» y por lo tanto todos se acercan a nosotros.

Debemos abandonar esa sensación. La primera decisión que Dios «necesita» para restaurar un corazón es la decisión de ser renovado. Tenemos que hacer nuestro el deseo del salmista:

«Sana mi roto corazón y véndalo [...] esperé que alguno se doliera y no lo hubo, busqué consolador y no lo hallé» (paráfrasis Salmo 69:20).

Esa va a ser siempre nuestra experiencia, porque aunque intentemos «salir adelante» de cualquier otra manera, con la ayuda de cualquier otra persona, o con cualquier otra motivación; sólo Dios puede ayudarnos. Sólo Él nos conoce por dentro y sabe cómo curar nuestras lágrimas. Podemos buscar durante mucho tiempo y confiar en otras personas, pero tarde o temprano vamos a darnos cuenta de que no hay consuelo sino en Dios. No hay restauración sino en Aquel que vino para sanar a los que tienen su corazón roto.

Para vencer la tristeza hay que despreciarla.

Por eso no se trata sólo de que Él sane nuestro corazón. ¡Se trata de entregárselo por completo! Dios no quiere recomponer nuestro corazón roto si no le damos todos los pedazos. Necesitamos descargar todo lo que hay dentro de nosotros y no esconderle nada. Si queremos que Dios restaure nuestro corazón debemos entregarle todo. Absolutamente todo.

Muchas veces el problema no es que fallemos, o que nuestro corazón se rompa, sino simplemente que nos damos por vencidos muy rápido y no dejamos que Dios siga trabajando en nuestra vida. Piensa por un momento en todas las cosas que han sucedido, en todos los rechazos que has tenido…

▶ «Fracasos» en nuestra vida, cuando nos han rechazado por alguna cosa.

▶ Gente que se burló de nosotros, personas que dijeron cosas que nos hirieron.

▶ Oportunidades que perdimos por no hacer las cosas bien, o por no saber lo que hacer, o simplemente por no darnos cuenta de lo que estaba pasando.

▶ Fallos en el carácter, situaciones en las que obramos mal y «echamos todo a perder».

▶ Caídas en tentaciones que no supimos resistir.

▶ Equivocaciones o malas palabras sobre otras personas, cosas que teníamos que haber callado y no lo hicimos.

▶ Pruebas que no supimos enfrentar.

▶ Dificultades que creíamos que no podríamos vencer.

▶ Sueños que hemos abandonado por completo.

▶ Amargura en el corazón por malas decisiones…

Tú mismo/a puedes continuar la lista. Déjame pedirte que hagas algo muy sencillo: Toma cada uno de esos «pedazos» de tu corazón y escríbelos en algún lugar. Escribe todas las circunstancias, los detalles, las situaciones que te hicieron sufrir y que rompieron tu corazón. Ora «desnudando» todos tus pensamientos delante de Dios, y cuando hayas dejado todas las cosas en sus manos, rompe las hojas que has escrito, porque Dios cura cada una de esas heridas.

Muy pronto te darás cuenta que Dios restaura nuestra vida recordándonos cosas y llevándonos a lugares donde nuestro corazón fue herido…. Dios lo hace así casi siempre. Debemos tener los ojos bien abiertos cuando estamos en ciertas circunstancias, o volvemos a lugares a los que Él nos lleva, circunstancias y lugares en los que hemos sufrido en el pasado. Muchas veces lo hace simplemente para sanar nuestras heridas, para que recordemos algunos lugares no sólo por lo que hemos sufrido, sino para ver que Dios se preocupa de nosotros y nos sana. Nos sana por completo, de una manera definitiva. Vendando nuestras tristezas.

hablando con Dios

Padre, mi corazón está roto. He intentado seguir adelante, pero siempre vienen a mi mente situaciones y personas que me han hecho daño. Necesito aprender a perdonar. Necesito perdonar a otras personas, pero también perdonarme a mí mismo…

Restaura mi corazón, mira mis tristezas y pon tu mano sobre ellas.

Tú conoces todas mis lágrimas, mis heridas. Tú sabes la razón de mi sufrimiento. Toma mi corazón y líbrame de sentirme bien sólo haciéndome pasar por víctima de todo lo que me ocurre. No quiero sentirme herido/a, si no es para ayudar a otros.

Señor Jesús, Tú conoces perfectamente cómo me siento, porque en el Getsemaní creíste morir de tristeza. Gracias por permitir que tu corazón fuese roto por cada uno de nosotros. Por mí. Gracias por sufrir mucho más de lo que ninguna otra persona lo ha hecho, por amor a mí.

Te entrego mi corazón. Todo lo que hay en él, sin condiciones, sin querer esconder nada. Todo es tuyo para que hagas tu voluntad. Te entrego todas las cosas que he escrito y las dejo en tus manos. Sé que vas a restaurar mi corazón, no quiero seguir viviendo así. Gracias por darme un corazón renovado. Gracias por sanar mi corazón.

día 25

corazón aburrido, corazón insatisfecho

La gran mayoría de los libros que ocupan los primeros lugares de ventas en los últimos años tienen que ver con las metas, la satisfacción personal y la consecución del éxito. Vivimos en una sociedad que adora a los vencedores, y prácticamente todas las personas buscan la manera de ser uno de ellos. Lo curioso es que conseguimos muchas cosas que ni siquiera podríamos haber imaginado (nuestra vida es casi infinitamente mejor que la de cualquier persona de «éxito» de hace cien años), pero nuestro corazón está insatisfecho. Conseguimos muchas cosas, pero siempre pensamos en lo que no tenemos, en lo que nos falta alcanzar; y mientras hacemos eso, somos esclavos de nuestra propia insatisfacción.

Hace más de cincuenta años que una canción se hizo popular en España. Puede que no la conozcas, pero su estribillo decía:

> *Todos queremos más*
>
> *El que tiene cinco, quiere tener diez*
>
> *El que tiene veinte quiere los cincuenta*
>
> *Y el de los cincuenta quiere tener cien.*

Cualquier persona hubiera sido «feliz» en los años sesenta si hubiera tenido como nosotros un lugar donde vivir con calefacción, agua corriente, alimentos abundantes, comunicaciones con todo el mundo, música, la posibilidad de viajar dentro y fuera del país, etc. Para nosotros todo eso parece «normal», porque aspiramos a mucho más. Nuestro corazón vive insatisfecho porque queremos más; queremos probarlo todo, vivirlo todo, tenerlo todo. Pero con el paso de los días vivimos frustrados porque siempre pensamos en lo que nos falta.

Hace varios meses tuve la oportunidad de ir a un entrenamiento del equipo de fútbol FC Barcelona, en España. Uno de los jugadores es una persona creyente en el Señor y gran amigo nuestro, así que decidí acompañarle durante una mañana y saludar a los demás jugadores. Cuando entraba en el estadio, vi a una madre con su hijo, un niño de unos diez años de edad, que no paraba de mirar a sus «ídolos» y hacerse fotos con ellos. Pensé que quizás ese era uno de los días más felices de la vida del niño, cuando vi que le hablaba al oído a su madre, como si quisiera decir algo muy importante.

Poco tiempo después, la madre habló con el capitán del equipo pidiéndole algo, y éste le contestó que no había problema, así que un par de minutos más tarde apareció con una camiseta del FC Barcelona para el niño. Conforme los jugadores iban entrando en el estadio, el niño le iba pidiendo a cada uno que le firmara la camiseta, así que ya tenía la foto con todos, la camiseta del club y la firma de todos. «Ahora sí», pensé yo, «ahora sí que es completamente feliz».

Comenzó el entrenamiento y volví a fijarme en el niño con su camiseta firmada, porque me di cuenta de que no dejaba de hablar con su madre y pedirle algo. Al final, la madre fue a uno de los empleados del club, y éste le trajo un balón también firmado por los jugadores. Yo pensé: «¿Qué será lo próximo que le pida? ¿El estadio?»... Cualquier niño hubiera sido inmensamente feliz con la foto con todos los jugadores, mucho más con la camiseta, aun más con la firma, el balón...

> **Vivimos con corazones insatisfechos tengan lo que tengan.**

En ese momento me di cuenta de que ese niño era un espejo de nuestra sociedad: Corazones insatisfechos tengan lo que tengan. A alguien se le ocurrió decir que somos una sociedad de consumo, y no podría haberlo dicho mejor, porque casi todos nos «consumimos» queriendo tener cosas que no nos sirven para nada; que no necesitamos y que incluso no vamos a poder disfrutar, ver o tener, por más que nos empeñemos. Si hay algo que ha generado nuestra manera de vivir, son corazones esclavizados por la insatisfacción.

«Porque el sol sale con calor abrasador y seca la hierba, y su flor se cae y la hermosura de su apariencia perece; así también se marchitará el rico en medio de sus empresas» (Santiago 1:11, LBLA).

Demasiadas veces admiramos a la gente que tiene mucho, y esa admiración nos hace vivir insatisfechos. Lo que Dios nos dice acerca de esas mismas personas que admiramos es impresionante, habla de «la belleza de la apariencia que perece», ¡aunque esa persona rica sea creyente! Cuando lo queremos todo, nuestro corazón vive insatisfecho y seguirá así, porque si no lo remediamos, un día «se marchitará».

> Con la insatisfacción llega el aburrimiento, porque llegamos a creer que nada merece la pena.

Corazón insatisfecho, corazón aburrido. Cuando vivimos «aburridos» aparecen días «horribles» en nuestra vida. ¿Sabes lo que muchos consideran horrible? Que su pelo no esté bien, que alguien aparezca con la misma ropa, que un examen salga mal, un atasco, que alguien nos «mire» mal... Si nos sucede alguna de estas cosas u otras parecidas, ya comenzamos a «sufrir». A veces vivimos demasiado cómodos, demasiado centrados en nosotros mismos y despreocupados por el verdadero sufrimiento de millones de personas en nuestro mundo. A un corazón aburrido e insatisfecho le preocupa más el color de su pelo que los dos mil millones de personas que viven absolutamente pobres en el mundo.

Como si de una moneda de dos caras se tratara, creemos que podemos curar la insatisfacción a base de pereza. Muchos intentan ser felices sin «dar un palo al agua». Todo lo que ocurre en su vida es culpa de los demás o de las circunstancias, porque creen que la libertad de su corazón nace en el «dejarse ir». Algunos dicen que como muy pocas cosas tienen remedio, lo mejor es no hacer nada. El «dolce far niente» que dicen los italianos, pero que sólo merece la pena cuando realmente estás cansado de todo lo que has hecho, no cuando no sabes qué hacer, o estás aburrido.

Con la insatisfacción llega el aburrimiento, porque llegamos a creer que nada merece la pena. Tenemos mil cosas por hacer pero nuestro corazón no encuentra nada que sea agradable. Todo le hastía, todo le provoca tedio. Todo le sobra o todo le falta, ni siquiera él mismo sabe qué pensar o qué sentir.

Un atasco, un plan frustrado, una persona que hace lo que no debe, etc. Todo puede ser transformado, todo puede ser redimido en los planes de Dios. A veces buscando lo extraordinario perdemos muchísimas cosas a lo largo del camino. Perdemos la belleza de las cosas sencillas. Perdemos la felicidad de cada momento.

No es extraño que cuando le preguntas a algunas personas: «¿Cómo estás?» te respondan: «Aburrido». Un corazón insatisfecho o un corazón holgazán sólo te llevarán al hastío. El corazón vive aburrido por no poder alcanzar todo lo que quiere (eso siempre es imposible) y aburrido por no querer hacer lo que necesita hacer.

¿Sabes cuál es el peligro? Un corazón insatisfecho puede llegar a estar harto de todo. ¡Qué contrasentido! Sólo nosotros podemos fabricar incongruencias así. Salomón lo describió de una manera sublime en el libro de Proverbios: «*El de corazón descarriado se saciará de sus caminos, pero el hombre bueno estará satisfecho con el suyo*» (14:14, LBLA). Aunque escribía inspirado por el Espíritu de Dios, él mismo sabía de qué estaba hablando. Había probado absolutamente TODO y se había dado cuenta de que todo era como correr tras el viento. Vanidad sin límites. Salomón descubrió demasiado tarde que cada nueva emoción y cada nuevo placer que buscaba sólo le añadían aburrimiento y hastío. Cuando alguien se descarría en su corazón pretendiendo hacer lo que quiere y tener todo lo que quiere, se harta de sus propios caminos, porque jamás se satisface. Y nada harta tanto como un corazón insatisfecho.

> *Nuestro corazón tiene que aprender a vivir muy por encima de los límites de la apariencia.*

Cuando nos sentimos hartos de todo, aburridos, tentados a dejarnos llevar por la falsa dulzura de la holgazanería, debemos recordar que nuestro corazón no será libre hasta que encuentre el camino que Dios tiene preparado para él. No se trata de «desaparecer» de este mundo, sino de algo tan sencillo y complicado a la vez, como vivir muy por encima de los límites de la apariencia.

Se trata de vivir satisfecho.

rompiendo los límites

¿Cuál es la razón de nuestra satisfacción? «No puedo estar satisfecho aunque lo intento», cantaban en los años sesenta los Rolling Stones, y siguen cantándolo cincuenta años después (eso sí, un poquito más mayores), porque el corazón insatisfecho no puede encontrar libertad en posesiones, experiencias, personas, fama, poder o dinero. Volvemos a la pregunta porque necesitamos responderla para que nuestro corazón venza sus límites: ¿Cuál es la razón de nuestra satisfacción?

Si ponemos nuestro corazón en alguna cosa material jamás vamos a estar satisfechos. Nuestro corazón es demasiado grande como para que lo material pueda satisfacerlo. Si lo más importante para nosotros son nuestras metas, objetivos, planes o logros, jamás venceremos el aburrimiento, porque nuestro corazón es demasiado profundo como para llenarlo así. «El fondo del corazón está más lejos que el fin del mundo», dice un proverbio danés, y creo que con mucha razón. Si miramos hacia adentro de nosotros mismos nos damos cuenta de que es así.

Nos sentimos insatisfechos también cuando confiamos «ciegamente» en otras personas, e incluso cuando ayudamos, servimos o trabajamos para otros, ¡aun en un servicio espiritual! Nuestro corazón es demasiado amplio como para que puedan llenarlo otras personas. Nos sentimos insatisfechos cuando nos comparamos con otros, interior o exteriormente, en lugar de ser nosotros mismos. Cuando no somos nosotros mismos, nuestro corazón se siente vacío por muchas cosas que tenga.

Nos sentimos aburridos porque no hemos aprendido a vivir y disfrutar cada día, pero cuando encontramos la voluntad de Dios en nuestra vida sabemos lo que significa estar satisfechos. No porque lo tengamos todo o hayamos conseguido realizar nuestros sueños, sino porque le damos a Dios el lugar más importante en nuestro corazón. David lo experimentó en su vida y por eso escribió: «*Me deleito en hacer tu voluntad, Dios mío; tu ley está dentro de mi corazón*» (Salmo 40:8, LBLA).

Dios llena nuestro corazón con Su presencia en primer lugar, y después, con todo lo que Él ha creado.

Dios es el único que puede llenar el vacío de nuestro corazón. La dimensión infinita de nuestro corazón sólo puede satisfacerla el Dios Eterno. Con Él, todas las demás cosas ocupan su lugar. Nuestro corazón se descubre a sí mismo, nosotros comprendemos quiénes realmente somos y todo lo que hacemos y tenemos, y todas las personas que conocemos encuentran un lugar mucho más importante que antes en nuestro corazón, porque ya no vive insatisfecho. Dios lo llena por completo.

Dios satisface nuestro corazón con su Presencia, y nos enseña a vivir. Nos muestra cómo vencer el aburrimiento, no buscando cosas espectaculares sino disfrutando de lo más sencillo de cada día. Dios pone en nuestro corazón la sensación de contentamiento cuando nos despertamos cada mañana y sabemos que cada nuevo día es un regalo suyo. Dios nos llena con su presencia y encontramos satisfacción a su lado… con cada cosa que hacemos, con cada detalle, con cada persona que encontramos, con las cosas sencillas de cada día.

Puedo proponerte una lista de «satisfacciones» que merecen la pena cuando amas a Dios, pero espero que tú puedas escribir y experimentar la tuya propia:

❱ Decir «te quiero» sinceramente, a las personas a las que amas.

❱ Hablar a los demás mirándoles a los ojos.

❱ Amar profunda y apasionadamente.

❱ Llamar a nuestros padres y ser agradecidos.

❱ Aprender a disfrutar de paseos sin prisas.

❱ Escuchar música.

❱ Observar cómo cae la lluvia, observar a los animales, descansar viendo la naturaleza…

❱ Aprender a disfrutar de Dios y de todos sus regalos. Recordar todas las cosas buenas que hemos vivido.

❱ Llamar a alguien con quien hace tiempo no hablas.

❱ Hablar con Dios todas las veces que podamos, en todos los lugares que podamos.

❱ Ver salir y ponerse el sol.

❱ Agradecer a Dios cada mañana el nacimiento de un nuevo día.

❱ Reír y disfrutar todo lo que podamos…

Tú mismo/a puedes hacer que esta lista sea casi interminable, porque lo que Dios nos regala es para que aprendamos a disfrutar de la vida. Cada día… *«Pon tu delicia en el SEÑOR, y Él te dará las peticiones de tu corazón»* (Salmo 37:4, LBLA). Cuando Dios llena nuestro corazón, no sólo ve nuestros deseos sino que los cumple. Los sueños incumplidos ya no nos causan frustración porque Dios nos muestra otros más grandes para nosotros. El Señor siempre nos anima a tener sueños nuevos, nos impulsa a crear, a usar nuestra imaginación y a disfrutar.

Porque los más grandes deseos no vienen de nosotros mismos, sino de Él. Dios llena nuestra vida de deseos de crear y hacer cosas que merezcan la pena. No tiene nada que ver con la edad: sean cuales sean los años que tienes puedes seguir usando la imaginación que Dios te da. Ese es uno de los motivos que hacen que nuestro corazón encuentre sentido con Dios, porque Él siempre nos pregunta: ¿Qué puedes hacer? ¿Cuáles son tus sueños? ¿Qué cosas te encanta crear…? Cuando pensamos en lo que Dios tiene preparado para nosotros en el futuro, nuestro corazón no está atado al pasado.

Cuando Dios satisface nuestro corazón sentimos deseos de ayudar a otros, queremos traer el cielo a la tierra viviendo de una manera diferente y poniéndonos al lado de los que necesitan restaurar sus vidas. De repente encontramos miles de proyectos que Dios tenía preparados; comenzamos a tener una capacidad ilimitada para amar y descubrir sueños. De pronto nos damos cuenta de que nuestra vida no sólo es diferente a cada momento, sino que no se termina jamás, porque la eternidad vive en el corazón de Dios, y por lo tanto en nuestro corazón. Cuando reconocemos algo tan sencillo como eso, aprendemos a vivir porque sabemos que nuestro futuro está en manos del Todopoderoso. Nada ni nadie pueden vencerlo.

> ¡Lo que Dios tiene para nosotros en el futuro es tan impresionante que viviremos asombrados siempre!

Cuando Dios vive dentro de nuestro corazón nos entusiasmamos, porque esa es precisamente la raíz de la palabra en nuestra lengua: «entusiasmarse» es «estar dentro de Dios» y Él dentro de nosotros. Cuando abrimos por completo nuestro corazón a Dios y Él lo «toma» por completo, la insatisfacción y el aburrimiento desaparecen.

No les queda sitio.

hablando con Dios

Padre, a veces me siento mal de ser yo mismo/a... Parece increíble pero casi cualquier cosa puede ponerme de mal humor y «estropear» el día. No quiero vivir así. Quiero descansar en Ti y que mi corazón sea tuyo por completo.

Quiero recordarme a mí mismo/a una y otra vez que nada me hace tan feliz como estar contigo. Lo he sabido y lo he sentido mil veces en mi vida. Cada vez que te busco, cada vez que me acerco a Ti, es como si todo cobrara vida y la imaginación y los sueños desbordasen todo.

No quiero fijarme en las circunstancias o los momentos que estoy pasando. No quiero que cualquier cosa me haga sentir mal. Te necesito a Ti, Señor Jesús. Quiero vivir como Tú vives, amando, sirviendo, imaginando, disfrutando de todo lo que

Tú eres y lo que Tú nos das. Sinceramente, mi corazón está completamente satisfecho contigo y necesita cada día entusiasmarse más con todo lo que Tú eres: con tu Palabra, con todo lo que has hecho y lo que haces, con lo que tenemos por delante… con todo lo que será la eternidad contigo.

Te amo mucho, pero te necesito mucho más aun, y perdóname porque en mi debilidad siempre te necesitaré mucho más de lo que te amo. En el nombre del Señor Jesús…

día 26

corazón desagradecido

Estuve muchos días pensando en ella: nunca antes me había ocurrido algo parecido, y la verdad es que me impresionó. Siempre, cuando predico, dejo un tiempo al final para que todas las personas que quieran venir a orar, pasen al frente. Muchos vienen para tomar una decisión delante de Dios, para poner toda su vida en Sus manos. Otros necesitan ayuda para una situación concreta; muchos vienen para orar por su familia. Algunos necesitan fuerzas para continuar, o que Dios ponga su mano sobre una situación concreta. Otros quieren saber que Dios les perdona, o ellos quieren perdonar a otras personas. Los motivos son casi incontables, y son miles las personas con las que he orado a lo largo de los últimos treinta años. Aquella mujer fue diferente a todos: Tuvo la valentía de atravesar toda la iglesia para venir a orar sólo por una razón: «Quiero darle gracias a Dios», me dijo. «Él es tan bueno conmigo, me ha dado tantas cosas, que sólo quiero venir a orar para darle gracias, nada más».

Nunca nadie había tomado esa decisión. En ningún lugar del mundo, ninguna persona había venido al frente delante de todos para orar y agradecer. Yo le di gracias a ella, porque me enseñó que también se necesita ser valiente delante del Señor y de los demás para reconocer que le debemos a Él gratitud en nuestra vida. Una inmensa gratitud.

Un ejemplo entre miles. La única persona que quiso ser agradecida. La única que no quiso pedir nada a Dios, sino sólo dar gracias. ¿No hubo nadie en treinta años que tuviese motivos para dar gracias a Dios? ¿Nadie a quien la vida le sonriera de tal manera que sólo quisiera agradecer? O lo que es más importante aun, ¿nadie que a pesar de todo lo que podría estar sucediendo en su vida quería dar gracias a Dios, porque son muchas más las cosas que recibe que las que necesita?

Cuando volvía a casa recordé algo que me sucedió a mí… Dios quiso enseñarme una de las lecciones más importantes de una manera extraordinaria. Paso mucho tiempo conduciendo mi coche, viajando a diferentes lugares para predicar y visitar a gente que necesita al Señor. Una de las carreteras que más veces recorro es la autovía que sale desde Galicia, mi tierra, hacia Madrid. En uno de esos viajes el coche se estropeó y tuve que tomar una salida para ver lo que sucedía. Me paré a un lado de la carretera justo donde se encontraba un monumento que alguien había levantado. Me acerqué por curiosidad y leí la inscripción; era un monumento que una mujer y sus tres hijas habían dedicado al marido y padre fallecido en un accidente de tráfico en ese mismo punto.

Pocas veces se demuestra tanta valentía como cuando se es inmensamente agradecido.

Por un momento me olvidé de mi coche estropeado y le agradecí a Dios por darme la vida, y por guardarme siempre en la carretera. Después de casi un millón y medio de kilómetros recorridos por todo el mundo, me doy cuenta de que Dios ha hecho auténticos milagros para que yo siga disfrutando de mi familia. Lo más curioso es que después de alzar mis ojos al cielo y agradecer a Dios, puse el coche en marcha, y milagrosamente encendió, sin rastro alguno de avería. Durante las horas que duró mi viaje, sólo podía recordar aquel monumento y agradecer a Dios por cuidarme siempre.

Lo más impresionante sucedió poco más de un año después. Justo cuando estaba llegando a aquel monumento el coche volvió a pararse y ¡tuve que tomar la misma salida y detenerme en el mismo lugar! Volví a ver la inscripción y volví a orar para agradecer al Señor tantas cosas en mi vida…. Sí, ya has adivinado lo que sucedió después: el automóvil se encendió «como por un milagro» y al llevarlo al taller, después de volver de un viaje de varios miles de kilómetros, me dijeron que no tenía absolutamente nada.

Ahora, cuando paso por esa autovía, yo mismo me detengo para dar gracias a Dios. Comprendí la lección de la gratitud; cada día de nuestra vida es un regalo de Dios, y nuestro corazón encuentra la felicidad cuando aprende a ser agradecido en todo. Es curioso, porque casi sin darnos cuenta, podemos pasar nuestra vida agradeciendo o exigiendo. Dando gracias o quejándonos por todo.

Nuestro corazón estará siempre atado a quejas y exigencias. Lo negativo ata porque siempre busca algo más, nunca está satisfecho. El mismo corazón se sentirá completamente libre cuando sabe agradecer por todo lo que le ocurre. La gratitud libera; las quejas y las exigencias nos hacen esclavos.

A veces la vida es muy complicada. A uno de nuestros amigos todo pareció venírsele encima cuando al poco de casarse, uno de sus niños, con sólo ocho meses, sufrió una enfermedad que le dejó con un noventa y siete por ciento de deficiencia física y psíquica. De repente muchos de los planes que podían tener para su vida se vinieron abajo, pero él y su mujer, con una profunda fe en Dios, reconocieron que si el Señor lo permitía era porque ellos podían vivir con esa «carga» y aprendieron a agradecer. Para ellos su hijo jamás fue una carga, sino más bien una posibilidad de derrochar amor y atención a raudales. Hace ya más de treinta años que ocurrió, y siguen cuidando a su hijo, ahora mayor y con muchísimas más dificultades. Y para ellos ese hijo es uno de los motivos más grandes de agradecimiento a Dios.

> *Podemos pasar nuestra vida agradeciendo o exigiendo, nosotros escogemos.*

Un corazón agradecido es un corazón libre, feliz.

Agradecer o exigir. Esa es la decisión que todos tomamos. Desde el principio de la historia de la humanidad, nuestra relación con el Creador, con la vida y con nosotros mismos está siempre marcada por una de esas dos actitudes.

«Porque desde la creación del mundo, sus atributos invisibles [de Dios], su eterno poder y divinidad, se han visto con toda claridad, siendo entendidos por medio de lo creado, de manera que no tienen excusa. Pues aunque conocían a Dios, no le honraron como a Dios ni le dieron gracias, sino que se hicieron vanos en sus razonamientos y su necio corazón fue entenebrecido» (Romanos 1:20-21, LBLA).

Cuando no agradecemos nuestro corazón se llena de oscuridad. Dios mismo nos enseña que la raíz de nuestro pecado fue el desagradecimiento, y en cierta manera sigue siendo la raíz de todos los pecados también en el día de hoy.

El primer paso en todas nuestras equivocaciones.

De la ingratitud viene todo: el deseo de tener más, de querer pasar por encima de los demás; la sensación de no ser felices con lo que somos y no ver lo que Dios quiere hacer. De la ingratitud viene la envidia, el orgullo, la amargura, la insatisfacción, la ira, la desconfianza, el egoísmo… Cuando no somos agradecidos nuestro corazón se llena de tinieblas.

Toda la vida cristiana puede reducirse a sólo dos palabras: gracia y gratitud. Dos palabras que vienen de la misma raíz. Dos palabras que marcan nuestra relación con Dios y con los demás. Gracia de Dios hacia nosotros y gracia en nuestro trato con los demás. Gratitud hacia Él y hacia los que nos rodean. Las dos van unidas, las dos se necesitan una a la otra. A mayor gracia mayor gratitud, cuanto más agradecidos somos más gracia recibimos, porque más nos damos cuenta de nuestra indignidad. Cuanto más desagradecidos somos menos gracia tenemos, porque sólo pensamos en lo que nos falta. Nuestro corazón se limita a sí mismo cuanto más vive exigiendo.

> **Un corazón «desagradecido» es la fuente de una vida «desgraciada».**

En ese proceso de desagradecimiento perdemos a nuestros amigos, a los que nos rodean; perdemos las bendiciones y las cosas buenas que los demás pueden darnos. Dejamos de relacionarnos porque siempre exigimos y alejamos a todo el mundo de nuestro lado, porque siempre los estamos «utilizando» para nuestros fines, y tarde o temprano todos se dan cuenta de nuestra actitud. La «gracia» y el «agradecimiento» desaparecen juntos de nuestra vida cuando le damos más importancia a exigir y demandar.

Lo curioso es que el agradecimiento nace cuando una persona estima lo que se le ha dado, o la ayuda que ha recibido. Cuanto más valor damos a lo que otros han hecho por nosotros, o lo que nos han entregado; más agradecidos estaremos. Cuanta más conciencia tenga una persona que necesitaba lo que ha recibido, más agradecida estará. ¿Recuerdas las palabras del Señor Jesús sobre la mujer que ungió sus pies con lágrimas? «*Sus muchos pecados le son perdonados, porque amó mucho; mas aquel a quien se le perdona poco, poco ama*» (Lucas 7:47, RVR 1960).

> **La gracia y el agradecimiento desaparecen de nuestra vida cuando le damos más importancia a exigir y a salirnos con lo nuestra.**

Muchos no son agradecidos, porque piensan que no necesitan nada. Son demasiado orgullosos como para recibir de otros porque piensan que quien recibe es siempre inferior que el que da. A veces, no tenemos la humildad suficiente para reconocer que necesitábamos lo que recibimos, y es curioso como incluso llegamos a escondernos o evitar a las personas que nos han hecho bien, porque pensamos que es una «humillación» agradecer. Es la mayor demostración de orgullo del ser humano, no querer reconocer que en un momento necesitó que alguien le ayudara... y lo triste es que por esa misma razón el hombre rechaza a Dios.

Se siente demasiado seguro en sí mismo como para tener que mirar hacia arriba. Se cree demasiado bueno como para que tengan que perdonarle algo.

El corazón que no agradece va muriendo poco a poco en su propia vanidad. No quiere recordar lo que otros han hecho, pero sí desea que los demás le agradezcan a él, porque el orgullo ciega nuestros ojos enfocándolos siempre en una misma dirección: nos obliga a mirarnos a nosotros mismos. Esa es la razón por la que mucha gente en el día de hoy cree que no necesita nada. Que puede vivir **su** vida a **su** manera y así ser inmensamente feliz.

Mientras vive así, el ser humano del siglo XXI se va destruyendo interiormente poco a poco. Desde su desagradecimiento y su lejanía de Dios se va deslizando hasta llegar a su propia muerte, física y espiritual.

Un corazón ingrato es siempre la fuente de una vida desgraciada.

rompiendo los límites

«Dad gracias en todo» (1 Tesalonicenses 5:18, LBLA).

Ya está. Podemos terminar aquí este capítulo, porque una sola frase explica todo lo que tenemos que decir y hacer. Así de sencillo. Agradecer siempre, dar gracias en todas las circunstancias aunque no las comprendamos o creamos que no podemos soportarlas. Podemos pasar al capítulo siguiente.

> Para romper los límites de nuestro corazón ingrato, sencillamente tenemos que dar gracias en todo.

¡Increíble! Resulta demasiado complicado para nosotros. Dios dice que eso es lo que Él espera, lo que es lo mismo que decir que cuando damos gracias a Él en todo, estamos seguros que estamos viviendo en Su Voluntad. Sencillo, claro, corto, irrefutable… Podemos buscar más palabras para explicarlo, pero eso no significa que lo comprendamos mejor.

Para romper los límites de nuestro corazón ingrato, sencillamente tenemos que dar gracias en todo. El problema es que ser agradecido no es sólo nuestra actitud «de vida» sino también la única manera de entrar en la presencia de Dios. Creo que todos recordamos la frase clave del Salmo 100:

«Entrad por sus puertas con acción de gracias, y a sus atrios con alabanza. Dadle gracias, bendecid su nombre» (Salmo 100:4, LBLA).

Llegamos a la casa de Dios con nuestra gratitud. «Golpeamos» la puerta para entrar siendo agradecidos. Derramamos nuestro corazón delante de Él y le contemplamos cara a cara cuando damos gracias en todo. Cuando bendecimos, agradecemos y alabamos de corazón, Dios abre las puertas de su Casa de par en par. Nuestra actitud es la gratitud, su trabajo es hacer que las cosas estén en el lugar apropiado. Nosotros agradecemos en todo, aunque a veces sea difícil, no necesitamos preocuparnos de nada más.

Si la raíz del pecado fue no agradecer a Dios, la libertad de nuestro corazón llegará cuando damos gracias:

▶ ¡Cuando damos gracias a Dios!

▶ Cuando le agradecemos las circunstancias de nuestra vida. Muchas veces no las comprendemos, pero siempre podemos bendecir lo que ocurre, porque será para nuestro bien.

▶ Cuando aprendemos a agradecer lo que otros hacen por nosotros, yendo mucho más allá de una simple palabra. Si vivimos en una actitud de agradecimiento a los demás, esto les hace ver a ellos que son valiosos para Dios... y para nosotros.

▶ Cuando, además, sabemos dar gracias por nosotros mismos. Aun si nos equivocamos. Sin preocuparnos por lo que podría haber sido si hubiéramos hecho alguna otra cosa. Sin querer ser como otra persona o tener lo que otro tiene. Sin echarnos la culpa a nosotros mismos, sino agradeciendo que Dios nos hizo como somos.

Un corazón que agradece rompe sus límites y se vuelve indestructible: _«Con todo mi corazón te daré gracias; en presencia de los dioses te cantaré alabanzas»_ (Salmo 138:1, LBLA). Un corazón que alaba aprende a vivir, porque sólo cuando adoramos a Dios podemos estar cara a cara con lo trascendental, con lo infinito, con el Eterno; y cuando esto ocurre nuestra vida se envuelve de eternidad. No se trata de cantar por cantar. No es cuestión de ritmos, estructuras, canciones o modas. Estamos hablando de acercarse a la presencia de Dios y entusiasmarse con Él.

Hablamos de adorar con todo nuestro corazón, con toda nuestra mente, con todo nuestro cuerpo y con todas nuestras fuerzas.

Estamos hablando de que Dios le dé un giro radical a nuestra vida.

Comienza a agradecer.

Empieza a vivir de una manera completamente diferente: alabando a Dios por todo lo que Él es, adorándole en la hermosura de Su Santidad. Hablando y disfrutando de su Presencia. Toma tu Biblia, lee y agradece a Dios por cada palabra. Escribe en tu Biblia todo lo que Dios dice a tu corazón...

Háblale a tu corazón y dile que nada hay más importante que bendecir a Dios. Muchas veces necesitamos hablarnos a nosotros mismos para romper los límites de nuestro corazón. Pasamos gran parte de nuestra vida diciendo cosas negativas en nuestro interior, preocupándonos por lo que los demás hacen o pensando en lo malo que pueda venir en el futuro. Una vida de agradecimiento comienza cuando le hablamos a nuestra alma para que bendiga a Dios, para que no olvide todas las cosas buenas que Dios le ha dado. Un corazón sin límites nace cuando nos «obligamos» a nosotros mismos a dar gracias al Creador.

> *El cambio más radical en nuestra vida comienza cuando agradecemos.*

Da gracias en todo y tu corazón será libre de la esclavitud de la ingratitud y la exigencia.

Da gracias en todo y la Gracia de Dios rebosará en tu vida.

hablando con Dios

Padre, quiero darte gracias por lo que Tú eres, por tu amor por mí.

Quiero darte gracias por el Señor Jesús, porque Él fue voluntariamente a la muerte por amor a mí.

Quiero darte gracias por tu Santo Espíritu que vive dentro de mí y comprende perfectamente todos mis sentimientos y pensamientos...

Quiero darte gracias por tu Palabra.

Quiero darte gracias por la vida que me has regalado.

Quiero darte gracias por mi familia.

Quiero darte gracias por el lugar en el que estoy,

Quiero darte gracias por...

Hoy debes seguir orando tú, no puedo agradecer por ti. Ora y dile a Dios los motivos de tu agradecimiento. Escribe para recordar lo que Dios hace por ti, porque puede ser uno de los días más importantes de tu vida.

día 27

corazón lleno de ansiedad

Para nuestras niñas esa fue una lección que jamás olvidarán. Un día a la vuelta del colegio, encontramos una paloma enferma, tirada delante del portal de nuestra casa. Mis hijas querían recogerla y llevarla a casa para que se curase (los niños siempre quieren llevar consigo a todos los animales que encuentran), pero nosotros les explicamos que muchas veces las enfermedades de los animales pueden contagiar a las personas y que era mejor dejarla ahí, porque Dios iba a cuidarla.

Durante dos días, cada vez que salíamos de casa encontrábamos la paloma enferma, vomitando y temblando. Una y otra vez les recordamos a nuestras hijas que Dios iba a cuidarla, aunque en el fondo del corazón nos preguntábamos si realmente iba a ser así (es curioso lo incrédulos que llegamos a ser a veces). Tres días después, la paloma comenzó a caminar dando pequeños pasos y a las pocas horas había recuperado toda su fuerza para volar e irse con las demás.

Cuando las niñas lo vieron, nos recordaron a nosotros lo que tanto les habíamos asegurado: «Dios cura a los animales, Él sabe lo que hace». Mientras hablábamos, pensé en una de mis canciones favoritas: «Dios cuida de las aves, cuidará también de mí», basada en la promesa del Señor Jesús. Durante muchos días no podía dejar de pensar en esa paloma. Le di gracias a Dios no sólo por sanarla y recuperarla completamente sino por enseñarme cómo Él nos renueva a veces sin que nadie lo sepa ni se preocupe por nosotros. Muchas veces cuando ya no encontramos otro remedio sino su poder.

Cuando parece que ya no podemos más, Dios nos hace volar como nunca antes. Como ni siquiera habíamos imaginado.

Cada vez que pienso en esa paloma recuerdo varios años difíciles en mi propia vida. Desde el año 2002, y debido a un problema de extremo cansancio y agotamiento por el trabajo, llegué a pensar que era incapaz de seguir adelante, de sanar, de volver a «volar» otra vez. Cada día intentaba hacer lo que tenía que hacer, pero el cansancio era cada vez mayor; tanto, que con el pasar de los días caí en un problema de ansiedad. Fue muy curioso, porque todo iba bien, mi corazón estaba feliz, Dios nos estaba bendiciendo en todas las situaciones en la familia y en el ministerio para Él; pero el cansancio, y esa sensación que queda en tu mente y en tu corazón de que «no vas a poder salir adelante» me estaba matando.

En una rara "alianza", nuestro corazón y nuestra mente se ponen de acuerdo para intentar destruirnos a nosotros mismos

Siempre recordaré un domingo por la mañana que estaba predicando en una iglesia del suroeste de España y estaba tan cansado que creí que no iba a terminar la predicación. «Voy a morirme aquí mismo, así en medio de toda la gente», pensé mientras leía la Palabra de Dios… Nuestra mente es tan cruel a veces, que es capaz de hacernos creer cosas que nunca sucederán. En ese momento oré al Señor interiormente y le dije: «Perfecto Señor, mi vida es tuya, así que haz lo que quieras, si quieres llevarme ahora, estoy dispuesto». Lo más impresionante de todo es que cuando estaba orando, le decía a la gente: «En nuestra debilidad somos fuertes, cuanto más débiles somos, más nos damos cuenta de que Dios es fiel y que nunca va a dejarnos». Me sentí como si Dios mismo estuviera contestando a mi oración con las palabras que salían de mi boca.

Es curioso que aunque todas las cosas vayan bien, si nuestro corazón está lleno de ansiedad, nos esclaviza por completo. Sé que muchos de los que están leyendo lo entienden perfectamente, porque se trata de esa rara «alianza» que hacen nuestro corazón y nuestra mente para intentar «destruirnos» a nosotros mismos. Sea debido al cansancio, a una mala noticia, a la desesperación o a cualquier otra razón conocida o desconocida; de repente comenzamos a pensar que no hay salida, que la vida se acaba, y que no importa lo bien que nos sintamos exteriormente, nuestra vida va a terminar de un momento a otro. Nos sentimos más débiles que nunca, más necesitados que nunca, más destruidos que nunca. Pensamos que vamos a caer en cualquier momento.

En mi caso, el problema fue el cansancio. Dios tuvo que trabajar conmigo y enseñarme que la vida no es solamente hacer miles de cosas y correr de un lugar a otro sirviéndole a Él, sino sobre todo disfrutar de Su presencia y amarle. Fue una de las lecciones más importantes en mi vida, porque ahora me doy cuenta de que Dios nos ama a nosotros en primer lugar, no lo que hacemos por Él; eso es una consecuencia de nuestro amor y fidelidad, pero no es lo más importante. Dejando a un lado el cansancio, tengo amigos que han caído en la ansiedad por un problema de miedo al futuro, a lo desconocido, a las cosas que pueden venir...

Para otros la ansiedad nace cuando aparecen circunstancias difíciles, cambios inesperados; familiares o amigos que fallecen, malas noticias médicas, o cualquier tipo de situación que nos lleva al extremo de desconfiar de nosotros mismos y hacernos creer que no somos capaces de superar ese momento. Incluso puede llegar a ocurrir que un corazón ansioso sea el resultado de una vida aparentemente «normal», pero que sobrepasa nuestras fuerzas. ¡A veces, hasta el «día a día» puede llevarnos a una situación límite! Puede llegar a ocurrir cuando caemos en otro tipo de cansancio; el debido a ir perdiendo poco a poco nuestros sueños.

> La vida no es hacer miles de cosas y correr de un lugar a otro, sino sobre todo disfrutar con Dios y amarle.

Cuando creemos que podemos hacerlo todo y tenemos todas las cosas «bajo control» somos nuestros peores enemigos, porque si nos acostumbramos a vivir así, cuando algo se escapa de nuestras manos toda nuestra vida se descontrola, y a partir de ese momento somos nosotros mismos los que no podemos hacer nada para arreglar la situación.

Tampoco podemos olvidar que puede haber razones físicas (enfermedades) por las que nuestro corazón está ansioso; sé que me entenderás si digo que en cierto modo las causas no son lo más importante (¡aunque es crucial conocerlas!) sino el saber cómo luchar contra esa situación.

Si has pasado por una situación así, estarás de acuerdo conmigo cuando digo que la mente humana es uno de los mayores misterios del universo; y sin duda alguna, lo más difícil de controlar. Cuando la ansiedad reina en nuestro interior, vivimos bajo la permanente sensación de que nuestra vida ya no tiene remedio. Y no importa lo que ocurra, lo que otros digan o incluso las buenas noticias que puedan llegar; en nuestro corazón ansioso todo se ve bajo el cristal de lo irresoluble.

La ansiedad ata nuestro corazón porque la mente le dice una y otra vez que no puede salir de su cárcel, que no hay solución. El corazón llega a creer realmente que nadie puede ayudarle. Cuando ambos, mente y corazón se ponen de acuerdo en que no hay salida, nos sentimos incapaces de luchar contra esos pensamientos y sentimientos. Creemos firmemente que no hay salida y que vamos a morir, llegamos a sentir, a saber y a comprobar que no existe vuelta atrás, que lo nuestro no tiene remedio. El sabio Salomón definió esa situación de una manera perfecta: «*La ansiedad en el corazón del hombre lo deprime, mas la buena palabra lo alegra*» (Proverbios 12:25, LBLA).

Si dejamos que la ansiedad gobierne nuestra vida, tarde o temprano caeremos en la depresión. Quiero recordarte que la ansiedad es un límite del corazón, la depresión es una enfermedad del alma. Cuando estamos ansiosos nos parece imposible controlar nuestra mente y nuestros pensamientos. Si caemos en la depresión es la vida entera la que nos parece no tener sentido. A veces, la ansiedad y la depresión están relacionadas: cuando te ves incapaz de vivir de una manera «normal» porque en cualquier momento vas a sufrir una crisis ansiosa, comienzas a pensar que nada tiene sentido y que la vida no merece la pena ser vivida. El alma comienza a enfermar, así que mucho mejor pedir ayuda antes de ese momento.

El problema comienza cuando nuestro corazón y nuestra mente son incapaces de luchar contra esos sentimientos y pensamientos.

Necesitamos la ayuda de Dios para liberar nuestro corazón ansioso antes de que sea tarde.

rompiendo los límites

David escribió un día: «*Saca mi alma de la prisión*» (Salmo 142:7, LBLA). Los que están pasando o han pasado por momentos de ansiedad entienden perfectamente esa expresión. David no estaba en una prisión «física», pero se sentía peor que un prisionero. David amaba al Señor de una manera incondicional, pero las circunstancias y algunas malas decisiones le llevaron a sentirse atado emocionalmente. Había sido perseguido por sus enemigos en muchas ocasiones, pero comprendió entonces que es mejor estar preso físicamente que en una prisión espiritual.

Muchos no lo entienden y pueden llegar a burlarse de los que están pasando por una situación así. Lo primero que te dicen es «Anímate», «Cuando creemos en Dios no podemos estar desanimados», «Si alguien sigue a Dios es más que vencedor, y nada malo puede ocurrirle nunca»: éstas y otras frases parecidas, lo único que demuestran es que la persona que las dice es como mínimo, bastante insensible. Prácticamente todos los hombres y mujeres de Dios en la Biblia pasaron por momentos de cansancio y pruebas, y saben de qué estamos hablando.

Recuerda que el mismo Señor Jesús fue capaz de exclamar en el Getsemaní: «*Mi alma está muy triste, hasta la muerte*» (Mateo 26:38, RVR 1960). Para que lo entendamos, el original explica las palabras del Señor así: «Una tristeza mortal está sobrecogiendo y rodeando mi alma». ¿Verdad que es eso exactamente lo que sentimos a veces? Déjame decirte que el Señor sabe perfectamente lo que eso significa, Él lo vivió en primera persona. Se puede salir de la prisión porque Él lo hizo, y nos da el poder por medio de su Espíritu para que también lo podamos hacer nosotros.

Sentirse tan triste que uno cree que va a morir no es malo. Lo malo es quedarse así y vivir así.

Hablamos de reconocer la razón por la que hemos caído en la «prisión». Si es difícil darte cuenta por ti mismo/a, pide ayuda. «*La esperanza que se demora enferma el corazón, pero el deseo cumplido es árbol de vida*» (Proverbios 13:12, LBLA). Dios enseña que lo que tarda en llegar, si lo deseamos demasiado, enferma nuestro corazón: No debemos darle demasiada importancia a las cosas que esperamos. No debemos basar nuestra vida en que todo salga como queremos y ponernos a trabajar y correr de un lugar a otro para conseguir lo que creemos importante. Es bueno tener ilusiones, pero esas ilusiones no deben llevarnos a la ansiedad.

Creo que es fácil de entender: si tenemos mucha ilusión por una casa, y después no podemos comprarla, o no aparece, vamos a sentirnos frustrados. Aunque todo lo demás vaya bien, nacerá la ansiedad en nosotros porque un deseo muy importante no fue satisfecho. ¡Esa es la razón por la que no debemos basar toda nuestra vida en una relación, en un amigo, en nuestro novio/a, incluso en las personas de la iglesia! ¡Mucho menos en cosas materiales! Si esperamos demasiado, es más fácil que caigamos en la ansiedad cuando no recibimos lo que esperamos.

Por otra parte, para que nuestro corazón rompa sus límites tenemos que aprender a no querer tener todo controlado. Dios es el único que puede hacer eso y quedarse tan tranquilo, porque Él es Todopoderoso. Si quieres tener tu propia vida en tus manos, ¡perfecto! Pero recuerda que va a estar en un lugar muy débil. Cuando tú enfermes, tu vida enfermará contigo. Cuando te sientas vencido, tu vida estará así también. Cuando no sepas qué hacer no será sólo por un momento, sino que será una completa duda existencial.

Dios nos enseña a descansar en Él, y no vivir con la sensación de que tenemos que ser perfectos en todo momento. Es impresionante que el Señor Jesús sí era perfecto, y jamás vivió con esa sensación de querer controlarlo todo: muchas veces dejó que otras personas tomaran decisiones aunque sabía lo que iba a ocurrir.

Recuerda que incluso cuando decidimos algo en nuestra vida y no estamos seguros, es mejor seguir adelante y pedir sabiduría a Dios que quedarnos eternamente preocupados. A veces nosotros mismos nos volvemos ansiosos. Aunque no sea una «ley universal», siempre pienso que es mejor tomar una decisión quizás equivocada, habiendo orado y descansado en el Señor (¡es posible, ninguno de nosotros es perfecto!), que pasar días enteros pensando en lo que podía haber pasado si hubiéramos ido a otro lugar, o comprado otra cosa, etc.

> Cuando te sientas vencido, tu vida estará así también.

Alguien dijo que si cada decisión sencilla que tomamos en nuestra vida es para nosotros cuestión de vida o muerte, vamos a morirnos muchas veces.

Una vez más tenemos que recordar que lo que entregamos en manos de Dios no se pierde nunca, lo que queremos controlar nosotros, sí. El apóstol Pablo escribió un día: «*Por lo cual también sufro estas cosas, pero no me avergüenzo; porque yo sé en quién he creído, y estoy convencido de que es poderoso para guardar mi depósito hasta aquel día*» (2 Timoteo 1:12, LBLA). No dejes que la ansiedad invada tu corazón por lo que puedas perder u otros te quieran robar. Dios no permite que te quiten nada, Él es poderoso para guardarlo todo por toda la eternidad.

Otro de nuestros mayores problemas es el cansancio. Si trabajamos todo lo que podemos o lo que es necesario, tenemos que aprender a descansar también. Dios nos mandó descansar porque sabe que lo necesitamos, pero aun siendo uno de los mandamientos de la ley le hacemos poco caso. ¡No quiero ni pensar lo que haríamos si Dios no hubiera dicho nada! Él mismo descansó, no porque lo necesitara, sino para darnos un ejemplo completo como Padre que está en los cielos y que domina todas las cosas. Ninguno de nosotros somos buenos hijos cuando estamos cansados. Solemos gritar, enfadarnos, querer hacerlo todo rápido, culpar a los demás y algunas cosas parecidas. No, nadie es buen creyente cuando tiene un fuerte dolor de muelas. Si dejamos que el cansancio nos domine, nuestro corazón se irá llenando poco a poco de ansiedad.

«*La luz de los ojos alegra el corazón, y las buenas noticias fortalecen los huesos*» (Proverbios 15:30, LBLA). Si estás leyendo con cuidado estas palabras, quizás tus ojos ya comienzan a llenarse de luz. La vida es distinta cuando nos brillan los ojos. Nuestros ojos brillan cuando nuestro corazón y nuestro cuerpo se sienten amados y cuidados. ¡Hay buenas noticias para todos, sin ninguna duda! ¡Nuestros huesos pueden ser fortalecidos y nuestro corazón liberado! La ansiedad nos derrota porque nuestra mente nos dice una y otra vez que no hay salida, Dios nos da la victoria enseñándonos a hablarnos a nosotros mismos.

Sí, no creas que me he vuelto loco de repente, porque algunos dicen que los locos son los que hablan consigo mismos. ¡No es cierto! Dios dice que cuando estamos en la prisión de la ansiedad tenemos que aprender a hablarles a nuestro corazón y a nuestra alma; «obligar» a nuestra mente a pensar en las bendiciones. ¿Recuerdas como comienza y termina el Salmo 103?

«Bendice alma mía al SEÑOR y no olvides ninguno de sus beneficios» (Salmo 103:1, LBLA).

¡Es David hablándole a su propia alma! ¡Le exige que recuerde todo lo que Dios ha hecho, hace y hará por él! ¡No permitas que tu mente te diga que no hay salida! Háblale y enséñale que Dios te cuida, que te ama, que no te dejará NUNCA; ¡Él es quién nos saca de la prisión!

Así que si el primer paso es vencer algunas mentiras de nuestra mente, el segundo es «echar» en el Señor toda nuestra ansiedad. El llevó la carga del mundo sobre sus hombros, así que tiene poder para llevarnos a nosotros también. *«Echad toda vuestra ansiedad sobre él, porque él tiene cuidado de vosotros»* (1 Pedro 5:7, RVR 1995). escribió el discípulo más preocupado, el más ansioso, el más temeroso. El que fue capaz de negar al Señor por miedo a lo que se le venía encima.

> Nadie es buen creyente cuando tiene dolor de muelas.

Pero cuando Pedro entendió que podía echar toda su ansiedad sobre el Señor, aprendió incluso a dormir profundamente dentro de una cárcel. ¡Incluso cuando sospechaba que le podían ejecutar al día siguiente! (cf. Hechos 12:7, el original dice que el ángel tuvo que «golpear» a Pedro para despertarlo). Dios nos cuida siempre, pero no sólo para quitar nuestra ansiedad o solucionar nuestros problemas (¡eso es lo que algunos esperan que Dios haga!), Él hace algo mucho más importante: está siempre con nosotros; nos comprende, nos ama y cuida nuestra vida.

No estamos hechos para vivir prisioneros. Nuestro corazón no fue diseñado por Dios para estar dentro de una prisión. Hay Uno en el que podemos confiar y que no nos defraudará nunca. Uno que puede tener todo en sus manos, bajo control, porque es Todopoderoso. Uno que no se cansa jamás. Uno que llevó consigo todas nuestras enfermedades y nuestros dolores, así que sabe exactamente lo que sentimos y conoce nuestros miedos: Es el Señor Jesús.

¿Recuerdas la historia del principio, la de la paloma? Dios nos cuida y puede hacernos volar. Él es el que restaura nuestras fuerzas, el que renueva nuestra vida, no importa si nos sentimos abandonados a nuestra suerte o pensamos que pocas cosas tienen sentido. Dios cuida de las aves, Él cuidará también de ti. Deja tu ansiedad en las manos del Señor. Abandona tus miedos en sus brazos. Pídele a tu Padre celestial que libere tu corazón de la duda y el nerviosismo.

> **Nuestro corazón no fue hecho para vivir en una prisión.**

Deja de temblar delante de las circunstancias, de otras personas, del futuro… o de ti mismo/a y abandónate en los brazos de Dios para que saque tu alma de la prisión. Él lo hará. Es su especialidad.

hablando con Dios

Padre que estás en los cielos, sabes que a veces siento que no puedo seguir adelante… Me da la impresión de que en cualquier momento se me va la vida. Mi mente me dice que no puedo seguir y cuando estoy muy cansado/a todo el cuerpo me tiembla. Enséñame a bendecirte, a alabarte, a saber que cada día que tengo es un regalo tuyo.

Quiero vivir de día en día. Quiero disfrutar de tu Presencia y de todas las cosas que me das hoy. No importa lo que pueda ocurrir mañana. Tú ya estás allí y vas a cuidarme como lo haces siempre. No me importa incluso lo que pueda ocurrirme en las próximas horas. Estoy en tus manos, y ése es el lugar más seguro de todo el universo.

Dejo delante de Ti todo lo que me atormenta y los pensamientos que me desaniman y me hacen sentir débil. Renuncio al derecho de querer controlarlo todo y simplemente quiero disfrutar contigo, estar en tu Presencia y vivir todas las cosas que tienes preparadas para mí.

En este momento quiero entregarte: …..

Te quiero con todo mi corazón. Aunque mi mente no comprenda algunas cosas que me están pasando, sé que Tú tienes el control sobre todo.

¡Gracias porque sé que no me dejas nunca y que cuidas de mí!

En el nombre del Señor Jesús voy a volar otra vez…. Amén.

día 28

corazón
envidioso

El verano pasado estábamos con toda la familia disfrutando de un día de playa. Cuando decimos «un día de playa» inmediatamente vienen a nuestra mente recuerdos de días en los que disfrutamos mucho. Si tienes pocos años la playa tiene que ver con hacer castillos, con jugar a la pelota y quedarse en el agua cuanto más tiempo mejor. Cuando llegan los años, parece que lo que quieres es estar todo el día tumbado descansando, e ir al agua sólo por unos minutos, para refrescarte nada más. De esta manera, casi todas las personas mayores están «tranquilas», y los más jóvenes corriendo de un lado para otro. Es difícil ver a una familia en la que todos estén juntos haciendo lo mismo.

Por eso nos llamó la atención que un niño de unos siete años estuviera construyendo un castillo de arena y conchas junto a sus padres. Mucho más llamativo fue el hecho de que el castillo había adquirido unas proporciones importantes, tanto, que todas las personas que pasaban por allí se quedaban contemplando su belleza. Nosotros estábamos con las niñas justo al lado, así que pudimos ver de cerca todo el proceso de construcción… y destrucción.

Sí, porque nos fijamos que nunca se bañaban juntos los tres miembros de la familia. Siempre iban dos de ellos a la vez, y el tercero se quedaba «guardando» el castillo. No dejaron que ninguna de nuestras niñas se acercara, ni tampoco algunos otros niños que pasaban y se quedaban «encantados» viendo su «obra de arte». Lo peor llegó cuando tuvieron que irse al mediodía para comer. Le mandaron al hijo que destruyera el castillo y tiraron todas las conchas al mar.

Nos quedamos de piedra. ¿Por qué no dejarlo en la playa para que otros niños jugasen? Al fin y al cabo, sólo eran conchas y arena, nada más. A pesar de todo no lo dudaron ni un solo momento, ellos lo hicieron y ellos mismos tenían el derecho a destruirlo; esa fue la lección del día para su hijo y para todos los que lo vimos.

Me quedé «dándole vueltas» en mi cabeza largo tiempo. Aunque no los conocíamos, sí pensé que no me gustaría tenerlos como vecinos, ni tampoco llegar a tener algún problema con ellos. Gente que no es capaz de dejar las cosas para que otros las disfruten (al fin y al cabo no podían llevarse el castillo de arena a su casa) no son buena gente. Su corazón envidioso les impide que otros disfruten de lo que ellos no pueden seguir disfrutando.

> El corazón envidioso impide que otros disfruten de lo que él mismo no puede disfrutar.

Desgraciadamente a veces nos comportamos así: algunas de las esclavitudes más crueles de nuestro corazón aparecen en las relaciones con otras personas. Siempre que envidiamos a otros, limitamos nuestro corazón. «*No envidie tu corazón a los pecadores, antes vive siempre en el temor del SEÑOR*» (Proverbios 23:17, LBLA). La envidia va destrozando nuestro corazón poco a poco, porque nos impide disfrutar de lo que tenemos, por la angustia que sentimos al no poder disfrutar de lo que otros tienen.

Hablando de una manera práctica, no ganamos nada siendo envidiosos. Francisco De Quevedo dijo un día que «la envidia va tan flaca y amarilla, porque muerde, pero no come». Cuando no nos gusta que otros disfruten con lo que tienen o no queremos que lleguen a disfrutar con lo que era nuestro, a los únicos que hacemos daño es a nosotros mismos, porque nos hace daño la felicidad de otras personas.

La envidia siempre lleva a un paso más allá, y es pensar mal de los demás. El envidioso casi siempre ve malas intenciones en los otros. Siempre cree que otros se están confabulando contra él, porque no es capaz de admitir que otro pueda vivir tranquilo mientras él se consume por dentro. Es completamente incapaz de ver el bien o de pensar que otro pueda hacer bien.

«*¿Por qué pensáis mal en vuestros corazones?*» (Mateo 9:4, LBLA), le dijo un día el Señor Jesús a los maestros religiosos de su tiempo, porque no admitían que Él pudiera curar a otros o que la gente le siguiera por su manera de vivir y enseñar. La envidia limita nuestro corazón porque nos lleva a tener sentimientos y pensamientos malos sobre los demás. No toleramos que otros tengan más que nosotros, o que sean más felices que nosotros.

La envidia nos esclaviza porque siempre nos obliga a «arreglar» las cosas que decimos, o que otros dicen, o lo que pensamos, o lo que otros piensan de nosotros… Siempre estamos esclavizados por lo que otros puedan pensar o decir, porque nos preocupa lo que dicen y hacen. ¡Somos incapaces de vivir tranquilos, felices y sin preocuparnos por otros! Cuando nuestro corazón está limitado por la envidia no pasa un solo momento del día en el que no estemos pensando en los demás… pero obviamente no para ayudarlos.

Muchos se pasan la vida juzgando a otros, buscando compañeros para murmurar de otras personas. Parece que su vida sólo tiene valor cuando hablan de lo que otros hacen. No son capaces de lograr nada porque el único objetivo de su vida es destruir. Y no se dan cuenta de que nada ata más que eso, porque mientras el que critica piensa que puede hacer daño a aquel a quién envidia, el «envidiado» normalmente vive feliz sin preocuparse lo más mínimo por las críticas. ¡Muchas veces ni siquiera las conoce!

No pases la vida juzgando a otros. Tienes que liberarte de esos pensamientos, porque no te dejan vivir. Si lo que los demás hacen o dicen tiene un lugar demasiado importante en nuestro corazón, siempre vamos a estar limitados. Y lo más grave de todo, siempre vamos a vivir la vida de otros, no la nuestra. Es muy triste pasar los cuarenta o los cincuenta años con la sensación de que has gastado todas tus fuerzas en criticar a otros. No hay corazón que pueda ser feliz de esa manera.

Alegrarse cuando a otro le van las cosas mal es el principio del odio; Menospreciar a otra persona cuando está alegre es el primer paso de la soledad.

El siguiente paso que suele dar el envidioso es igual de terrible, lo dejó escrito el sabio Salomón: «*No te regocijes cuando caiga tu enemigo, y no se alegre tu corazón cuando tropiece*» (Proverbios 24:17, LBLA). Alegrarse cuando a otro le van las cosas mal es el principio del odio. Significa que el corazón no sólo envidia lo que otro tiene, sino que quiere derrotarlo como sea. Si le va mal al otro mejor que mejor, piensa. Cuando vivimos de esa manera estamos poniendo las bases para que el odio no tenga fin.

Prácticamente, lo mismo que alegrarse de que a otra persona le vaya mal es menospreciarla cuando le va bien. Tenerla en poco cuando está alegre, pensando que no merece su alegría o que es una alegría «tonta». Menospreciar a otro por estar alegre es el primer paso de la soledad. Y es curioso porque somos tan crueles que podemos tener esas dos reacciones ¡incluso hacia personas de nuestra propia familia!

«Sucedió que cuando el arca del SEÑOR entraba a la ciudad de David, Mical, hija de Saúl, miró desde la ventana y vio al rey David saltando y danzando delante del SEÑOR, y lo menospreció en su corazón» (2 Samuel 6:16, LBLA).

Si lo que los demás hacen o dicen es demasiado importante para nosotros, siempre vamos a vivir su vida y no la nuestra.

Un corazón atado por la envidia jamás puede ser feliz. Siempre está «preocupado» por lo que hacen los demás. El envidioso se preocupa por lo que tienen otros, el que critica por lo que otros dicen o hacen; el que aparenta, vive para que los demás vean lo que tiene… aunque le cueste la vida. Son tres maneras diferentes de engañarnos a nosotros mismos (cf. Santiago 1:26), y tres maneras de utilizar la lengua para hacer daño. Envidia, crítica, hipocresía… parecen ser cualidades de la gente que nos rodea, pero tenemos que tener mucho cuidado, porque el mismo Santiago explica en su carta que muchas veces son los mismos creyentes los que caen en esas «trampas».

Dios, que siempre busca lo mejor para nosotros, nos advierte de que el que vive así no sólo obra en contra de su voluntad, sino que termina destruyéndose a sí mismo. La vida del envidioso está siempre muy lejos no sólo de la sabiduría, sino también de la felicidad (cf. Santiago 3:15 y ss.).

Corazón envidioso, corazón que se limita a sí mismo por culpa de lo que hacen los demás.

rompiendo los límites

Cómo librarse de un corazón envidioso

«Pero si tenéis celos amargos y ambición personal en vuestro corazón, no seáis arrogantes y así mintáis contra la verdad. Esta sabiduría no es la que viene de lo alto, sino que es terrenal, natural, diabólica. Porque donde hay celos y ambición personal, allí hay confusión y toda cosa mala. Pero la sabiduría de lo alto es primeramente pura, después pacífica, amable, condescendiente, llena de misericordia y de buenos frutos, sin vacilación, sin hipocresía» (Santiago 3:14-17, LBLA).

Celos, ambición personal, envidia… parece que estamos hablando de alguna de las series modernas de televisión, esos llamados «culebrones» que mantienen a millones de personas delante de una pantalla para ver cómo otras personas se destruyen unos a otros, con el máximo placer de hacer infelices a los demás. El dicho «la realidad supera a la ficción» es perfectamente aplicable aquí, porque hemos visto y escuchado cientos de historias referentes a personas cuya máxima ambición fue destruir la vida y el trabajo de otro/s por alguna de esas razones.

Celos, ambición personal, envidia… demasiado conocidos entre nosotros y demasiado peligrosos, porque Dios dice que todo eso viene de dentro de un corazón esclavizado. Puede que a algunos les parezca muy sabia la manera de actuar de los que quieren alcanzar el poder y la gloria a cualquier precio, pero Dios dice que ese tipo de sabiduría es terrenal, natural y diabólica. ¡Nada menos!

Así que ya podemos ir tachando la envidia, los celos y la ambición personal de nuestras características «admiradas», aunque muchas personas vivan así. Lo que Dios nos ofrece es lo que libera nuestro corazón. El contraste es extraordinario, no podría ser de otra manera: paz, amabilidad, pureza, condescendencia, misericordia…

La Sabiduría de lo alto es pura porque no tiene malas intenciones ni doblez alguna; siempre busca el bien. La sabiduría de Dios es pacífica porque no quiere imponerse «a la fuerza». Cada vez que tenemos que «matar» a alguien para defender lo que creemos, lo más normal es que estemos muy lejos de lo que Dios quiere de nosotros. La sabiduría de lo alto es amable porque ese es uno de los frutos del Espíritu: Dios, el ser más poderoso que existe, nos pide por favor y nos agradece. Cuando nosotros exigimos, quizás es porque no le conocemos.

La sabiduría de Dios libera nuestro corazón de la envidia porque es condescendiente con los demás, llena de misericordia hacia los demás. Ofrece buenos frutos porque piensa en los otros, no intenta engañarlos, no usa la hipocresía. No tiene mala conciencia, algo en lo que caemos demasiadas veces y que necesitamos que Dios nos purifique (cf. Hebreos 10:22) para que nuestro corazón no sólo sea limpio, sino también libre.

> Dios no impone por la fuerza. Nos pide por favor y nos agradece.

Necesitamos entregar nuestro corazón a Dios para comprender y vivir la sabiduría que viene de Él, para vivir sin imponer nuestros criterios a cualquier precio sino siendo amables en todo; para no tener dobles intenciones con los demás, sino ser llenos de misericordia. Para aprender a ponernos en el lugar de los demás y no envidiarlos, sino llevar ante ellos nuestra ayuda como fruto bueno. Todo eso sin dudarlo ni un solo momento, sin vacilar. Todo sin querer tener dos caras, sin aparentar ni ser hipócritas.

Cuando entregamos todo lo que somos a Dios, encontramos la verdadera libertad. Desde los primeros momentos de la historia en la relación con su pueblo, Dios dejó escrito que la clave de todo era amarle *«con todo el corazón, con toda la mente, con todas las fuerzas y con todo el cuerpo»* (cf. Deuteronomio 6:5). Y por alguna razón el Señor puso el amar con todo el corazón en el primer lugar de la lista. Cuando entregamos nuestro corazón por completo como símbolo de nuestro interior a Dios, todo lo demás va «añadido».

Lo demás se refiere a las demás personas también, porque Dios nos pide que amemos a nuestro prójimo como a nosotros mismos. Nada más radicalmente enfrentado a nuestra envidia que eso. Dios quiere que amemos a los que nos rodean tanto como a nosotros mismos, así que ya basta de pensar en uno mismo en primer lugar. Ya basta de envidiar lo que otros tienen. Ya basta de desear el mal de otros o entristecernos cuando las cosas le van bien.

> Amamos a los demás cuando nos parecemos a nuestro Padre y nos emocionamos con lo que cada persona es y con lo que hace.

El carácter de Dios es muy diferente. Él quiere que amemos a los demás, que los admiremos; porque ese es uno de los mejores antídotos contra la envidia. Cuando admiramos lo que otros hacen, lo que son; o les animamos en su trabajo, estamos dando el primer paso para amarlos y para liberar nuestro corazón de la envidia.

Díselo sinceramente: dile a alguien lo bien que está haciendo algo, porque cuando nuestro corazón piensa más en los demás que en sí mismo, rompe sus límites. Cuando nos alegramos de que otros tengan éxito y los abrazamos sinceramente porque hay alegría en su vida.

Amamos a los demás cuando aprendemos a reír con los que ríen y llorar con los que lloran, como nos dice la Palabra de Dios. Amamos a los demás cuando nos parecemos a nuestro Padre y nos emocionamos con lo que cada persona es.

Dios nos hizo a todos diferentes y nos ama a todos. Él es más grande que todo. Cuando le amamos con todo el corazón, éste se ensancha de tal manera que rompe los límites. Cuando aprendemos a amar a los demás como Él lo hace, nuestro corazón se llena de la misma Presencia de Dios. Él es más grande que todas las cosas, más de lo que podemos comprender o imaginar.

Aun cuando nuestro corazón parezca no tener salida ni sanidad. Aun cuando creamos que ya hemos alcanzado lo máximo o que ya hemos vencido todos los límites, todavía hay algo más. Dios siempre nos presenta algo más, siempre tiene algo más para ofrecernos, porque Él es Dios.

Porque todo comienza y termina con Él. Se trata de Él, no de nosotros. Cuando lo comprendemos comenzamos a ver la eternidad.

hablando con Dios

Señor, quiero pedirte perdón por las veces que he pensado cosas malas de otras personas. Necesito olvidar todo tipo de envidias, celos, ambiciones personales, enemistades o problemas con otras personas. Quiero que limpies mi corazón para que pueda ser como el tuyo y pueda amar a todos los que me rodean.

A veces será difícil entender a todos, como es difícil entenderme a mí, pero siempre puedo admirar a la gente que tengo a mi alrededor.

A veces me gustaría tener lo que otros tienen, pero Tú me enseñas a ser feliz con lo que soy y lo que Tú me has dado, y viéndote a Ti comienzo a alegrarme por todo lo bueno que les sucede a otros.

Quiero ser una persona que anime a los demás, que ayude a quien lo necesite. Quiero que me enseñes a amar y a servir a otros como Tú lo haces. Necesito que pongas Tu mano sobre mí para que viva de acuerdo a tu Sabiduría y no como otras veces he vivido.

Quiero amarte con todo mi corazón, con toda mi mente, con todo mi cuerpo y con todas mis fuerzas. Enséñame por tu Espíritu a amar a los demás como a mí mismo/a.

Quiero que gobiernes mi vida de tal manera que mi corazón se abra cada día más a Ti y a los demás. Tal como vivió el Señor Jesús, así quiero vivir yo. En su nombre te lo pido.

día 29

corazón que sufre, corazón maltratado

Un día estaba predicando en una de las iglesias de La Romana (República Dominicana) y noté que se sentaba en primera fila un joven solitario. El culto terminó, y algunas personas vinieron al frente para orar, pero el joven permaneció sentado en su asiento hasta que toda la gente se marchó. Entonces se levantó, se acercó y me dijo que quería tomar la decisión de seguir a Cristo. Le pregunté si había venido más veces a la iglesia y me dijo que no, era la primera vez que escuchaba el evangelio. Me sorprendió, así que le pregunté: «¿Entiendes lo que Dios quiere de ti?». «Sí», me dijo sin ninguna duda.

Oramos juntos y después me contó su historia: su padre era un hombre que sólo se preocupaba de sí mismo. Se emborrachaba prácticamente todos los días, y todo el dinero que ganaba lo gastaba en alcohol. Esa misma semana había llegado borracho a casa y había asesinado a su propia hija; ahora estaba en la cárcel. «Mi hermana era maltratada por mi padre, siempre verbalmente y a veces físicamente, pero ella lo seguía amando. Mi hermana era creyente y siempre oraba por él y por mí. Hoy vine a la iglesia porque quiero conocer al Dios de ella; aun en medio de tanto sufrimiento me decía una y otra vez que buscara al Señor. El miércoles antes de morir me dijo que nos encontraríamos otra vez con el Salvador en el cielo, y aquí estoy».

Este es uno de los últimos capítulos de nuestro viaje juntos al interior del corazón, y lo dejo casi al final porque quiero que todos comprendan que el sufrimiento en sí no es un límite. Es más, Dios lo permite en nuestra vida por muchas razones, y algunas de ellas son tan importantes que a veces llegamos a ser más felices cuando estamos sufriendo. Tienes que hacer un pequeño esfuerzo por ahora para creerme, porque nadie en su cabal juicio pediría a Dios que le hiciera sufrir para sentirse mejor, sin embargo eso es lo que sucede en muchas ocasiones.

A veces es Dios mismo el que permite que nuestro corazón casi desfallezca por el sufrimiento: Es su manera de acercarse a nosotros, de abrazarnos, de mostrarnos la abundancia de sus bendiciones. Job comenzó a vivirlo cuando dijo: «*Es Dios el que ha hecho desmayar mi corazón, y el Todopoderoso el que me ha perturbado*» (Job 23:16, LBLA). Aun sin comprenderlo, tener un corazón que sufre puede ser parte del plan de Dios para nuestra vida.

Aunque sea muy difícil de entender, un corazón que sufre puede ser parte del plan de Dios para nosotros.

Hay algo que nunca debemos olvidar: Dios es siempre el responsable último de todo lo que ocurre. Nada sucede sin que Él dé su consentimiento, así que en cierta manera, es Él mismo el que permite que nuestro corazón desmaye, que a veces suframos y que la vida nos maltrate. No es el «deseo» de su corazón, pero si lo permite es porque sabe que será bueno para nosotros. Además, la Biblia dice que Dios no permanece insensible al maltrato de nuestro corazón, sino que siente el mismo dolor que nosotros sentimos.

Sabe y siente lo que son los momentos más difíciles para nosotros, los de la prueba y el dolor. Comprende y siente lo que nosotros sentimos al estar desilusionados por no entender lo que nos está pasando. Dios nunca nos reprocha nuestras lágrimas o nos dice que tenemos que soportarlo todo de una manera «estoica». Él escucha el dolor de nuestro corazón. Jamás nos corrige porque nos hayamos desilusionado en la vida; todo lo contrario, viene a nuestro auxilio para fortalecernos y consolarnos. En cierta manera es como si el sufrimiento fuera uno de sus principales medios para acercarnos a Él, porque cuando sufrimos, aunque nos quejemos, le buscamos desesperadamente. Y eso siempre merece la pena, nunca mejor dicho.

Un corazón maltratado por las circunstancias de la vida, es un corazón que Dios va a curar. Un corazón que sufre está muy cerca del Creador porque Dios mismo se hace «sentir» así. Aunque no lo comprendamos. Aunque nos rebelemos contra todo y contra todos, porque Dios fue maltratado de la misma manera. ¿Recuerdas todo lo que escogió vivir el Señor Jesús en lugar de cada uno de nosotros?

Nuestro corazón es a veces maltratado por otras personas. A alguna gente no le importa destrozar el corazón de los demás, son personas malvadas que sólo se preocupan de su propia vida, capaces de hacer daño a quien sea para conseguir sus objetivos.

Otras veces sufrimos porque alguien en quien confiábamos nos falla. Un amigo íntimo, alguien de nuestra familia, quizás nuestro cónyuge, alguna persona en la iglesia...

Cuando vemos las lágrimas de alguien que sufre, no sólo las distinguimos perfectamente sino que las comprendemos, porque no hay nadie que no haya sufrido. Es el precio del amor, porque el que ama sufre en la medida que ama, y el sufrimiento es la medida de nuestro amor. Cuanto más amamos a alguien, más dispuestos estamos a sufrir por esa persona.

> *Dios jamás nos corrige porque nos hayamos desilusionado de la vida.*

Amar siempre es arriesgado. Dios es, en esencia, amor, y Él se «arriesgó» a crearnos, a darnos libertad, a proveer una manera de salvarnos. Conocía todo lo que iba a ocurrir y las consecuencias de esa libertad desde antes de la fundación del mundo, pero decidió crearnos libres porque nos amó. Pagó el precio del amor.

Dios sabe lo que significa que le destrocen el corazón, que no le hagan caso. Dios conoce lo que es estar amándonos por toda la eternidad y que nosotros le abandonemos. Dios ama y crea a cada persona aun corriendo ese riesgo, no debemos olvidar que muchos también le «desesperan» e intentan engañarle. ¿Lo has pensado alguna vez? Dios podía no haber creado a Herodes, o a Caifás, o a Judas, o a algunos de los responsables religiosos, al saber que iban a traicionarlo y llevarlo a la muerte... pero su Amor es superior a todo eso. Su amor es infinito, y por la misma razón su sufrimiento por cada uno de nosotros llegó también a la misma medida.

Jamás debemos olvidar que mientras la maldad gobierna en el universo, Dios permite que muchas personas buenas sean heridas y maltratadas. Ése es un límite de nuestro corazón que nos cuesta mucho vencer, porque siempre queremos huir de todo sufrimiento. Dios es la Bondad personificada, y por eso entrega su vida y corre el riesgo de que le rechacen, de que no le quieran e incluso ¡de que puedan llegar a utilizarle a Él para el propio provecho engañando a muchos!

> *El sufrimiento es la medida de nuestro amor.*

Déjame recordarte que cuando ofrecemos nuestra amistad o nuestro amor a alguien, en cierta manera le estamos dando «poder» a la otra persona: poder de rechazarnos, de olvidarnos o incluso de hacernos sufrir. Dios, que es el Amor en esencia, nos dice que merece la pena.

Dios nos enseña a no querer controlar a las personas, sino a ofrecerles la libertad para aceptar ese amor o rechazarlo. De una manera que no podemos entender (porque

Dios tiene la última palabra en todo, no nosotros), Dios se «limita» por amor, para no limitarnos a nosotros.

> *Dios se «limita» por amor para no limitarnos a nosotros.*

Cuando nos parecemos a Él, dejamos de querer controlar a los demás. Los que rechazan a Dios no pueden o no quieren asumir ese «descontrol» porque el egoísmo es más fuerte siempre que el amor. Pero de ninguna manera podemos decir que amamos a alguien cuando lo manipulamos, o tiene que hacer lo que nosotros queremos para seguir conservando su amistad o su cariño. Si amamos de verdad tenemos que aprender a sufrir también, aunque sólo por ahora, mientras estamos limitados.

Mientras no llega lo perfecto, Dios sigue enseñándonos que nada es más importante que amar, porque Él es el ser más inmensamente feliz que existe.

rompiendo los límites

El sufrimiento en nuestra vida siempre es pasajero. La muerte, las lágrimas y el dolor son enemigos vencidos por el Señor Jesús para toda la Eternidad. Los cielos nuevos y la tierra nueva no admiten el llanto porque la Biblia nos dice que Dios mismo enjugará cada lágrima de los que estemos allí por su gracia.

> *Nada es igual cuando sabemos que Dios está a nuestro lado.*

Para muchos de nosotros eso es más que suficiente en cuanto al futuro, pero ¿y ahora, mientras tanto no llega ese momento? Necesitamos recordar algunas cosas:

En primer lugar, Dios está siempre muy cerca de los que sufren: *«Porque así dice el Alto y Sublime que vive para siempre, cuyo nombre es Santo: Habito en lo alto y santo, y también con el contrito y humilde de espíritu, para vivificar el espíritu de los humildes y para vivificar el corazón de los contritos»* (Isaías 57:15, LBLA).

La Biblia nos recuerda que Dios es Alto y Sublime, pero nos enseña constantemente que está cerca de los que sufren. El propósito de Dios es vivificar el corazón de los contritos, así que nada es igual cuando sabemos que Dios está a nuestro lado. No importa cuál sea el motivo de nuestro sufrimiento, Dios está cerca. Él jamás nos abandona.

En segundo lugar, Dios nos escucha siempre. Desde las primeras páginas de la Biblia encontramos mujeres y hombres que sufrieron profundamente, tanto, que la muerte les rodeaba: *«Tenme compasión, SEÑOR, porque desfallezco; sáname, SEÑOR, que un frío de muerte recorre mis huesos»* (Salmo 6:2, NVI). Muchos de nosotros hemos sentido lo mismo: Ese frío traidor que recorre nuestros huesos cuando estamos enfermos, cuando sufrimos de una manera intensa o incluso cuando nos hemos sentido al borde de la muerte. La Biblia dice que Dios tiene compasión de nosotros, que nos escucha siempre. Dios jamás se aleja del que está en el *«valle de sombra de muerte»* a causa de su sufrimiento (cf. Salmo 23, LBLA).

A veces nosotros pensamos que nadie se preocupa por nuestras lágrimas, que nadie sabe lo que estamos pasando. Creemos que nuestra desesperación no es importante para nadie y sentimos que de un momento a otro nuestra vida se acabará porque nadie nos escucha. No es cierto, Dios acaricia nuestro rostro cuando lloramos, pone su mano sobre nosotros cuando sufrimos porque sabe exactamente lo que hay en el fondo de nuestro corazón. Nuestras lágrimas son el mejor medio para llegar al Creador.

En tercer lugar, Dios se compromete con nosotros. Él ha prometido curar nuestras heridas y fortalecer nuestro corazón, y cuando Dios promete algo lo cumple siempre: *«Te devolveré la salud, y te sanaré de tus heridas»* (Jeremías 30:17, LBLA).

A veces eso no implica necesariamente que quite nuestro sufrimiento, otras veces sí. Él sabe exactamente lo que necesitamos, sabe cómo fortalecernos y conoce cómo consolar y animar nuestro corazón. El límite del sufrimiento no desaparece para que nuestro corazón sea libre, sino que se supera; se sobrepasa. Podemos vivir de una manera tan cercana a Dios, que el sufrimiento mismo llega a ser una bendición.

En cuarto lugar, Dios sabe lo que es el sufrimiento. El Señor Jesús llevó todos nuestros dolores (cf. Isaías 53) y nuestras enfermedades.

> El límite del sufrimiento no desaparece, sino que se sobrepasa, se vence.

Cuando era adolescente llegó a mis manos un escrito impresionante. Nunca supe quién fue el autor, pero lo conservé como un tesoro. Era una leyenda en la que los hombres le decían a Dios que Él era incapaz de comprender el sufrimiento en el mundo. Muchas personas habían llegado a la conclusión de que nadie podía conocer su dolor, y acusaban al Creador de ser insensible al sufrimiento. Por eso decidieron que Dios debería «pasar» por todas las situaciones que los hombres habían sufrido en algún momento de su vida. Y le dijeron a Dios que…

▶ Dejara todo lo que tenía y se fuese a vivir en un lugar desconocido.

▶ Jamás pudiese volver atrás ni llevar consigo nada que hiciese su hogar más feliz, debería renunciar a todo de una manera incondicional.

▶ Debería ser un hijo no deseado.

▶ Ser pobre, inmensamente pobre.

▶ Desgraciado en su niñez, despreciado por todos, amigos y enemigos. Despreciado incluso por su propia familia.

▶ Vivir en un pueblo desconocido y sin trascendencia.

▶ Ser recordado como el hijo de una prostituta.

▶ Formar parte de una nación perseguida.

▶ Vivir en la indigencia, sin tener nada, ni siquiera una casa. Vivir sin tener que comer en muchas ocasiones, durmiendo en la calle.

▶ Ser rechazado de mayor, empezando por su propia familia, su pueblo y sus amigos.

▶ Tener una profesión dura, y trabajar muchos años sin recibir ninguna recompensa.

▶ Ser despreciado, desnudado, escupido, malherido, abofeteado, insultado, torturado, llevando todo el dolor en silencio, sin quejarse.

▶ Debería ser abandonado por todos, incluso por los que se llamasen sus amigos.

▶ Muerto de la forma más cruel imaginable, de una manera pública y manifiesta, con el mayor dolor posible, con la mayor vergüenza posible.

▶ Ser el objeto de burla de todos, sintiendo dentro de sí el desamparo más grande.

▶ Ser señalado como malvado, acusado injustamente y clavado física y espiritualmente como un malhechor.

Y la condición final es que Dios debería permanecer insensible a todo, en silencio. Sin aliviar en nada el sufrimiento, sin defenderse, sin utilizar su poder para aliviar el dolor.

Dios respondió: Todo esto ya ha ocurrido. Con todo eso cargó mi hijo Jesús, mientras mi corazón se rompía en pedazos por mi amor a Él, y por mi compasión hacia todos los hombres, incluso hacia los que le escupían y le mataban. Todo ocurrió en instantes eternos en los cuales yo desamparé a mi Hijo para que todas las mujeres y los hombres de este mundo no tuvieran razón para sentirse desamparados nunca más (cf. *Compasión*, Editorial Vida, Jaime Fernández Garrido, pp. 464-465).

En quinto lugar, Dios no sólo sabe lo que es el sufrimiento llevándolo en Sus hombros en la persona del Señor Jesús, sino que además sufre con nosotros en las mismas situaciones que nosotros estamos pasando. Nos acompaña no sólo en la soledad sino también en el dolor. Es mucho más que un amigo que pone su mano sobre nuestro hombro (¡Gracias a Dios por amigos así!). Él vive la misma situación que estamos viviendo nosotros. Esa es la fuente de bendición. Esa es una de las razones por las que el sufrimiento puede ser una bendición para nosotros: sabemos que Dios está ahí, en la misma angustia que pasamos cada uno.

«En todas sus angustias Él fue afligido, y el ángel de su presencia los salvó; en su amor y en su compasión los redimió, los levantó y los sostuvo todos los días de antaño» (Isaías 63:9, LBLA).

En sexto lugar, Dios nos defiende cuando somos atacados. Si nuestro sufrimiento es causado por otros, Él nos muestra su amor. Cuando nuestras lágrimas son fruto de la injusticia de otras personas, Dios no se esconde: Él tiene la última palabra y es justo. Jamás permite que el justo sea desamparado, ni que nuestros enemigos sean exaltados... pero sobre todas las cosas, nos enseña que nos ama y nos tiene por dignos de Él cuando sufrimos en su nombre: *«Dame una muestra de tu amor, para que mis enemigos la vean y se avergüencen»* (Salmo 86:17, NVI).

> Dios pasa por el mismo sufrimiento que nosotros estamos pasando.

Dios nos defiende personalmente y envía a sus ángeles a luchar por cada uno de nosotros. De la misma manera que un ángel descendió en el momento del máximo sufrimiento del Señor Jesús en el Getsemaní, Dios envía ángeles que nos ayudan, que nos fortalecen. Ángeles que cumplen Su Voluntad luchando a nuestro lado. En la mayoría de las ocasiones no podemos verlos, pero sabemos que están ahí, porque Dios los ha enviado para defendernos y fortalecernos.

Por si fuera poco, Dios nos recompensa siempre de una manera inimaginable. Nos ama demasiado como para «dejarnos en el camino» cuando hemos sufrido:

«Entonces os compensaré por los años que ha comido la langosta, el pulgón, el saltón y la oruga, mi gran ejército, que envié contra vosotros. Tendréis mucho que comer y os saciaréis, y alabaréis el nombre del SEÑOR vuestro Dios, que ha obrado maravillosamente con vosotros; y nunca jamás será avergonzado mi pueblo» (Joel 2:25-26, LBLA).

El texto de Joel dice que Dios restaura todo lo que se comió el saltón, lo que los malos han hecho… Dios restaura todas las cosas: debemos dejar nuestro pasado en las manos de Dios.

Lo que ha ocurrido en toda una vida, Dios lo puede cambiar en un sólo momento. El tiempo de Dios llega siempre, Él hace las cosas en Su momento. Moisés se preparó durante cuarenta años para liderar al pueblo y sólo recibió desprecios. Tanto que tuvo que pasar otros cuarenta años en el desierto pensando que era un «don nadie». Justo en ese momento, Dios le llamó.

Por último (en séptimo lugar), cuando creemos que no podemos hacer nada más, pensamos que nuestra vida no tiene sentido y llegamos a creer que no existe salida, Dios nos recuerda una de sus promesas más grandiosas:

«En esto sabremos que somos de la verdad, y aseguraremos nuestros corazones delante de Él en cualquier cosa en que nuestro corazón nos condene; porque Dios es mayor que nuestro corazón y sabe todas las cosas. Amados, si nuestro corazón no nos condena, confianza tenemos delante de Dios» (1 Juan 3:19-21, LBLA).

Podemos estar tranquilos delante de Dios, porque Él cura nuestro corazón. Dios es más grande que cualquier sufrimiento que ocupe nuestra vida. Dios es más grande que todas las cosas, Él es mayor que nuestro corazón. No importan los límites que tenga nuestro corazón, Dios puede quitarlos.

Cuando a pesar de todo lo que podemos hacer o sentir, reconocemos que no somos capaces de seguir, Dios sigue con nosotros. Nosotros podemos abandonarnos a nosotros mismos, pensar que ya no tenemos remedio; Dios nunca lo hace. Él sigue «creyendo» en nosotros. Si nuestro corazón nos acusa, Él es más grande que nuestro corazón. Si nos sentimos culpables a pesar de haber venido al Señor y dejado delante de Él nuestras cargas, Dios llena de gracia nuestra vida. Cuando nos sentimos vencidos, sabiendo que quizás le hemos defraudado una vez más, Él nos abraza y nos enseña que es más grande que nuestro corazón, mucho más grande que nuestros sentimientos. Infinitamente más grande que nuestra culpabilidad.

Por muy grande que sea el sufrimiento de nuestro corazón, Dios es más grande. Por muy grandes que sean nuestras dudas, Dios es más grande. Aunque nuestro corazón nos acusa, nos condena y nos diga que no somos dignos, Dios es más grande que nuestro corazón. Aun si el sufrimiento (¡o cualquier otra cosa!) nos ataca de tal manera que nos sentimos tan débiles que pensamos que vamos a morir, Dios es más grande. Más grande que todo.

Como Dios es más grande que nuestro corazón y vive dentro de él, es fácil de comprender que con Él en nuestra vida nuestro corazón no tiene límites. Es indestructible.

> **Dios es mayor que nuestro corazón. Comprender eso es la clave de la libertad.**

hablando con Dios

Señor Jesús, perdóname si a veces estoy desilusionado. Cuando el sufrimiento me rodea y mi cuerpo tiembla, me resulta muy difícil pensar, y mucho más confiar. Gracias por entender lo que siento. Muchas gracias por hacerme saber que no me abandonas nunca, y que aunque a veces piense que no estás ahí, Tú no me dejas.

Sí, ya sé que estás literalmente «apegado» a mí, pero Tú sabes lo que es estar sufriendo y sentirse casi desesperado. Tú sabes lo que es saberse desamparado de nuestro Padre, aunque yo no llegue a comprenderlo.

Toca mi corazón. Llénalo de tu Presencia de tal manera que comience a darte gracias porque este sufrimiento puede ser la mayor bendición de mi vida.

No me importa el tiempo que tenga que pasar así, sé que Tú me fortalecerás. Nadie puede condenarme, nadie puede hacerme daño. ¡Ni yo mismo/a puedo culparme de este sufrimiento, porque Tú eres más grande que mi corazón!

Dime si tengo que aprender algo, si necesito que cambies algo en mi vida. Toca mi vida y bendíceme con tu Presencia. Libera mi corazón para que alabe tu nombre.

Ayúdame a sobrepasar el sufrimiento en el poder de tu Espíritu, y si tengo que vivir más tiempo así, te pido que mi debilidad se perfeccione en tu poder. Te pido Señor que siempre te honre en mi vida. Pase lo que pase.

Que siempre santifique tu Nombre en mi vida.

día 30

más allá de los límites: aprendiendo a volar

Llegamos al final. Dios quiere que vivamos más allá de los límites y nosotros estamos dispuestos. Como hemos ido comprobando a lo largo del libro, no se trata de vivir sin problemas, de recibir todo el dinero del mundo, o de ser un triunfador al estilo «Hollywood», sino que lo que Dios ofrece es algo mucho más importante que todo eso: Dios regala una vida sin límites, completa, interminable, indestructible. Una vida en la que no necesitamos todo el dinero del mundo ni que los demás nos adoren (¡qué «pequeñas» personas son las que necesitan alguna de esas cosas para ser felices!), ni tampoco nos preocupan las circunstancias o el sufrimiento; ¡Dios está muy por encima de todo eso! Y como lo que nuestro Creador nos ofrece es vivir con Él siempre, podemos vivir «más allá de los límites».

«Yo [...] los dejaré volar». Esa es la impresionante promesa de Dios en el libro del profeta Ezequiel (13:20, NVI). El Señor está hablándoles a los que estaban siguiendo cultos idolátricos y eran esclavizados por creencias espiritistas, y les dice que Él los libertará de todos los engaños. Y no sólo les dará la libertad, también les enseñará a volar, en un paso más de su misericordia. Cuando estamos esclavizados no solamente necesitamos salir de la cárcel, sino también escapar lo más lejos posible, vivir lo más «alto» posible. Cuando nuestro corazón ha roto sus límites necesita aprender a volar para no volver a caer en las mismas cadenas.

Las promesas de Dios son reales y específicas. Él siempre cumple su Palabra, no tengas ninguna duda. Puede que hayas puesto tu vida en las manos del Señor durante los últimos días, al leer los textos bíblicos y orar para que Dios restaure tu vida; ahora es el momento de creer todo lo que Dios ha prometido.

Creerle siempre, porque nuestro problema más grande es la capacidad que tenemos para negar lo que Dios dice. Y eso no es una broma, porque si no creemos a Dios es lo mismo que decir que Él está mintiendo:

«El que cree en el Hijo de Dios tiene el testimonio en sí mismo; el que no cree a Dios, ha hecho a Dios mentiroso» (1 Juan 5:10, LBLA).

> *No se trata de tener todo el dinero del mundo, ni de que los demás nos adoren. ¡Qué pequeños son los que necesitan alguna de esas cosas para ser felices!*

No podemos llegar a ningún lugar si no confiamos en Dios cien por cien. Nuestra vida no puede cambiar si no creemos a Dios incondicionalmente. Es imposible vivir en libertad si no descansamos en el Señor. Los límites de nuestro corazón se rompen con las promesas y el poder de la Palabra de Dios.

Es el momento de abrazar la Palabra de Dios con todo lo que eso implica. Es curioso que muchos creyentes viven en dos extremos: Algunos creen que son casi perfectos y otros piensan que hacen todo mal. Los dos están muy equivocados. Dios quiere que nos examinemos a nosotros mismos a la luz de su Palabra, porque no sólo no somos perfectos, sino que nunca llegaremos a serlo en esta tierra... pero Dios quiere también que sepamos que mayor que nuestro corazón y nuestras imperfecciones es Él, y que es el único capaz de comprendernos y consolarnos.

Dios quiere que recordemos (porque recordar es volver a pasar por el corazón) que Él sabe todas las cosas, y nos ama. Dios tiene la gracia suficiente no sólo para perdonarnos, sino para darnos un corazón nuevo si nos ponemos en sus manos.

Santificando al Señor Jesús en nuestro corazón

Una y otra vez hemos recordado que el Señor Jesús comprende lo que hay dentro de nuestro corazón. Él conoció todos los límites, aunque no se dejó vencer por ninguno. Él sabe lo que sentimos, nos ama y nos restaura.

Nadie puede decir lo mismo en ninguna otra religión, creencia o fe. Nadie está tan cercano que pueda vivir dentro de nosotros. El único Dios que existe es absolutamente diferente, Él sabe lo que sentimos. Dios conoce lo que hay dentro de nuestro corazón.

«Entonces, hermanos, puesto que tenemos confianza para entrar al Lugar Santísimo por la sangre de Jesús, por un camino nuevo y vivo que Él inauguró para nosotros por medio del velo, es decir, su carne, y puesto que tenemos un gran sacerdote sobre la casa de Dios, acerquémonos con corazón sincero, en plena certidumbre de fe, teniendo nuestro corazón purificado de mala conciencia y nuestro cuerpo lavado con agua pura» (Hebreos 10:19-22, LBLA).

La vida del Señor Jesús es la mayor prueba de verdad y libertad que existe. Ser como Cristo es el anhelo más grande que podemos tener. Conocerle a Él y que Él brille en nuestra vida es nuestro deseo. Cuando le vemos con los ojos de la fe, nuestro corazón se vuelve puro y nuestro cuerpo es lavado con su Palabra.

Nuestra vida entera está escondida en Él. El Señor no tiene que ser el primero en la lista de lo importante en nuestro corazón, sino que Él tiene que llenar toda la lista, por completo: Estar en todas las cosas, en todo lugar, en todos nuestros pensamientos y deseos. En todas nuestras decisiones y en todo lo que hacemos.

> Los límites de nuestro corazón se rompen con el poder de la Palabra de Dios y sus promesas.

Eso es santificar a Cristo en nuestro corazón (cf. 1 Pedro 3:15), entregárselo por completo a Él. Eso exactamente es lo que Pablo intentó explicar al decir: «*Para mí el vivir es Cristo*» (Filipenses 1:21, LBLA). No dijo que lo más importante en su vida era el Señor, ni lo primero, ni la base de su vida. ¡Toda la vida en sí misma es Cristo! ¡Es imposible vivir sin Él ni un solo momento!

Esa es no sólo la razón de nuestra fe, sino también la clave de la libertad. La manera en la que nuestro corazón sabe que sus límites desaparecen. Entonces comprendemos el deseo que Dios tiene de bendecirnos. Conocemos cómo dentro de su misma esencia quiere que vivamos de una manera diferente.

Además, ¡nos queda muy poco tiempo! Sí, el Señor viene por segunda vez, pronto. Muy pronto. ¡Es una gran noticia para todos los que le amamos, la mejor noticia que podíamos tener! Nuestro corazón se fortalece sabiéndolo, porque desea verle de nuevo. La iglesia del primer siglo vivió y transformó el mundo con esa esperanza, y nosotros tenemos que volver a ella: «*Fortaleced vuestros corazones, porque la venida del Señor está cerca*» (Santiago 5:8, LBLA). No se trata de una ilusión, es una certeza, una esperanza inquebrantable, una seguridad a punto de verse satisfecha. Muy pronto estaremos con el Señor, mucho más pronto de lo que pensamos. *«Vuestro corazón se alegrará y nadie os quitará vuestro gozo»* (Juan 16:22, LBLA), dijo el Señor Jesús antes de morir y resucitar. En ese gozo vivimos, confiamos, disfrutamos...

La mejor noticia que podíamos tener todos los que le amamos, ¡el Señor Jesús viene pronto!

Podemos vivir de una manera completamente diferente. Nuestro corazón puede vencer sus límites y aprender a «volar» en el poder de Dios. Él, que creó el universo a través de su Palabra, derrochando luz, energía e imaginación, quiere hacer lo mismo ahora dentro de cada uno de nosotros. No lo olvides nunca, porque Él lo hace para que todos vean (¡nosotros los primeros!) el resplandor del rostro de Cristo en nuestro corazón. Y eso no es sólo lo más impresionante, ¡es para siempre!

«Dios, que dijo que de las tinieblas resplandeciera la luz, es el que ha resplandecido en nuestros corazones, para iluminación del conocimiento de la gloria de Dios en el rostro de Cristo» (2 Corintios 4:6, LBLA).

Nos agradaría recibir noticias suyas.
Por favor, envíe sus comentarios sobre este libro
a la dirección que aparece a continuación.
Muchas gracias.

Vida@zondervan.com
www.editorialvida.com